企業における
「個人情報・プライバシー
情報の利活用と管理」

IoT, AI, 位置情報, カメラ画像から
従業員情報の管理まで

渡邊涼介【著】

青林書院

はしがき

　孫子の時代から情報の重要性は変わらない。むしろ，情報通信技術をはじめとした科学技術の進展により，データの価値は「新しいオイル，新しい通貨」といわれるまでに高まっている。

　その一方で，情報通信技術，画像解析技術，音声識別技術などの進展により，『1984』で描かれている管理社会を実現させることも技術的には可能であり，個人のプライバシーは風の前の塵に同じ状態にある。

　本書は，このような実情を踏まえ，企業がどのようにすれば個人情報，プライバシーを保護しながら情報を利活用できるかを検討したものである。

　情報の利活用と個人情報保護・プライバシー保護を両立することは必ずしもゼロサムの関係ではなく，適切な手法を採用することにより，両者を高い次元で融和させることが可能であるというのが本書の一貫した考え方である。

　弁護士である筆者が，総務省総合通信基盤局消費者行政課の任期付公務員として得た印象では，日本の企業は"行儀が良く"，個人情報・プライバシー保護に厳格に対処しようとするあまり，情報の利活用に及び腰である。特にプライバシーについては，ブラックボックスに近く，基準がないため，コンプライアンスに厳しい企業ほど利活用に躊躇している傾向がある。このため，日本人の行動履歴の大半は積極的に情報の利活用を進めるアメリカなどの海外企業に集まる状況にある。今の状況が続くと，十年後には，日本人に関するビッグデータを集めるには，海外企業から提供を受けるしかなくなる。

　本書は，筆者が，日本の企業が積極的に情報の利活用を進めるにあたっての一助となればと考え，著述している。なお，執筆内容は筆者の私見であり，所属していた組織の見解ではないことを念のため付記する。

　個人情報保護に関する書籍は既に多数出版されているが，本書は，以下に示す事項について多様な視点から詳細に検討しており，それを特徴としている。

はしがき

①利活用からの視点

　企業が，どのようにすれば個人情報・プライバシー情報を利活用できるかという視点から解説している。個人情報保護に関する書籍の多くは，保護しなければいけないという視点を重視しているが，そのような視点では，過剰な保護になる可能性がある。著者としては，利活用の視点を身につけ，可能性を拡げてほしいと考える。

②プライバシー情報も含めた解説

　個人情報だけでなく，プライバシー情報に関しても同じレベルで解説している。情報利活用では，個人情報に該当しないプライバシー情報も保護対象となる。それにもかかわらず，弁護士でも，個人情報保護法のみに着目した処理をすることが多い印象がある。筆者は，行政での経験を通じ，個人情報とプライバシーの双方を検討する必要があるという考えにいたっており，本書では，プライバシー情報について，厚く取り扱っている。

③官公庁での検討を参考

　官公庁で開催される会議では，日本トップクラスの有識者（研究者，弁護士，実務家）や，当該事業を実際に実施している問題意識の高い企業が参加して，実態に即した高度な検討がされている。筆者も含め，法律家は，法令や判例を重視する印象があるけれども，情報利活用という判例の集積も少ない分野では，官公庁での検討が極めて有益であるため，積極的に引用，説明している。

④最近利活用が問題となっている分野が対象

　筆者が最先端の情報通信を取り扱う分野の担当として，総務省，経済産業省などの会議に参加して，様々な知見を得たこともあり，最近利活用が問題となっている，IoT，AI，位置情報，カメラ画像などの分野を中心に取り扱っている。

⑤多くの図表を用いて視覚的に解説

　特徴として最後にあげるのは，図表が多いことである。個人情報，プライバシーは法律概念としてはシンプルであるけれども，文章だけでは抽象的な議論が多く，わかりづらい。このため，理解を深めるために，図表を多く用いて視覚的に説明することにも努めている。

　末筆ながら，本書を執筆するにあたり青林書院をご紹介いただいた，日本

はしがき

大学松嶋隆弘教授に心より御礼申し上げる。また，本書の内容について，非常に有益なコメントをいただいた杉本武重弁護士（Gibson, Dunn & Crutcher 法律事務所），藤井奏子弁護士（光和総合法律事務所）他の皆様に厚く感謝申し上げる。なお，当然ながら，いただいたコメントを生かせているかは，偏に筆者の見識の問題であり，内容に関する一切の責任は筆者にある。さらに，総務省での任期付公務員時代，温かくご指導，ご教示いただいた上司，同僚の皆様，そして会議体の構成員の先生方への感謝と敬愛の念は尽きるところがない。最後に，本書が出版できたのは，内容構成に関する助言から度重なる修正対応までご尽力いただいた，青林書院編集部の長島晴美氏，森敦氏のお陰であり，深く御礼申し上げる。

平成30年3月

渡　邊　涼　介

凡　例

Ⅰ　叙述方法

(1) 叙述にあたっては，常用漢字，現代仮名遣いによることを原則としていますが，引用文などは原文どおりとしました。

(2) 見出し記号は，原文引用の場合を除き，原則として，■1，■2，■3…，(1)(2)(3)…，(a)(b)(c)…の順としました。なお，本文中の列記事項等については，(ア)(イ)(ウ)…，①②③…などを用いました。

Ⅱ　引用表記

(1) 判例，裁判例は，原則として後掲の「判例・文献関係略語」を用いて，次のように表記しました。

(例) 最高裁判所平成15年9月12日判決，最高裁判所民事判例集57巻8号973頁
　→　最判平15・9・12民集57巻8号973頁

(2) 法令名は，地の文では後掲の「法令名の表記」記載の法令，カッコ内の引用では後掲の「法令略語」を用いた法令を除いて，原則として正式名称を用いました。

(3) ガイドライン，レポート等の表記は，後掲の「その他の略語」を用いました。

■判例・文献関係略語

最	最高裁判所	刑集	最高裁判所刑事判例集
〔大〕	大法廷	民集	最高裁判所民事判例集
高	高等裁判所	集民	最高裁判所裁判集民事
地	地方裁判所	下民集	下級裁判所民事裁判例集
判	判決	判時	判例時報
決	決定	判タ	判例タイムズ

■法令名の表記

個人情報保護法	個人情報の保護に関する法律
個人情報保護法施行令	個人情報の保護に関する法律施行令
個人情報保護法施行規則	個人情報の保護に関する法律施行規則

凡　例

行政機関個人情報保護法	行政機関の保有する個人情報の保護に関する法律
番号法	行政手続における特定の個人を識別するための番号の利用等に関する法律
次世代医療基盤法	医療分野の研究開発に資するための匿名加工医療情報に関する法律

■法令略語

法	個人情報の保護に関する法律（平成15年法律第57号）
施行令	個人情報の保護に関する法律施行令（平成15年政令第507号）
施行規則	個人情報の保護に関する法律施行規則（平成28年個人情報保護委員会規則第3号）

■その他の略語

通則GL	個人情報の保護に関する法律についてのガイドライン（通則編）
外国第三者提供GL	個人情報の保護に関する法律についてのガイドライン（外国にある第三者への提供編）
匿名加工GL	個人情報の保護に関する法律についてのガイドライン（匿名加工情報編）
匿名加工情報レポート	個人情報保護委員会事務局レポート：「匿名加工情報 パーソナルデータの利活用促進と消費者の信頼性確保の両立に向けて」
確認記録GL	個人情報の保護に関する法律についてのガイドライン（第三者提供時の確認記録義務編）
委員会Q＆A	「個人情報の保護に関する法律についてのガイドライン」及び「個人データの漏えい等の事案が発生した場合等の対応について」に関するQ＆A
電気通信GL	電気通信事業における個人情報保護に関するガイドライン
電気通信GL解説	電気通信事業における個人情報保護に関するガイドライン解説
放送GL	放送受信者等の個人情報保護に関するガイドライン
放送GL解説	放送受信者等の個人情報保護に関するガイドライン解説
金融GL	金融分野における個人情報保護に関するガイドライン
信用GL	信用分野における個人情報保護に関するガイドライン
債権管理回収GL	債権管理回収業分野における個人情報保護に関するガイドライン
医療・介護事業者ガイダンス	医療・介護関係事業者における個人情報の適切な取扱いのためのガイダンス

目　次

はしがき
凡例

総　論

第1章　利活用及び管理の重要性 ── 1

◆第1節　個人情報・プライバシー情報の利活用と保護 ……… 3

第1項　利活用及び管理の重要性………………………… 3
　1　情報の利活用による利益　3
　2　利活用に関するリスク　4
　3　バランスの重要性　5

◆第2節　本書を読む上での参考事項 ……………………… 6

　1　構　成　6
　2　表記に関する説明　7
　3　外国法令等の引用　7
　　コラム　情報価値の評価　8

第2章　個人情報保護とプライバシー保護の考え方 ── 9

◆第1節　経　緯 ……………………………………………… 11

第1項　プライバシー概念の始まりと発展………………… 11
　1　プライバシー概念の始まり　11
　2　プライバシー概念の発展　12
第2項　コンピュータ処理による情報の集約化…………… 12
　1　自己情報コントロール権の発展　12
　2　プライバシー保護立法　13
第3項　OECD 8原則の成立とその影響…………………… 13
　1　OECD 8原則の成立　13
　2　OECD 8原則を受けた各国の動き　14

第4項　個人情報保護法制定……………………………………………・14
第5項　平成27年個人情報保護法改正…………………………………・15
 1　EUの動き　15
 2　アメリカの動き　16
 3　平成27年個人情報保護法改正　16

◆第2節　個人情報保護法概説……………………………………・18

第1項　体　　系…………………………………………………………・18
第2項　個人情報保護法上の3人のプレイヤーと4つの場面……………・20
 1　3人のプレイヤー　20
 2　4つの場面　21
第3項　保護対象…………………………………………………………・24
 1　個人情報　24
 2　個人データ，保有個人データ　27
 3　要配慮個人情報　29
  コラム　個人情報の範囲　31
第4項　平成27年個人情報保護法改正の主なポイント…………………・31

◆第3節　プライバシー保護概説……………………………………・34

第1項　プライバシー権とは……………………………………………・34
 1　定　　義　34
 2　要　　件　35
 3　プライバシー侵害の免責事由　37
 4　判例の概説　38
 5　まとめ　45
第2項　利活用における判断基準………………………………………・46
 1　プライバシー情報ごとの要保護性　46
 2　侵害行為の態様　52
 3　個人本人の承諾　52
第3項　侵害の程度を下げるための方法………………………………・53
 1　OECD 8原則　53
 2　消費者プライバシー権利章典（アメリカ）　57
 3　EU一般データ保護規則（GDPR）　59
 4　ISO/IEC29100　プライバシーフレームワーク　61
 5　上記各原則以外の概念　61
 6　全体のイメージ　62

目　次

　　　コラム　プライバシー保護を担当する監督官庁　63

◆第4節　個人情報保護とプライバシー保護の関係……………………・64

　第1項　対象範囲……………………………………………………・64
　第2項　法的位置づけ…………………………………………………・65
　　1　共通点　65
　　2　相違点　65
　　3　今後の留意点　66

第3章　個人情報・プライバシー情報を保護する具体的手法 ── 69

◆第1節　概　要………………………………………………………・71

　第1項　検討方法………………………………………………………・71
　第2項　手法採用にあたっての考え方………………………………・71

◆第2節　制度設計──情報取得前の事前準備………………………・73

　第1項　プライバシー・バイ・デザイン……………………………・73
　　1　内　容　73
　　2　企業における対応　77
　第2項　プライバシー影響評価………………………………………・78
　　1　内　容　78
　　2　プライバシー影響評価を取り入れた制度　78
　　3　総務省実証実験での実施　79
　　4　企業における対応　81
　第3項　マルチステークホルダープロセス…………………………・81
　　1　概　要　81
　　2　マルチステークホルダープロセスの特徴　82
　　3　具体的な検討の例　83
　　4　マルチステークホルダープロセスの実施方法　84
　　5　業界団体や企業における実施　85
　第4項　共同規制………………………………………………………・86
　　1　直接規制　86
　　2　自主規制　87
　　3　共同規制　87
　第5項　利用目的の特定（法15条）…………………………………・88
　　1　概　要　88

2　個人情報保護法における利用目的の特定　89
　　3　個人情報保護法における利用目的の変更　90
　　4　プライバシー情報と利用目的　92
　第6項　プライバシーポリシーの作成（個人情報の保護に関する基本方針）
　　　　………………………………………………………………………………92
　　1　概　　要　92
　　2　個人情報保護法における取扱い　93
　　3　プライバシーポリシーの記載内容　93
　　4　企業の対応　94
　　コラム　民法改正で新設された定型約款条項との関係は？　95
　第7項　事前告知の実施…………………………………………………………95
　　1　事前告知の意義　95
　　2　実施方法と告知内容　96
　第8項　認定個人情報保護団体への加入（法47条～58条）……………………96
　　1　概　　要　96
　　2　認定個人情報保護団体の主な役割　97
　　3　加入によるメリット　98
　　コラム　認定個人情報保護団体制度が更なる発展をするために　99
　第9項　プライバシーマーク制度の導入…………………………………………99
　　1　概　　要　99
　　2　特　　徴　100

◆第3節　取　　得──情報を取得する場合……………………………………102
　第1項　利用目的の通知又は公表（法18条）…………………………………102
　　1　取得に際しての利用目的の通知，公表　102
　　2　プライバシー情報の取扱い　104
　第2項　同意の取得（個人情報保護法上の「同意の取得」を含む）…………106
　　1　個人情報保護法上，同意取得が必要とされる場合　106
　　2　プライバシー情報の同意取得　109
　　3　アメリカでの取組例　111
　　コラム　プライバシーナッジ　112
　　4　企業の対応　113
　第3項　適正な取得（法17条）…………………………………………………113
　　1　偽りその他不正の手段による取得　113
　　2　要配慮個人情報の取得　114
　第4項　確認義務（第三者からの取得）（法26条）……………………………115

目　次

　　1　概　　要　115
　　2　名簿販売事業者についての調査　115
　第5項　データ最小化 ……………………………………………… 116
　　1　概　　要　116
　　2　企業における対応　117

◆第4節　利　　用──自社内での利用 ……………………………… 118
　第1項　利用目的の範囲内での利用（法16条）………………… 118
　　1　意　　義　118
　　2　目的外利用　119
　第2項　匿名加工情報（法2条9項・36条〜39条）……………… 120
　　1　導入の経緯　120
　　2　定　　義　120
　　3　匿名加工情報の作成方法　121
　　4　安全管理措置など　124
　　5　匿名加工情報制度の利用　125
　　［コラム］匿名加工情報制度はどのように利用されるか　126
　第3項　統計情報 ………………………………………………… 127
　　1　概　　要　127
　　2　統計情報の作成基準　128
　第4項　プロファイリング ……………………………………… 128
　　1　概　　要　128
　　2　EU一般データ保護規則（GDPR）での規定　130
　　3　検討状況　131
　　4　企業の対応　132

◆第5節　管　　理──どのように管理するか ……………………… 133
　第1項　安全管理措置（法20条〜22条）………………………… 133
　　1　概　　要　133
　　2　安全管理措置の具体的内容　136
　　3　中小規模事業者に求められる対応　141
　　4　従業者に対する監督　142
　　5　委託先に対する監督　142
　　6　クラウドサービスの利用　144
　第2項　漏洩時の対応
　　　　　（平成29年個人情報保護委員会告示第1号など）……… 145

         1　個人情報の漏えい等　145
         2　プライバシー情報の漏えい　148
         3　漏えいによる影響　149
    第3項　データ内容の正確性の確保等（法19条）……………………149
         1　概　　要　149
         2　個人情報との関係　150
         3　プライバシーとの関係　150
    第4項　営業秘密──不正競争防止法…………………………………151
         1　概　　要　151
         2　営業秘密管理指針等　152
         3　不正競争防止法改正　154
         4　企業の対応　155
    第5項　マイナンバーの取扱い（番号法）……………………………155
         1　概　　要　155
         2　個人情報と特定個人情報の主な違い　155
         3　具体的な取扱い　156
         4　個人情報と特定個人情報の取扱いに関する主な違い　157

◆第6節　第三者提供──自社外に提供する場合………………………159
    第1項　同意取得の原則（適用除外の場合）（法23条1項）…………160
         1　第三者提供の例外（法23条1項各号）　160
         2　提供元基準説　162
    第2項　オプトアウト（法23条2項）……………………………………162
         1　規　　定　162
         2　趣　　旨　163
         3　委員会による公開　163
    第3項　委託，事業承継，共同利用（法23条5項各号）………………163
         1　概　　要　163
         2　委　　託　164
         3　事業承継　164
         4　共同利用　165
    第4項　情報の流通方法によるメリット，デメリット…………………166
    第5項　記録作成義務（法25条）…………………………………………168
         1　概　　要　168
         2　例外規定　169
         3　記録の保存期間　170

◆第7節　本人対応──本人から事業者への請求に対する対応……………・171

第1項　本人からの請求に対する対応（法27条～34条）……………・171
1　概　　要　172
2　保有個人データに関する事項の公表等（法27条1項）　173

第2項　苦情処理・紛争解決（法35条）…………………………………・173

第3項　パーソナルデータエコシステム………………………………・174
1　概　　要　174
2　海外での取組例　175

第4項　データポータビリティ……………………………………………・176
1　概　　要　176
2　検　　討　177
3　企業における検討　177

第5項　忘れられる権利……………………………………………………・178
1　概　　要　178
2　EUにおける動き　179
3　日本の判例での取扱い　180

◆第8節　その他………………………………………………………………・181

第1項　国による監督（法40条～42条等）………………………………・181
1　国による監督　181
2　委　　任　182
3　執行状況　183
|コラム|　個人情報保護法の執行　183

第2項　適用除外（法76条）………………………………………………・184
1　概　　要　184
2　学術研究目的の共同研究　184
3　プライバシー権との関係　185

第3項　プライバシー侵害の効果…………………………………………・185
1　概　　要　185
2　侵害により生じる効果　185
3　判　　例　186

第4項　個人情報保護制度の今後の見通し………………………………・189
1　これまでの流れ　189
2　今後の動向　189
3　企業の対応　190

目　次

各　論

第4章　情報の利活用・管理に関する具体的検討 —— 191

◆第1節　事業主体 ································· 193

【1】電気通信事業者 ······························· 193
　Q　電気通信事業者が注意すべき事項は何か？ ············· 193
　　1　通信の秘密　194
　　2　注意すべき事項　199
【2】放送受信者等の個人情報を取り扱う事業者 ············ 201
　Q　放送受信者等の個人情報を取り扱う事業者が注意すべき事項
　　は何か？ ································· 201
　　1　概　　要　201
　　2　視聴履歴の取扱い　201
【3】金融，信用，債権管理事業者 ····················· 204
　Q　金融，信用，債権管理事業者が注意すべき事項は何か？ ····· 204
　　1　概　　要　204
　　2　金融関連GLの特徴　204
　　3　金融GLの概要　205
【4】医療・介護関係事業者 ·························· 206
　Q　医療・介護関係事業者が注意すべき事項は何か？ ········· 206
　　1　概　　要　206
　　2　ガイダンス，研究倫理指針　208
　　3　次世代医療基盤法　210
　　4　医療介護データプラットフォーム　211
　　5　医療データの利用に関するアメリカでの取組み　212

◆第2節　情報の種類 ······························· 214

【5】位置情報 ··································· 214
　Q　位置情報を取り扱う際の注意点は何か？ ··············· 214
　　1　概　　要　214
　　2　位置情報を取得する際における注意点　219
　　3　位置情報を利用・第三者提供する際における注意点は何か？　221
　　　コラム　宅配サービスと位置情報の利活用　226
　　4　Wi-Fiプローブ情報を利用する際における注意点　226

xiii

5　匿名加工情報を作成する上での注意点は何か？　228
【6】カメラ画像 ……………………………………………………………… 231
　Q　顔認識技術を用いてカメラ画像を取り扱う際の注意点は何か？ ……… 231
　　1　概　　要　231
　　2　カメラ画像の性質　232
　　3　個人情報保護法との関係　233
　　4　プライバシーとの関係　237
　　5　肖像権との関係　242
　　6　検討状況　243
　　7　判　　例　243
　　8　万引き対策における防犯カメラ利用の注意点は何か？　246
【7】乗降履歴 ………………………………………………………………… 247
　Q　交通機関の乗降履歴を取り扱う際の注意点は何か？ ………………… 247
　　1　概　　要　247
　　2　法的性質　249
　　3　匿名加工情報とせず，第三者に提供する場合の注意点　250
　　4　匿名加工情報としての利活用　251
【8】自動車プローブデータ ………………………………………………… 252
　Q　自動車のプローブデータを取り扱う際の注意点は何か？ ………… 252
　　1　概　　要　252
　　2　検討状況　255
　　3　匿名加工情報としての利活用　257
　　4　今後の動向　258
【9】HEMS 情報 ……………………………………………………………… 259
　Q　スマートホームにおける HEMS 情報を取り扱う際の注意点は何か？
　　　 ………………………………………………………………………… 259
　　1　概　　要　259
　　2　検　　討　260
　　3　匿名加工情報としての利活用　264
【10】ID-POS データ・電子レシート ……………………………………… 266
　Q　ID-POS データ・電子レシートを取り扱う際の注意点は何か？ …… 266
　　1　概　　要　266
　　2　問 題 点　267
　　3　企業の対応　267
　　4　匿名加工情報としての利活用　267
【11】クレジットカード利用履歴 …………………………………………… 269

Q　クレジットカード利用履歴を利活用する際の注意点は何か？………・269
　　　　1　概　　要　269
　　　　2　個人情報保護法・プライバシー情報との関係　269
　　　　3　割賦販売法との関係　270
　　　　4　匿名加工情報としての利活用　271
　　　　5　標準化の試み　272
　【12】生体情報………………………………………………………………・273
　　　Q　スマートスピーカーなど生体情報を用いた認証システムを
　　　　　提供する際の注意点は何か？………………………………………・273
　　　　1　概　　要　273
　　　　2　個人情報との関係　273
　　　　3　プライバシーとの関係　275
　　　　4　音声認証　275
　【13】子どもの情報…………………………………………………………・277
　　　Q　子どもの情報を取り扱う際の注意点は何か？……………………・277
　　　　1　概　　要　277
　　　　2　取扱いに関する注意　278
　　　　3　アメリカにおける取組み　279
　【14】行政情報………………………………………………………………・280
　　　Q　行政情報（非識別加工情報）を取り扱う際の注意点は何か？
　　　　　（改正行政機関個人情報保護法の問題）……………………………・280
　　　　1　概　　要　280
　　　　2　行政機関等から情報を取得するまでの手続　281

◆第3節　情報の取得・利用方法…………………………………………・283

　【15】アプリケーション……………………………………………………・283
　　　Q　アプリケーションにより情報を取得し，利用する際の
　　　　　注意点は何か？…………………………………………………………・283
　　　　1　概　　要　283
　　　　2　制度設計　284
　　　　3　取　　得　285
　　　　4　利用・第三者提供　291
　　　　5　契約締結上の注意点　291
　【16】IoT ……………………………………………………………………・293
　　　Q　IoTで情報を取得，利用する際の注意点は何か？………………・293
　　　　1　IoTの特徴　293

2　IoTによる情報取得の特徴　　295
　　3　検討状況　　297
　　4　企業における対応　　300
【17】ビッグデータ ………………………………………………………・301
　Q　ビッグデータを利活用・管理する際の注意点は何か？……………・301
　　1　ビッグデータの特徴　　301
　　2　検討状況　　302
　　3　企業における対応　　303
　　4　営業秘密との関係　　305
【18】AI ………………………………………………………………・305
　Q　データをAI（人工知能）で分析する際の注意点は何か？…………・305
　　1　概　　要　　305
　　2　検討状況　　306
　　3　注 意 点　　311
【19】SNS，電子メール ……………………………………………・312
　Q　SNSのメッセージや，電子メールの内容を取得・利用する際の
　　　注意点は何か？……………………………………………………・312
　　1　概　　要　　312
　　2　送受信されるメール内容を解析する場合の注意点　　312
【20】Cookie …………………………………………………………・314
　Q　Cookieを取得・利用する際の注意点は何か？………………………・314
　　1　概　　要　　314
　　2　Cookie利用に関する法的な取扱い　　315
　　3　対　　応　　316
【21】行動ターゲティング広告 ……………………………………・317
　Q　行動ターゲティング広告を行う際の注意点は何か？………………・317
　　1　概　　要　　317
　　2　検討状況　　318
　　3　企業における対応　　322
【22】ウェアラブルデバイス ………………………………………・323
　Q　ウェアラブルデバイスで，ヘルスケアなどの情報を取得・利用
　　　する際の注意点は何か？…………………………………………・323
　　1　概　　要　　323
　　2　企業の対応　　325
【23】ドローン ………………………………………………………・326
　Q　ドローンによる撮影をする場合の注意点は何か？…………………・326

1　概　　要　326
　　　2　個人情報保護法との関係での注意　326
　　　3　プライバシーとの関係での注意　327
　【24】コミュニケーション型ロボット ………………………………… 329
　　　Q　コミュニケーション型ロボットで情報を取得，利用する際の
　　　　　注意点は何か？ ……………………………………………………… 329
　　　1　概　　要　329
　　　2　検討状況　330
　　　3　注　意　点　332
　【25】観光客用データプラットフォーム ……………………………… 333
　　　Q　観光客に，事業者間連携のためのプラットフォームを利用した
　　　　　サービスを提供する際の注意点は何か？ ……………………………… 333
　　　1　概　　要　333
　　　2　データ取扱いの際における注意事項　333
　　　3　「おもてなしプラットフォーム」　335

◆第4節　情報の提供方法 ……………………………………………… 338

　【26】パーソナルデータストア，情報銀行，データ取引市場 …………… 338
　　　Q　パーソナルデータストア，情報銀行，データ取引市場とは
　　　　　何か，注意点は何か？ ……………………………………………… 338
　　　1　概　　要　338
　　　2　パーソナルデータストア（PDS）　339
　　　3　情報銀行　341
　　　4　データ取引市場　344
　　　5　必要となる対応　347
　　　6　企業における対応　347
　【27】共通ポイントシステム ……………………………………………… 349
　　　Q　共通ポイントシステムを利用し，複数社間で情報連携をする
　　　　　場合の注意点は何か？ ……………………………………………… 349
　　　1　概　　要　349
　　　2　検討状況　350
　　　3　企業における対応　352
　【28】データ流通契約書 ……………………………………………………… 353
　　　Q　企業間でデータ流通契約書を作成する際の注意点は何か？ ……… 353
　　　1　概　　要　353
　　　2　データの利用権はどの企業にあるのか　353

目　　次

　　　3　データ流通契約の記載条項　　355

◆第5節　国際的なデータ流通 ································ 359

　【29】EU，アメリカの制度概要 ···························· 359
　　　Q　EU，アメリカにおける個人情報・プライバシー保護に関する
　　　　制度はどのような内容か？ ·························· 359
　　　1　概　　要　　359
　　　2　EU　　359
　　　3　アメリカ　　363
　　　4　その他諸外国　　364
　【30】日本から海外へのデータ流通 ························ 365
　　　Q　日本から海外にデータを流通させる場合に注意すべき事項は
　　　　何か？（法24条） ································ 365
　　　1　外国にある第三者への提供制限　　365
　　　2　APEC「CBPRシステム」　　366
　　　コラム　これからの国際的なデータ流通　　368
　【31】EU加盟国から日本へのデータ流通 ···················· 368
　　　Q　EU加盟国から日本にデータを移転させる場合に注意すべき
　　　　事項は何か？ ···································· 368
　　　1　EU加盟国から日本へのデータ移転　　368
　　　2　プライバシーシールドの概要　　370
　　　コラム　十分性認定をとるには　　371

◆第6節　従業員情報の取扱い ······························ 372

　【32】従業員情報 ······································ 372
　　　Q　従業員の情報を取り扱う際における注意点は何か？ ······ 372
　　　1　概　　要　　372
　　　2　就業規則と個人情報保護法との関係　　373
　　　3　個人情報の取扱場面ごとの注意点　　373
　　　4　雇用管理の場面ごとの説明　　375
　　　5　従業員の健康情報の取扱い　　377
　【33】職場での情報取得 ·································· 382
　　　Q　ビデオカメラによる撮影など，職場で従業員から情報取得する
　　　　場合，どのような注意が必要か？ ···················· 382
　　　1　概　　要　　382
　　　2　労務管理の一環としての措置　　382

3　安全管理措置の一環としての措置　383
　　4　従業員情報の利活用　385

事項索引　387
著者紹介　392

総論

第1章
利活用及び管理の重要性

第1節 個人情報・プライバシー情報の利活用と保護

第1項 利活用及び管理の重要性

■1 情報の利活用による利益

　現在，情報通信技術をはじめとする様々な技術が発達し，情報を利活用する重要性が増している。例えば，IoTやスマートフォンの登場，普及により，工場の稼働データ，クルマの走行データ，購買履歴，位置情報，アプリケーションの利用情報，ネット閲覧履歴，SNSの利用履歴など，多種多様かつ大量のデータが発生している。それらを集めたビッグデータを人工知能（AI）で分析し，これまで人の知識や経験で判断していたものを，機械が代替することが大きな流れとなっている。それらのデータの利活用，すなわち効率的かつ効果的に収集・共有・分析・活用することにより，新規サービスを創出し，作業の高度化，効率化，個人の安全性や利便性の向上等を実現でき，この技術革新は第4次産業革命と呼ばれる。

　例えば，企業の顧客の行動情報（購買履歴，位置情報，ホームページの閲覧履歴，SNSの利用履歴など）を分析し，より詳細なターゲティング広告を行うことが可能となり，個人に，最適な時，最適な手段で，興味がある商品を提案できる。個人は，情報があふれる中で，必要な時に，必要な情報を得られ，判断が容易になる。

　なお，利活用をできる限り制限する選択肢もあり得るけれども，グローバル化の進展を前提とすると，日本国内の企業に対する規制を厳しくしても，

他国からサービスが入ることは止められず、国外にのみ情報が集積される結果になりかねない。

■2　利活用に関するリスク

(1) 個人のリスク

　個人情報・プライバシー情報の利活用は、世の中が「便利になる」「無駄がなくなる」といったメリットがある半面、個人の情報や行動が第三者に把握されるリスクがある。

　例えば、位置情報を利活用するサービスは、その態様を適切に説明しないと、誰にどのように利用されるかわからず、位置情報を把握されるのは気持ち悪いと感じ、家に侵入されるのではないか、付きまとわれるのではないか、といった不安を個人に生じさせる。また、変更が困難な顔画像を利用したデータベースが広範囲に作られると、個人の基本的人権を侵害する危険もある。

　さらに、個人情報の管理が不十分で情報漏えいすると、個人の権利が侵害される。漏えいした情報がどのように扱われているかは、不明な部分が多い。データは半永久的に消えず、国境を越えて収集・蓄積されることも多く、現時点では想定できない方法で将来悪用される可能性もある。

(2) 企業のリスク

　企業経営の視点からも、プライバシー保護に関して国民が漠然とした不安を抱いていることや、データ連携・利活用により得られるメリットがわかりにくいこと、データの利用権限が明確でないこと等により、データ利活用や企業グループや業種の枠を超えたデータ連携・利活用が十分に進んでいないことは問題である。

　特に日本では、情報利活用による利益と不利益を比較せず、自分の情報を取得・利用されることの「気持ち悪さ」が問題にされる傾向があり、いわゆる炎上対策が重要である。個人情報保護法上解釈が明らかではないグレーゾーンの事例でも、レピュテーションリスクが生じるリスクがある。

　また、個人情報が漏えいする危険もあり、2014年に、通信教育大手の企業から大量の未成年者に関するものを含む情報が漏えいした事件は、同社の経営にも大きな影響を及ぼした。

■3 バランスの重要性

　個人にとってデータは自己の個人情報・プライバシー保護の対象であるのに対し，企業にとってデータは財産権の対象であり，異なる性質を内包することが利活用にあたっての根本的な問題である。

　企業は，個人情報・プライバシー保護に重きを置く余り，保護にかなりの比重を置き，付随的に利活用の検討をする傾向がある。利活用を進めるには，どのようにすれば利活用できるかをまず検討すべきであり，その際に，個人情報・プライバシー保護とのバランスをとることが重要である。

　特に，プライバシーは，どこまで利活用が許容されるかの基準が不明確であり，利活用を進める上での障害となっている。この問題を解決するには，利活用におけるプライバシーに関する考え方を明確化し，事例を集積していくことが必要である。

第 2 節

本書を読む上での参考事項

■1 構　成

```
第1部　総　論
    第1章　利活用及び管理の重要性
                ↓
    第2章　個人情報保護とプライバシー保護の考え方
                ↓
    第3章　個人情報・プライバシー情報を保護する具体的手法
```

↓

```
第2部　各　論
    第4章　個人情報・プライバシー情報の利活用・管理に関する具体的検討
```

　本書の第2章では，個人情報・プライバシー保護の考え方につき，概要を説明する。

　第3章では，第2章の考え方をベースとし，個人情報・プライバシー情報を保護する具体的手法を，①制度設計，②取得，③利用，④管理，⑤第三者提供，⑥本人対応の場面に分けて説明し，⑦その他として理解の参考になる事項も説明する。

　第4章では，第2章，第3章をベースに，情報の利活用・管理に関する具体的注意事項を，①事業主体，②情報の種類，③情報の取得・利用方法，④

データ流通の方法, ⑤国際的なデータ流通, ⑥従業員の情報管理に分けた上で, 問いに対応する形で説明する。

もちろん, 第4章の具体的検討事項を先に見て, 第2章, 第3章の関連部分を参考することも可能である。

■2　表記に関する説明

プライバシー情報とは, 個人に関する情報をいう（第2章第3節第1項■1参照）。プライバシー権の対象となる情報と考えるとわかりやすい。個人情報との違いを単純化すると, 特定の個人に結びつけることができるか否かである。

本書で, 自らに関する情報を企業に提供する（取得される）者を, 基本的に「個人」と表記する。ただし, 個別の文脈により, 個人情報保護法2条8項で定義されている「本人」, サービス利用者, 消費者, 被撮影者などと記載することもある。

また, 情報を取得する主体を, 基本的に「企業」と記載する。同記載は, 個人情報保護法における「個人情報取扱事業者」（法2条5項）を意味する場合だけでなく, プライバシー情報を取得する主体にも用いる。「企業」についても, 個別の文脈により, サービス提供者, 事業者, 撮影者など異なる表記をすることがある。なお, 本書は, いわゆる「企業」だけでなく, 個人情報, プライバシー情報を利活用するすべての主体が参考にできる内容にしている。

個人情報, プライバシー情報などすべての情報を合わせて, 「情報」と表記することがある。ただし, 必ずしも厳格な使い分けはしておらず, 文脈に応じ, 個人情報, プライバシー情報の一方のみを指す場合もある。

■3　外国法令等の引用

本書では, OECD加盟国は後述のようにプライバシーに関する基本的な考え方を同じくしていて他国の立法等も参考になること, また, 今後日本の立法に影響を及ぼす可能性があることから, 必要に応じ, 外国の法令等を参考として紹介している。当然ながら, それらの適用対象でない日本の事業者が遵守する必要はないことを念のため付言する。

第1章　利活用及び管理の重要性

─ コラム○情報価値の評価 ─

　情報の価値が高まり，データを競争政策上どのように評価するか，例えば，合併の際における独占禁止法の視点からの審査の中で，大量のデータを取り扱うことをどのように評価するかが検討された[*1]。

　その中で，「データの集積・活用」に関し，高まりを見せる競争政策上の関心に対応し，予見可能性を向上させることを目的として，以下の分類がされている。

(ア)　ビジネスをデータの活用度合いに応じ，以下の4つのモデルに分類

①単独成長型	製品・サービスの改善のため，データを集積・活用
②付随提供型	製品・サービスから得たデータを活用し，付随サービスを併せて提供（例：製品から得た稼働情報を活用した保守サービス）
③他面活用型	製品・サービスから得たデータを，別の市場で活用（例：運転支援アプリから得た運転記録を活用して保険料率を設定）
④多面展開型	多数の製品・サービス市場で得たデータを，相互に集積・活用（例：マッチングやシェアリング等の多様なオンラインサービス，各種アプリ，広告等のサービス間で，データを相互に活用）

(イ)　データが競争環境に与える影響を捉える要素を提示

　データが価値の源泉となっている製品・サービスの競争環境を把握するには，その市場シェア等の「市場の状況」だけでなく，集積・活用に関する「データの状況」も捉えることが必要であり，データが競争環境に与える影響を捉える「3つのステップ」を提示している。

①データの影響度（データが製品・サービスにとってどれほどの意味を持つか）：必須か否か，品質やコストへの影響度等
②集積可能性（他の競争者が同種のデータにアクセス可能か）：データの希少性，集積能力，製品・サービスのシェア等
③活用可能性（データ活用の上で，資金・人材等に競争上の制約があるか）：活用能力，先行者の優位性等

　以上は，独占禁止法上の合併審査における評価として注意すべきものだが，視点を変えると，企業が情報の利活用に関する戦略を検討する際も参考になる。

[*1]　経済産業省「第四次産業革命に向けた横断的制度研究会報告書」（2016年9月）（http://www.meti.go.jp/press/2016/09/20160915001/20160915001.html）。経済産業省「第四次産業革命に向けた競争政策の在り方に関する研究会報告書～Connected Industriesの実現に向けて～」（2017年6月）（http://www.meti.go.jp/press/2017/06/20170628001/20170628001-2.pdf）。

総論

第2章

個人情報保護と
プライバシー保護の考え方

第 1 節

経　緯

第1項　プライバシー概念の始まりと発展

　歴史的には，個人情報保護，プライバシー情報保護はプライバシー概念として，一体に生成・発展してきた。個人情報（個人データ）という概念がプライバシーと異なるものとして意識されたのは，コンピュータ処理が広がり，情報の集約が問題にされ始めた1960年代以降である。以下，個人情報保護とプライバシー保護の関係の理解に資するよう，プライバシー概念の始まりと発展に関する概要を簡潔に説明する[*1]。

■1　プライバシー概念の始まり

　19世紀後半，アメリカでは，他人の私生活上の秘密などを好んで取り上げる新聞や雑誌が現れ，イエロージャーナリズムという言葉が生まれた。このような風潮の中，アメリカで，当時弁護士であったウォーレン（Samuel D.Warren）とブランダイス（Louis D.Brandeis）は，1890年に，ハーバード・ロー・レビューに，「プライバシーへの権利」（The Right to Privacy）と題する論文を発表し，個人の権利を保護するには「ひとりにしておいてもらう権利」（right to be let alone）が必要と主張した。

[*1]　流れを正確に理解するためには，堀部政男『現代のプライバシー』（岩波書店，1980）や新保史生『プライバシーの権利の生成と展開』（成文堂，2001）などを参照していただきたい。

■2　プライバシー概念の発展

(1)　判例での承認

1905年，ジョージア州最高裁判所は，自己の写真を他人に無断で会社の宣伝用に新聞に掲載されたことを理由に提起された訴訟（Pavesich v. New England Life Insurance Co.）で，プライバシーの権利を承認し，プライバシー侵害に基づく損害賠償請求を認めた。これを皮切りに，プライバシーの権利を認める判例が相次ぎ，1930年代以降には，多くの州の裁判所で認められた。

(2)　プロッサーによる4分類

1960年，プロッサー（William L. Prosser）は，「プライバシー」と題する論文で，それまでプライバシー侵害として判例で承認されてきた内容を，次の4分類に整理した。

① 盗用：氏名又は肖像その他類するものを自己の利益のために盗用すること
② 侵入：物理的な孤独性又は隔絶性への侵入（公表を要件とはしていない）
③ 私事の公開：個人に関する私的情報に関し，本人に不快な公表をすること
④ 公衆の誤認：個人に関し，公衆の目に誤った印象を与える公表をすること

第2項　コンピュータ処理による情報の集約化

■1　自己情報コントロール権の発展

アメリカでは，1960年代後半には，公権力や企業が，コンピュータを利用して，広範な情報を取得，利用することの弊害が認識され，自己の情報を守るという観点から，プライバシーの積極的側面が重視されるようになった。その結果，プライバシーの概念を，「ひとりにしておいてもらう権利」という消極的な捉え方から，「自己に関する情報をコントロールする権利」という積

極的な捉え方で理解する見解が有力となった。

日本でも、現在は、プライバシー権を「自己に関する情報をコントロールする権利」と積極的に捉える考えが多数になっている。

■2 プライバシー保護立法

1960年代後半から、コンピュータ処理が広まり、個人に関する情報が集約され始めたことで、プライバシーへの危害が拡大するおそれが生じ、各国で個人情報の保護が検討されるようになった。この結果、スウェーデン（1973年）、アメリカ（1974年、連邦行政機関の保有するデータを対象としたもの）、ドイツ（1977年）、フランス（1978年）などで、それぞれプライバシーやデータの保護を内容とする法律が成立した。

第3項 OECD 8原則の成立とその影響

■1 OECD 8原則の成立

1970年代以降、各国で、プライバシーに関する法整備が進められるにつれ、各国ごとに、個人情報保護を目的とした情報の流通に対する規制態様が分かれ、情報の国際的な流通の障害となるおそれが生じたため、どのようにしてプライバシー保護と情報の自由な流通の調和を図るかが問題となった。

1980年9月、経済協力開発機構（以下「OECD」という）で、「プライバシー保護と個人データの国際流通についてのガイドラインに関するOECD理事会勧告」が採択された[*2]。同ガイドラインの中で、「個人データ」（注：わが国の個人情報保護法上の個人データより広い概念）の流通に関する、加盟国内における

[*2] プライバシー保護と個人データの国際流通についてのガイドラインに関するOECD理事会勧告（1980年9月）勧告附属文書「プライバシー保護と個人データの国際流通についてのガイドライン」。
　ガイドラインの詳細な内容については、堀部政男他『OECDプライバシーガイドライン——30年の進化と未来』（JIPDEC、2014）参照。

法整備の指針として8つの基本原則が規定され、一般的に「OECD 8原則」と呼ばれている（各原則の詳しい内容は、第2章第3節第3項■1参照）。

OECD 8原則は、個人情報に限らず、本書でいうプライバシー情報の保護も対象範囲としており、後述のように、プライバシー保護を検討するにあたり、同原則の内容を参照することが有益である。

■2　OECD 8原則を受けた各国の動き

OECD加盟国では、OECD 8原則をもとに国内法が整備され、日本、現在のEUやアメリカなど世界各国における個人情報・プライバシー保護に関する立法に多大な影響を与えた。

(1)　日　　本

日本では、1988年に、「行政機関の保有する電子計算機処理に係る個人情報の保護に関する法律」が制定された。もっとも、同法はその名称のとおり、行政機関のみを対象とし、民間事業者による個人情報の取扱いは、各府省のガイドラインやそれに準拠した業界団体等のガイドラインに委ねられていた。

(2)　欧　　州

欧州では、OECD理事会勧告とほぼ同じ内容の欧州評議会（CoE）条約の採択、発効（1980年9月採択。1985年10月発効）を経て、1995年10月に「個人データの処理に係る個人の保護及びその自由な流通に関する欧州議会及びEU理事会指令」（以下「EUデータ保護指令」という）が採択された。

(3)　アメリカ

アメリカでは、民間部門を対象とした一般的な法律は制定されず、業種ごとの個別立法と事業者による自主規制により、プライバシー保護が図られている。

第4項　個人情報保護法制定

1990年代後半、日本では、コンピュータの発達とインターネットの普及に

よるネットワーク化の進展など情報通信技術の進展，データベースなどの技術が高度化し，大量の個人情報の蓄積，流通，高度な分析が容易になった。

その反面，1995年から1998年にかけて，大規模な個人情報漏えい事件が多発し，不当な目的での利用・流通，大量漏洩等の危険性が認識され，個人情報の処理プロセスの不透明性と相まって，個人の不安感を増大させた。さらに，1995年には，EUで，第三国移転制限条項を含むEUデータ保護指令が採択され，日本でも個人情報保護に関する立法が必要との認識が強くなった。このような流れの中，1999（平成11）年の第145回国会で，住民基本台帳ネットワーク導入に伴い，住民基本台帳法一部改正法案が審議される中で，民間部門を対象とした個人情報保護に関する法整備が必要であるとの議論がなされた。

上記議論を実質的な契機として，法案の策定，提出がなされ[*3]2003（平成15）年，日本で，「個人情報の有用性に配慮しつつ，個人の権利利益を保護すること」（1条）を目的とした個人情報の保護に関する法律（平成15年5月30日法律第57号）が公布され，平成17年4月に全面施行された。同法では，個人が安心できるように，企業に対して，個人情報を適切に扱った上で，有効に活用できる共通のルールを定めている。

第5項　平成27年個人情報保護法改正

■1　EUの動き

EUでは，EUデータ保護指令に代わるものとして，2012年1月以降，EU一般データ保護規則（GDPR：General Data Protection Regulation）の制定に向けた動きがあった。同規則は，2016年4月に採択され，2018年5月から施行予定である（詳しくは，第4章第5節【29】■2参照）。データ保護ルールが，各加盟国

[*3] 個人情報保護法制定の経緯について，詳しくは，太田洋＝柴田寛子＝石川智也編著『個人情報保護法制と実務対応』（商事法務，2017）第1編第1章参照。

内で実施のための国内措置が必要となる「指令」から，加盟国に直接適用される「規則」に格上げされ，EU域内での一元化が図られることになる。

■ 2　アメリカの動き

米国では，2012年2月，オバマ大統領が署名したアメリカ政府の報告書で，消費者プライバシー権利章典（Consumer Privacy Bill of Rights）が発表された[*4]（詳しい内容は，第2章第3節第3項■2参照）。なお，同章典の内容を立法化する動きもあったが，2017年時点では，立法化されていない。

■ 3　平成27年個人情報保護法改正

(1)　問題点

日本では，2003年に個人情報保護法が制定されて10年以上が経ち，その間に飛躍的に情報通信技術が発達し，様々な情報を取得するスマートフォンやIoTが普及したことなどで，以下の問題が顕在化した。

①制定当時に想定されなかった情報が個人情報に当たるか不明確であり，企業がデータの利活用を進められない要因となっている。

②情報が膨大かつ多様に増える中で，ビッグデータを適正に利活用できる環境の整備が必要である。

③ビジネスのグローバル化が進み，データの流通が世界規模になったことへの対応が必要である。

④海外では，EUがデータ保護規則の検討をするなど法制度の見直しが進み，日本も情報通信技術の発達などに対応した法整備を進める必要がある。

また，上記と別に，制度面の問題として，以下の指摘がされていた。

⑤日本では，所管する事業分野ごとに主務大臣が事業者を監督してきたが，複数の事業分野にまたがる場合に重畳的な監督が必要となるなど，

[*4] 「ネットワーク社会における消費者データプライバシー──グローバルなデジタル経済におけるプライバシーの保護とイノベーションの促進のためのフレームワーク（Consumer Data Privacy in a Networked World: A Framework for Protecting Privacy and Promoting Innovation in the Global Digital Economy）」の第2「消費者プライバシー権利章典」に，7原則として記述された。同原則の内容は，その後の法案化でも維持されている。

事業者に負担となっている。
⑥2014年に，通信教育大手企業の管理していた大量の個人情報が，委託先従業員により不正に持ち出され，名簿事業者に販売されたことが発覚しており（第3章第5節第1項■1(2)参照），規制の強化が必要である。

(2) 個人情報保護法改正

このため，個人情報及びプライバシーの保護を図りつつ，パーソナルデータの円滑な利活用を促進させ，新産業・新サービスの創出を実現するための環境整備の実現を目的として，「個人情報の保護に関する法律及び行政手続における特定の個人を識別するための番号の利用等に関する法律の一部を改正する法律案」が第189回国会で提出され，2015（平成27）年9月に成立，公布された。なお，改正の主な内容は，第2章第2節第4項参照。

これを受け，2016（平成28）年1月1日に，特定個人情報保護委員会が改組して個人情報保護委員会が設置され，その後，個人情報保護法施行令や個人情報保護法施行規則などの法整備が行われた後，2017（平成29）年5月30日に，同法が全面施行された。

(3) 関連法令の制定

2016（平成28）年5月，行政機関の保有する個人情報の保護に関する法律（行政機関個人情報保護法）が改正された（詳細は，第4章第2節【14】参照）。

また，2016（平成28）年12月，官民データ活用の推進に関する施策を総合的かつ効果的に推進することを目的とした，官民データ活用推進基本法が成立，公布された。

2017（平成29）年4月，医療分野の研究開発に資するための匿名加工医療情報に関する法律（次世代医療基盤法）が成立した（詳細は，第4章第1節【4】■3参照）。

第 2 節 個人情報保護法概説

第 1 項 体　系

〈個人情報保護法の体系図〉

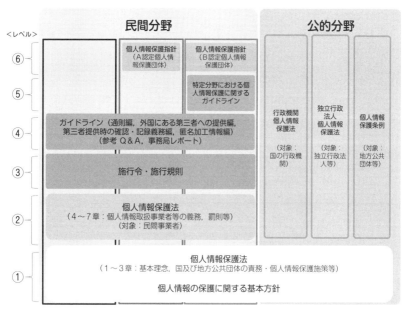

個人情報保護委員会資料を加工

第2節　個人情報保護法概説

　個人情報保護に関する法制度は何層にも重なり，それぞれの事業者の営む事業内容や，認定個人情報保護団体の対象事業者かにより，適用される制度が異なる。このため，企業が適用される規律内容を把握するには，それぞれの関係を正確に理解しなければならない。

　個人情報保護に関する制度（広義）は，民間事業者を対象とする制度（民間分野）と，行政機関，独立行政法人，地方公共団体等を対象とする制度（公的分野）に大きく分かれる。

【レベル①】個人情報保護法1～3章，個人情報の保護に関する基本方針

　個人情報保護法第1章総則，第2章国及び地方公共団体の責務等，第3章個人情報の保護に関する施策等，個人情報の保護に関する基本方針は，個人情報保護に関する法制度全体に関わる内容であり，民間分野・公的分野の両方に適用される。

【レベル②】個人情報保護法4章

　個人情報保護法のうち，個人情報取扱事業者の義務，罰則等を定めた第4章は，民間事業者に対してのみ適用される。

　これに対し，公的分野では，行政機関個人情報保護法（対象：国のすべての行政機関。なお，国会や裁判所は除く），独立行政法人個人情報保護法（対象：独立行政法人，国立大学法人，大学共同利用機関法人，一部の特殊法人・認可法人），各地方公共団体が制定する個人情報保護条例（対象の例：都道府県庁や市町村役場，教育委員会，公立学校，公立病院）がそれぞれ適用されるけれども，本書では取り扱わない（非識別加工情報の利活用に関しては，第4章第2節【14】を参照されたい）。

【レベル③】個人情報保護法施行令・同施行規則

　個人情報保護法を実施するため，個人情報の保護に関する法律施行令と個人情報の保護に関する法律施行規則が定められている。

【レベル④】委員会ガイドライン，委員会Q＆A

　事業者が個人情報の適正な取扱いを確保できるよう，個人情報保護委員会により，具体的な指針として，4種類の個人情報保護法ガイドライン（通則編（通則GL），外国にある第三者への提供編（外国第三者提供GL），第三者提供時の確認・記録義務編（確認・記録義務GL），匿名加工情報編（匿名加工GL））が定められている。さらに，個人情報保護法ガイドラインなどに関するQ＆A（委員会Q＆A：「個人情報の保護に関する法律についてのガイドライン」及び「個人データの漏えい等の事案

が発生した場合等の対応について」に関するQ＆A）が設けられている。そのほか，認定個人情報保護団体が匿名加工情報に係る指針等を作成する際に参考となる，事務局レポート（匿名加工レポート）が定められている。

なお，自社における個人情報の取扱いに関して疑問が生じ，個人情報の取扱いを詳しく確認したい場合，上記委員会の各ガイドラインやQ＆Aの記載が参考となることが多い。この際，ガイドラインの「しなければならない」「してはならない」との記述がある事項に従わないと法違反となる可能性があり，注意が必要である。

【レベル⑤】特定事業分野ガイドライン

金融関連分野，医療関連分野，通信分野などの特定事業分野では，それぞれの業法や保護する権利との関係などから，個別のガイドラインやその解説，Q＆Aなどが作成され，個人情報保護法に対する上乗せ，横出しに当たる規定が置かれている。

【レベル⑥】個人情報保護指針

加入している認定個人情報保護団体で個人情報保護指針が定められている場合，同指針も遵守する必要がある。

第2項　個人情報保護法上の3人のプレイヤーと4つの場面

■1　3人のプレイヤー

個人情報保護法におけるプレイヤーは，基本的に以下の3者である。

(1) **個人情報を取得，利活用する者（企業）**

正確には，個人情報データベース等を事業の用に供している者で，個人情報保護法では「個人情報取扱事業者」と記載されている（法2条5項）。

「個人情報取扱事業者」は，個人情報をデータベース化して事業活動に利用している者のうち，国の機関，地方公共団体，独立行政法人等，地方独立行政法人を除いた者である。法人に限定されず，営利・非営利の別は問われないため，個人事業主やマンションの管理組合，NPO法人，自治会や同窓会等

も含まれる。

「個人情報取扱事業者」は，個人情報保護法の義務規定（第4章）を守らなければならない。

なお，平成27年の法改正前は，5000人分以下の個人情報を取り扱う小規模取扱事業者は，個人情報保護法の適用対象ではなかった。しかし，改正により，小規模取扱事業者であっても個人情報保護法が適用されることとなった。このため，顧客の情報をデータ化して取り扱っている事業者や従業員を雇用している企業は，基本的に個人情報取扱事業者に該当する[*5]。

(2) **自らに関する個人情報を提供している者**（本人）

正確には，個人情報によって識別される特定の個人であり，個人情報保護法上は「本人」と表現される（法2条8項）。

(3) **上記(1)，(2)以外の者**（第三者）

他者の個人情報を事業者に提供したり，個人情報を他の企業から提供される場面で登場する。個人情報保護法上でも「第三者」と表現される（法23条など）。企業には限られず，個人も「第三者」に含まれる。

■ 2　4つの場面

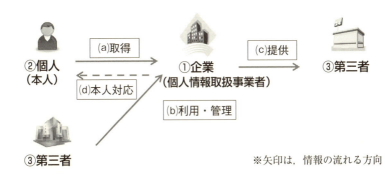

[*5] 取り扱っている個人情報が従業者の個人情報だけでも，個人情報データベース等を事業の用に供していれば，個人情報取扱事業者に該当する（委員会Q&A 1-48）。

わかりやすくするために、上記の図を参考に以下の4つの場面に分け、個人情報保護法の概要を説明する。本書第3章では、それぞれの場面に、前提として検討が必要となる制度設計の場面を追加して、詳しく説明する。

(a) 取得：企業が個人から情報を取得する場面
(b) 利用・管理：企業が取得した情報を自らの中で利用、管理する場面
(c) 提供：企業が、自らが得た情報を第三者に提供する場面
(d) 本人対応：企業が、個人本人からの請求を受けて対応する場面

以下、各場面の概要イメージを説明する。原則的な考え方を示すものであるため、例外などは省略しており、正確には、第3章の記載を参考にしていただきたい。企業、個人（個人本人）という用語を用いているが、上述のように、個人情報保護法上の文言では、それぞれ、「個人情報取扱事業者」、「本人」となる。

(a) **取得の場面**：個人情報を取得した場合、その利用目的を個人に通知、公表又は明示すること（あらかじめ利用目的を公表している場合を除く）
  (i) 企業は個人情報の利用目的をあらかじめ特定する必要がある（法15条）。なお、利用目的の特定は、実際は個人情報の取扱いに関する制度設計段階で検討しておく必要がある。
  (ii) 企業は、個人情報を取得する際に、利用目的を個人に対して通知又は公表する（法18条）。
  (iii) 企業は個人情報を取得する場合、適正に取得する必要がある（法17条）。
  (iv) 第三者から個人データの提供を受ける際、取得の経緯などを確認する必要がある（法26条）。
(b) **利用**[*6]**・管理の場面**：利用目的の範囲で利用すること、個人データの漏えい等が生じないように安全に管理すること

[*6] 委員会Q&A2-3では、「利用」とは、取得及び廃棄を除く取扱全般を意味すると考えられるとされており、管理や第三者提供なども含む概念である。もっとも、本書で、場面を特定するために「利用」という用語を用いる場合、管理や第三者提供を含まない概念として扱う。

(i)　企業は，取得した個人情報は特定された利用目的の範囲でしか利用できない（法16条）。
　(ii)　企業は，個人データが漏えい等しないよう，安全管理措置をとる必要があり（法20条），従業者，委託先を監督する必要がある（法21条・22条）。
　(iii)　企業は，個人データの内容につき，正確性を確保し，利用する必要がなくなった個人データを遅滞なく消去するよう努める必要がある（法19条）。
　(iv)　企業は，匿名加工情報を作成したとき，利用目的の範囲で利用することができ，個人本人の同意がなくとも第三者に提供することが可能となる（法36条〜39条）。

　(c)　**第三者提供の場面**：個人情報を個人本人以外の第三者に渡すときは，原則として，あらかじめ本人の同意を得ること
　(i)　企業が個人データを第三者に提供するには，個人本人の同意を得なくてはならない（法23条）。
　(ii)　企業が，個人データを海外の第三者に提供するには，個人本人の同意を得なくてはならない（法24条）。
　(iii)　企業が第三者に個人データを提供する際には，記録を作成しなければならない（法25条）。

　(d)　**本人対応の場面**：個人本人からの請求に応じ，個人情報を開示，訂正，利用停止等すること
　(i)　企業は，保有個人データにつき，利用目的などの事項を公表などしなければならない（法27条）。
　(ii)　個人本人は，企業に対し，自らが識別される保有個人データの開示を請求できる（法28条）。
　(iii)　個人本人は，企業に対し，当該本人が識別される保有個人データの内容が事実でないときは，当該保有個人データの訂正等を請求できる（法29条）。
　(iv)　個人本人は，企業に対し，自らが識別される保有人データが，法16条又は法17条に違反するとき，利用停止等を請求できる（法30条）。
　(v)　企業は，個人情報の取扱いに関する苦情につき，適切かつ迅速な処理に努めなければならない（法35条）。

〈3人のプレイヤーと4つの場面による，個人情報保護法の適用分類〉

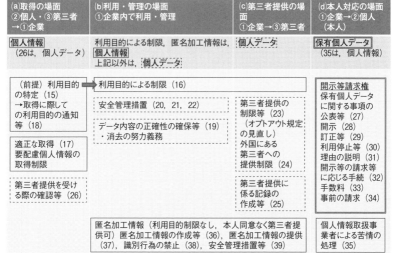

第3項　保護対象

　原則として，個人情報が保護対象であるが，利用・管理，第三者提供の場面では個人データ，本人対応のときには保有個人データに対象が限定される。

■1　個人情報

(1)　個人情報に該当する情報

　個人情報保護法2条1項1号で，「個人情報」は，「生存する個人に関する情報であって，当該情報に含まれる氏名，生年月日その他の記述等……により特定の個人を識別することができるもの（他の情報と容易に照合することができ，それにより特定の個人を識別することができることとなるものを含む。）」とされている。

〈個人情報とそれ以外の分類図〉

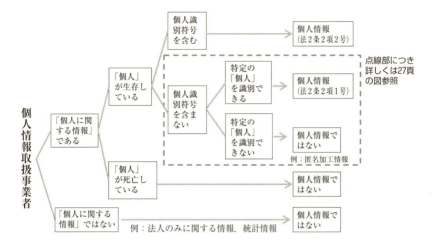

個人情報に該当する情報の例として，次のものがあげられる（通則GL 2－1参照）。

例1） 氏名と組み合わせた生年月日，連絡先（住所・居所・電話番号・メールアドレス），会社における職位又は所属に関する情報（氏名がなくても本人が特定される場合には，生年月日以下の情報だけでも個人情報となる）

例2） 防犯カメラに記録された情報等本人が判別できる映像情報，写真

例3） 本人の氏名が含まれる等の理由により，特定の個人を識別できる音声録音情報

例4） 特定の個人を識別できるメールアドレス（kanri_taro@rikatsuyou.co.jp等のようにメールアドレスだけの情報の場合であっても，rikatsuyou社に所属するカンリタロウのメールアドレスであることがわかるような場合等）

氏名が単独で個人情報に該当することに争いはない。もっとも，氏又は名のいずれかと住所のみが判明している場合，生年月日と住所のみが判明している場合などに，個人情報に該当するかは，厳密には，ケースバイケースの判断になる。企業における個人情報管理の視点からは，個人情報に該当する情報が含まれる可能性がある場合は，個人情報として扱った方がよいであろう。

(2) 個人識別符号

個人識別符号が含まれる情報は，それだけで個人情報に該当する（法2条1項2号）。

例えば，以下のものが「個人識別符号」にあたる。

① 生体情報を変換した符号（施行規則2条で定める基準を満たすもの）
　　——DNA，顔，虹彩，声紋，歩行の態様，手指の静脈，指紋・掌紋。
② 公的な番号——パスポート番号，基礎年金番号，免許証番号，住民票コード，マイナンバー，各種保険証。

なお，平成27年の個人情報保護法改正の際，実務で個人データを連結する場合によく利用されている，携帯電話番号やクレジットカード番号が個人識別符号に該当するかが検討されたけれども，該当するとはされなかった[*7]。

(3) 容易照合性

個人情報に該当するかを検討する上で，「(他の情報と容易に照合することができ，それにより特定の個人を識別することができることとなるものを含む)」（法2条1項1号）との記載部分は，容易照合性と呼ばれ，その有無の判断が実務上重要である。

原則として，企業内で保管している他の情報と合わせ，特定の個人に紐づけられる場合，容易照合性があると考えられる。

委員会Ｑ＆Ａは，容易照合性がない場合とは，「事業者の各取扱部門が独自

[*7] 委員会Ｑ＆Ａ1-22では，携帯電話番号，クレジットカード番号が個人識別符号に該当しないとした理由につき，「様々な契約形態や運用実態があり，およそいかなる場合においても特定の個人を識別することができるとは限らないこと等から，個人識別符号に位置付けておりません」と説明されている。

個人情報保護法政令案及び同規則案に関する意見募集結果（パブリックコメント）に対する回答では，「ケースバイケースではなくおよそいかなる場合においても特定の個人を識別することができる種類の符号であって，その利用実態等に鑑みて個人情報該当性を明確にする必要性の高いもののみを個人識別符号と」したとの説明がされている。なお，同じ回答では，「単に機器に付番される符号は，改正後の法2条2項2号の要件を満たさない」との記載もあり，単に機器に付番される符号の場合は，扱いが異なると考えているようである（https://www.ppc.go.jp/files/pdf/280916_siryou1-1_bessi2.pdf）。

もっとも，個人情報保護という観点からは，特定の個人を識別できる場合があれば，その情報自体を個人識別符号に含む考え方も合理性があり（EU一般データ保護規則や，米国の消費者プライバシー権利章典は，特定の個人を識別できる可能性がある情報を幅広く保護対象とする），今後の改正の動向を注視したい。

各符号の個人識別符号該当性について詳しく説明したものとして，日置巴美＝板倉陽一郎『平成27年改正個人情報保護法のしくみ』（商事法務，2015）がある。

〈容易照合性の概念図〉

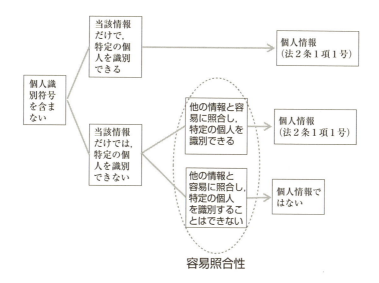

に取得した個人情報を取扱部門ごとに設置されているデータベースにそれぞれ別々に保管している場合において，双方の取扱部門やこれらを統括すべき立場の者等が，規程上・運用上，双方のデータベースを取り扱うことが厳格に禁止されていて，特別の費用や手間をかけることなく，通常の業務における一般的な方法で双方のデータベース上の情報を照合することができない状態である場合」としている（委員会Q＆A1-15）。

従前から，容易照合性がない場合の例として，「日常的に行われていない他の事業者への特別な照会を要する場合，内部でもシステムが異なる等の事情により技術的に照合が困難な場合（事業者又は内部組織の間で組織的・形状的に相互に情報交換が行われている場合等は，「容易に照合することができ」る場合に当たると考えられる）」があげられていた[*8]。

■2　個人データ，保有個人データ

個人情報保護法の保護対象は，(ア)個人情報，(イ)個人データ，(ウ)保有個人

[*8] 園部逸夫編『個人情報保護法の解説〔改訂版〕』（ぎょうせい，2005）。

データに分類される。

(ア) 個人情報

企業が個人本人から取得するのは，個人情報である。

(イ) 個人データ

個人データは，個人情報データベース等を構成する個人情報である。

企業が，個人情報から個人データを作成などして，利用，管理したり，第三者に提供する場合，その価値が高まるため，規制を実施する必要がある。

(ウ) 保有個人データ

保有個人データは，個人情報取扱事業者が開示，訂正，削除等の権限を有する個人データのうち，保有期間が6か月以上であるものである。

本人から対応を求められた場合，個人情報保護法上は，①保有期間が6か月未満であるときは個人の権利利益を侵害する危険性が比較的低いと考えられること，②入力・編集・加工等のみを委託された事業者が本人対応を行うことは不合理であることから，保有個人データをもつ企業のみが対応すればよいとされている。なお，犯罪加害者の個人データを保有する場合など，存否が明らかになることにより利益が害される場合にも，保有個人データから除外することとしている（施行令3条1項各号）。

〈個人情報，個人データ，保有個人データの関係〉

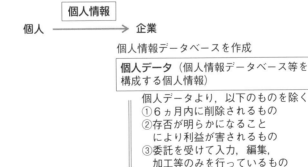

(エ) それぞれの情報分類のイメージ

上記説明のように、(a)取得の場面は(ア)個人情報、(b)利用・管理の場面及び(c)第三者提供の場面は(イ)個人データ、(d)本人対応の場面は(ウ)保有個人データが対象になると、個人情報保護法の適用分類（本節第2項■2図）と併せて大まかなイメージを持つと理解しやすい。

■3 要配慮個人情報

(1) 概　要

個人情報の中には、その内容や性質により、差別や偏見を生じさせるおそれがあるものもある。このため、個人情報保護法改正の中で、個人情報のうち、人種、信条、社会的身分、病歴、犯罪の経歴、犯罪により害を被った事実などが含まれるものを「要配慮個人情報」とし、その取扱いに本人が関与できる特別な規律を設けた。

(2) 要配慮個人情報に該当する情報

具体的には、政令、規則で以下のものが要配慮個人情報に該当するとされている（詳しい内容は、通則GL 2-3）。

①人種	人種、世系又は民族の若しくは種族の出身を広く意味する。なお、単純な国籍や「外国人」という情報は法的地位であり、それだけでは人種には含まない。肌の色は、人種を推知させる情報にすぎず、人種には含まない。
②信条	個人の基本的なものの見方、考え方。思想と信仰の双方を含む。
③社会的身分	ある個人にその境遇として固着していて、一生の間、自らの力によって容易にそれから脱し得ないような地位。単なる職業的地位や学歴は含まない。
④病歴	病気に罹患した経歴を意味するもので、特定の病歴を示した部分（例：特定の個人ががんに罹患している、統合失調症を患っている）
⑤犯罪の経歴	前科、すなわち有罪の判決を受けこれが確定した事実

⑥犯罪により害を被った事実等	身体的被害，精神的被害及び金銭的被害の別を問わず，犯罪の被害を受けた事実。具体的には，刑罰法令に規定される構成要件に該当し得る行為のうち，刑事事件に関する手続に着手されたもの。
⑦身体障害，知的障害，精神障害等の障害があること	
⑧健康診断その他の検査の結果（遺伝子検査の結果を含む）	具体的な該当例 • 労働安全衛生法に基づいて行われた健康診断の結果 • 同法に基づいて行われたストレスチェックの結果 • 高齢者の医療の確保に関する法律に基づいて行われた特定健康診査の結果 • 人間ドックなど保険者や事業主が任意で実施又は助成する検査の結果（法律に定められた健康診断の結果等に限定されない） • 医療機関を介さないで行われた遺伝子検査により得られた本人の遺伝型とその遺伝型の疾患へのかかりやすさに該当する結果
⑨保健指導，診療・調剤情報	具体的な該当例 • 労働安全衛生法に基づき医師又は保健師により行われた保健指導の内容 • 同法に基づき医師により行われた面接指導の内容 • 高齢者の医療の確保に関する法律に基づき医師，保健師，管理栄養士により行われた特定保健指導の内容等（法律に定められた保健指導の内容に限定されるものではなく，保険者や事業主が任意で実施又は助成により受診した保健指導の内容も該当） • 保健指導等を受けた事実 • 診療記録 • 病院等を受診した事実 • 調剤録，薬剤服用歴，お薬手帳に記載された情報 • 薬局等で調剤を受けた事実
⑩本人を被疑者又は被告人として，逮捕，捜索等の刑事事件に関する手続が行われたこと	
⑪本人を非行少年又はその疑いがある者として，保護処分等の少年の保護事件に関する手続が行われたこと	

(3) 要配慮個人情報の取扱い

要配慮個人情報を取得する場合は，原則として，あらかじめ本人の同意が必要となる（法17条2項）。また，要配慮個人情報は，オプトアウトによる第三者提供はできないので注意が必要である（法23条2項柱書）。

コラム○個人情報の範囲

個人情報という概念が，コンピュータによる情報処理の発展により，情報を集積される危険が高まったことで発生したものであり，何が個人情報かは，技術の発展の影響を受けて当然に変わり得る。

平成27年個人情報保護法改正では，前述のように，クレジットカードや携帯電話番号を個人情報の対象とするか検討され，同改正では個人情報とはされなかった。しかし，今回の改正では個人情報に該当するとされなかった情報でも，情報集積の際に異なる情報と連結する符号として使われる情報などは，将来，個人情報として追加される可能性もある（第3章第8節第4項■2参照）。また，準天頂衛星システムが整備され，GPS位置情報が数センチメートルの誤差しかなくなった場合，位置情報を用いて，繁華街でも特定の個人の識別が可能となり，個人情報として取り扱わなければならなくなる事態も考えられる（第4章第2節【5】■1参照）。

比喩を用いるなら，個人情報とプライバシー情報の関係は，しっかりとした壁で仕切られているのでなく，一部屋を可動式のパーティションで仕切っている状況である。このため，現在は個人情報に該当しなくても，将来的に個人情報として取り扱われる可能性があることを前提に，制度設計することが重要である。

第4項　平成27年個人情報保護法改正の主なポイント

以下，個人情報保護法に関する改正の経緯について理解を助ける意味もあり，平成27年改正の主なポイントを記載する。特に記載がなければ，平成29年5月30日の全面施行時の改正内容である（改正にいたった経緯は，第2章第1節第5項■3参照）。

(1) 個人情報の定義の明確化
(a) 個人情報の定義の明確化
　特定の個人の身体的特徴を変換したもの（例：顔認識データ）等を個人情報として明確化した（法2条1項・2項）。
(b) 要配慮個人情報
　人種，信条，病歴等が含まれる個人情報は，本人の同意を取って取得することを原則義務化し，本人の同意を得ない第三者提供の特例（以下「オプトアウト手続」という）を禁止した（法2条3項）。
(2) 適切な規律の下で個人情報等の有用性を確保
(a) 利用目的の変更要件の緩和
　当初の利用目的から新たな利用目的への変更の要件を緩和した（法15条2項）。
(b) 匿名加工情報
　特定の個人を識別することができないように個人情報を加工したものを匿名加工情報とし，その加工方法及び事業者による公表等その取扱いに関する規律を新設した（法2条9項・10項・36条〜39条）。
(3) 適正な個人情報の流通を確保
(a) トレーサビリティの確保
　個人データを提供した事業者は，受領者の氏名等の記録を一定期間保存し，また，個人データを第三者から受領した事業者は，提供者の氏名やデータの取得経緯等を確認し，一定期間その記録を保存することとした（法25条・26条）。
(b) 個人情報データベース等不正提供罪
　個人情報データベース等を取り扱う事務に従事する者又は従事していた者等が，不正な利益を図る目的で提供し，又は盗用する行為を処罰する規定を新設した（法83条）。
(4) 個人情報の取扱いのグローバル化
(a) 国境を越えた法の適用と外国執行当局への情報提供
　日本に居住する本人から個人情報を直接取得した外国の事業者にも個人情報保護法を原則適用することとした。また，個人情報保護委員会による外国執行当局への情報提供が可能となった（法75条・78条）。

(b) 外国事業者への第三者提供

個人情報保護委員会規則に則った体制整備をした場合，個人情報保護委員会が認めた国の場合，又は本人の同意により，個人データを外国の第三者へ提供することが可能であることを明確化した（法24条）。

(5) 個人情報保護委員会の設立

(a) 個人情報保護委員会の新設

個人情報の保護に関する独立した機関として，特定個人情報保護委員会を改組し，内閣府の外局として，個人情報保護委員会を新設した（平成28年1月1日施行）（法59条～74条）。

(b) 個人情報保護委員会の権限

現行の主務大臣の有する権限を個人情報保護委員会に集約し，立入検査の権限等を追加した（法40条～44条）。

(6) 認定個人情報保護団体の活用

認定個人情報保護団体は，個人情報保護指針を作成する際には，消費者の意見等を聴くよう努めるとともに個人情報保護委員会へ届け出をし，同委員会は，その内容を公表することとした。同指針を遵守させるため，対象事業者への指導・勧告等を義務化した（法53条）。

(7) その他の改正事項

(a) オプトアウト手続の厳格化

事業者は，オプトアウト手続によって個人データを第三者に提供しようとする場合，データの項目等を個人情報保護委員会へ届け出て，同委員会は，その内容を公表することとした（法23条2項～4項）。

(b) 小規模取扱い事業者への対応

5000人分以下の個人情報を取り扱う事業者に対しても個人情報保護法を適用することとした（法2条5項）。

(c) 開示等請求権

本人の開示，訂正，利用停止等の求めは，裁判上も行使できる請求権であることを明確化した（法28条～30条）。

第 3 節

プライバシー保護概説

第1項　プライバシー権とは

■ 1　定　　義

　プライバシー権を直接規定する法律はなく，裁判例を積み重ねて，権利として保護されてきており，「プライバシー権」の定まった定義はない。法的性格については，憲法上は憲法13条後段（幸福追求権）に基づき保障されるとの考え方が通説とされる[*9]。民事法上は，人格的利益として保護される。

　プライバシー権の内容も，①他人から干渉されない私生活上の領域がプライバシーとして保護されると捉える見解や，②自己に関する情報をコントロールする権利と捉える見解など様々な考え方がある。

　本書は，個人が自らの情報を積極的に利用することの重要性，個人情報保護法との整合性，プライバシー権が現実に紛争になった際に解決する手段となることなどを重視し，プライバシー権を積極的に捉え，自己に関する情報をコントロールする権利と解する[*10]。

　「プライバシー権」に対し，「プライバシー」は，自己に関する情報を自ら

[*9]　憲法上におけるプライバシー権（国と国民の関係を規律。なお，一般に，私人間にも効力があると解されている）と民事法上におけるプライバシー権（民と民の関係を規律）を区別せずに検討している印象を受ける議論もある。しかし，規律する対象が異なるほか，国と事業者では取り扱う個人情報・プライバシー情報の内容や方法などが異なることも多く，できる限り，どちらの議論をしているかを意識することが必要と考えられる。学説の状況は，村上康二郎『現代情報社会におけるプライバシー・個人情報の保護』（日本評論社，2017）で，詳しく記述されている。

コントロールできている状態として用いる[*11]。上記のプライバシー権を他者との関係の側面から説明すると、自己に関する情報を、自らの同意なく、他人に取得・利用などされない権利となる。

なお、プライバシーの定義につき、「公開」の要素を加える考えもあるが、判例で特に問題とされてきた表現行為を意識したものであり、プライバシーとして一般的な要素ではないと考えられる。例えば、本人の許可を得ないで携帯電話のロックを解除して密かに SNS のやりとりを盗み見る行為や隣室からの電話内容の盗み聞きは、他人に伝える行為がなくとも、一般にプライバシー侵害と評価されるが、「公開」との表現にはなじまない。

■ 2 要 件

(1) 本書での検討における理解

本書での検討にあたり、プライバシー情報とは、個人に関する情報をいう[*12]。法的な観点から説明すると、プライバシー侵害が問題となり得る情報である。対象範囲は広いが、個人に関する情報が一切含まれない工場データや機械の作動状況などは対象にならない。

(2) 私事性、非公知性などの考え方

プライバシー保護の対象となるには、後述の「宴のあと」事件（本項■4(3)(a)参照）を参考し、㋐私事性、㋑公開を欲しない事柄であること、㋒非公知性のいわゆる3要件（詳細は後述）を満たす必要があるとの考え方がある。

以下、「私事性」、「公開を欲しない事柄であること」、「非公知性」を要件とするかに関し、個別に検討する[*13]。

㋐ 「私事性」は、対象を私生活上の事実に限定するが、何が「私生活上の

[*10] 新保史生『プライバシーの権利の生成と展開』(成文堂、2001) は、プライバシーの権利は、①領域の保護、②情報の保護又は管理、③自律の保障という3つの保護法益を包摂する権利であるとする。

[*11] プライバシー権が権利性に着目するのに対し、プライバシーは状態に着目しているという違いがあるという指摘がある（樋口陽一他『注解法律学全集憲法Ⅰ〔前文・第1条～第20条〕』(青林書院、1994) 281頁〔佐藤幸治〕）。

[*12] 「パーソナルデータ」という用語が、個人に関する情報全般を指して用いられることがある（私事性などとの要件の関係は、用い方による）。しかし、本書では、特に断りがない限り、パーソナルデータとは、「個人の行動に関する情報」と理解し、基本的にプライバシー情報の中で、個人の行動に関する情報に限定して取り扱う。なお、日本語の「パーソナルデータ」が、海外における personal data と同じ内容を指すとは限らず、注意が必要である。

事実」に該当するか明らかではない。

(イ)「公開を欲しない事柄であること」の判断基準は，「一般人の感受性」を基準とし，他人にみだりに知られたくない情報とされるが，「一般人の感受性」がどのようなものか精緻な議論がされることは通常ない。なお，「公開」が定義・要件として必須のものでないことは，前述のとおりである。

(ウ)「非公知性」も確たる基準はなく，公知になった地域や時期などが公知性に影響を与える[*14]。もっとも，どのような状態に公知性がなくなるかは，判例の蓄積をもとに判断するしかなく，現時点で明らかな基準はない。公知になった地域や，時の経過が判例上も考慮されていることは，後述の「逆転事件」判決判旨（本項■4(3)(c)）などから，明らかである。

(3) プライバシー概念を柔軟に理解する必要性

プライバシーの概念は時代に即して変化してきている。

例えば，一昔前は，ハローページで公開されている住所，電話番号，氏名は，他の人から連絡を受ける際に必要なものと理解され，その公開に抵抗感が無い人も多かった。しかし，現在では，プライバシー侵害に関する懸念などから，自らの情報をハローページ上で公開しない人も多い。

また，若年層は，自らの日常生活の出来事をSNS上で公開することが多いといわれるけれども，中高年には自らの日記を公開するような違和感を覚える人も多いだろう。特に，通信技術の急速な発展により，新たなコミュニケーションツールの出現で，数年でプライバシー概念が大きな影響を受けることもあり得る。

したがって，時代や世代によりプライバシーの捉え方には多様性があり，プライバシーの概念が変化することを前提に柔軟に検討することが望ましい。

(4) まとめ

上述のように，①上記(a)〜(c)の3要件自体がそれぞれ規範的な概念であり，実際の裁判ではそれぞれに該当するか否か自体が争われ，立証が必要と

[*13] 議論全般につき，佃克彦『プライバシー権・肖像権の法律実務〔第2版〕』（弘文堂，2010）参照。

[*14] 例えば，南米で発行されている新聞に10年前に載っていた情報を，インターネット上でスペイン語を打ち込むことで検索できても，日本で直ちに公知の情報といえるかは疑問である。また，「ひとの噂も七十五日」とのことわざがあるように，時間の経過により公知性が下がることは，経験則上疑いがない。

なる，②本書が取り扱う情報利活用では，対象者が不特定かつ多数であり，それぞれの対象者を個別に検討することは困難である[*15, *16]。③さらに，上述のように，プライバシー概念は柔軟に理解することが望ましいといった事情がある。

したがって，本書では，(a)私事性，(b)公開を欲しない事柄であること，(c)非公知性は要件とはせず，これらの要素を満たす場合は要保護性が高くなり，満たさないと想定される場合は要保護性が低くなると理解して検討する（本節第2項■1(1)）。このように解すると，プライバシー情報の範囲が広くなり過ぎるとも考えられるが，明らかに要保護性が低い情報である場合，そもそも検討する必要はない。

■3　プライバシー侵害の免責事由

被侵害者の承諾があると，プライバシー侵害の違法性は阻却されるため，有効な同意を取ることは非常に有益である。

もっとも，インターネットのホームページ上でサービスを提供する場合，プライバシー情報の利用について同意を得たものとみなす旨の規定を掲載することだけで，すべての利用に関し，一律に有効な同意を取ったことになるかは疑問がある。また，有効な同意を取得した場合でも，利用者がどこまでの利用を想定できたかなど，その範囲が問題となる（同意の取り方につき，詳しくは第3章第3節第2項■2参照）。

なお，プライバシー侵害の免責事由として，一般的には，①表現の自由との調整，②著名人であること，③訴訟行為における書証提出であることなどがあげられるが[*17]，本書で取り上げるような，企業における情報利活用の場面で適用されることは通常想定し難く，本書では取り扱わない。

---

*15　例えば，ビジネス目的で位置情報を取得する場合，対象者が公人であるか否かを意識して取得することは通常ない。
*16　インターネット上の書き込みがプライバシー侵害にあたるかといった，個別の権利侵害を検討をする際には，具体的な表現行為が前提となるなど本書と想定する場面が異なるため，上記3要件を検討する比重は上がると考えられる。今後，利活用場面での違いによってプライバシーの理解が変容するか，学術的な検討が望まれる。
*17　佃克彦『プライバシー権・肖像権の法律実務〔第2版〕』（弘文堂，2010）参照。

■ 4　判例の概説

(1)　概　　要

　プライバシー権も，他の権利との関係で一定の制約を受ける。このため，どの程度までであれば利活用が許されるのか，すなわち，どのような場合にプライバシー侵害として違法となり，不法行為（民法709条など）が成立するのか検討する必要がある。

　プライバシー権は，これまで判例の中で発展してきており，以下では，最高裁を中心とするこれまでの判例の流れを概説する。

(2)　判例の概説

　日本では，報道やモデル小説の出版などに個人のプライバシーに関する内容が記載されることで，プライバシー権が問題となり，表現行為と対立する概念として議論されることが多かった。

　これまでの判例をプライバシーと対立する行為との関係で大別すると，大きく以下の2つの類型に分けられる[18]。

A　プライバシー 　⇔　表現行為	一般公開を前提 例：モデル小説の発表に対する書籍出版の差止めや，インターネット上の表現行為に対する削除請求
B　プライバシー 　⇔　表現行為以外	一般公開は前提としない

　上記A類型の特徴として，表現の自由は基本的人権の場合でも特に尊重されている反面，表現行為として一般に広く公開されることによる，プライバシー侵害の程度が大きいことがあげられる。

　これに対し，上記B類型は，プライバシーと対立する概念の保護の程度は表現行為に比べると必ずしも強くない反面，基本的には内部での利用であり，一般に公開されず，侵害の程度が比較的小さいことがあげられる。

---

[18]　判例上は，肖像権とプライバシーの関係は明らかではないけれども，本書では後述のように，肖像権はプライバシー権の一類型と捉える。

なお，一般的にB類型では「国対国民」の関係で憲法が直接適用される場合が多いのに対し，A類型では，基本的には直接適用はされないという違いがあるが，帰結に大きな影響を与えるとは考え難い。

以下，上記A類型か，B類型かに着目して検討する。

(3) **プライバシーに関する判例**

(a) **判例1**

三島由紀夫が執筆したモデル小説「宴のあと」で，元外務大臣の都知事選候補者と料亭経営者との男女関係を寝室をのぞき見したかのように描写したことなどが，プライバシー侵害として違法になるかが争われた事案（東京地判昭39・9・28下民集15巻9号2317頁〔「宴のあと」事件〕）。

〈判決の要旨〉

プライバシー権とは，私生活をみだりに公開されないという法的保障ないし権利である。

プライバシー権が侵害されたといえるためには，以下の4つの要件を満たすことが必要である。

① 私生活上の事実又は私生活上の事実らしく受け取られるおそれのあることがらであること（私事性）

② 一般人の感受性を基準にして当該私人の立場に立った場合公開を欲しないであろうと認められることがらであること，換言すれば一般人の感覚を基準として公開されることによって心理的な負担，不安を覚えるであろうと認められることがらであること（公開を欲しないことがらであること）

③ 一般の人々に未だ知られていないことがらであること（非公知性）

④ 公開によって当該私人が実際に不快，不安の念を覚えたこと[19]

〈解説・分類〉

上記判例は，現在でも，下級審判決などでプライバシー権に関する判断をする際に，参考とされている。モデル小説の公表に関する事例であり，A類型である。①〜③の要件については，本節第1項■2を参照されたい[20]。

(b) **判例2**

---

[19] ④の要素は，要件として扱われないことが多い。訴訟を提起する当然の前提であり，満たさないケースを想定しづらく，争点とする必要がないためと考えられる。

政令指定都市の区長が，弁護士法23条の2に基づく弁護士会からの照会（弁護士会照会）に応じて，個人の前科及び犯罪経歴を報告したことが違法であるかが争われた事案（最判昭56・4・14民集35巻3号620頁）。
〈判決の要旨〉
「前科及び犯罪経歴（以下「前科等」という。）は人の名誉，信用に直接にかかわる事項であり，前科等のあるものもこれをみだりに公開されないという法律上の保護に値する利益を有する」と判示し，前科及び犯罪経歴に関するプライバシーの権利を実質的に認めた。
〈解説・分類〉
前提となる事例は，裁判のために公開される場合であり，一般に公開されるものではない。表現行為に関するものではなく，B類型である。

(c) **判例3**

一般人が昭和39年に沖縄で起こした刑事事件により有罪判決を受けて服役した後，同事実を知られずに東京で就職して生活していたところ，昭和52年にノンフィクション作品「逆転」で実名を用いて過去の事実を公表されたことがプライバシー侵害として違法かが争われた事案（最判平6・2・8民集48巻2号149頁〔ノンフィクション「逆転」事件〕）。
〈判決の要旨〉
「ある者の前科等にかかわる事実を実名を使用して著作物で公表したことが不法行為を構成するか否かは，その者のその後の生活状況のみならず，事件それ自体の歴史的又は社会的な意義，その当事者の重要性，その者の社会的活動及びその影響力について，その著作物の目的，性格等に照らした実名

---

[20] プロバイダ責任制限法ガイドライン等検討協議会が策定した「プロバイダ責任制限法名誉毀損・プライバシー関係ガイドライン〔第3版補訂〕」（平成26年12月）にも，プライバシーとして保護される情報につき，次の記載があり，参考になる（http://www2.telesa.or.jp/consortium/provider/pdf/provider_mguideline_20141226.pdf）。
①の「私生活上の事実らしく受け取られるおそれのある情報」は，通常人が見ればまず事実とは受け取らない（作り話だと思う）場合は除くというレベルで理解すれば足りる。②の要件は，氏名，住所についても自己が欲しない他者にはみだりにこれを開示されたくないと考えるのは自然なこととして法的保護対象と解されている。③の要件も，ある媒体で報じられた情報であっても，新たな媒体への掲載は，それによって新たに知る者がある（媒体ごとに閲読・視聴者が異なる）として公知性が否定されることが多い。電話帳や官報等の公的資料に掲載された情報を引用・転載する場合でも，掲載する媒体や掲載の事情によりプライバシー保護の対象となることがある。

使用の意義及び必要性を併せて判断すべきもので，その結果，前科等にかかわる事実を公表されない法的利益が優越するとされる場合には，その公表によって被った精神的苦痛の賠償を求めることができるものといわなければならない。」

〈解説・分類〉

　ある者の前科等にかかわる事実を著作物で公表することが問題になった事案で，A類型である。

　(d)　**判例4**

　週刊誌上に，殺人罪等で起訴されている少年事件に関し，仮名を使用して，刑事被告人である少年の経歴等を詳細に記載した記事が掲載されたことが，名誉毀損・プライバシー侵害として違法かが争われた事件（最判平15・3・14民集57巻3号229頁〔長良川リンチ殺人報道事件〕）。

〈判決の要旨〉

　「プライバシーの侵害については，その事実を公表されない法的利益とこれを公表する理由とを比較衡量し，前者が後者に優越する場合に不法行為が成立する。」

〈解説・分類〉

　個別比較衡量のアプローチをとっている。報道による表現行為が不法行為に該当するかが問題となっており，A類型である。

　(e)　**判例5**

　私立大学が，中国国家主席の講演会に参加する者の氏名，学籍番号，住所及び電話番号を記載した名簿の写しを，参加者に無断で，警視庁の警備を目的とした要請に応じて提出したことがプライバシー侵害として違法かが争われた事案（最判平15・9・12民集57巻8号973頁〔早稲田大学名簿提出事件〕）。

〈判決の要旨〉

　学籍番号，氏名，住所及び電話番号を「自己が欲しない他者にはみだりにこれを開示されたくないと考えることは自然なことであり，そのことへの期待は保護されるべきものである」から，「プライバシーに係る情報として法的保護の対象となる。」「本件講演会の主催者として参加者を募る際にＸらの本件個人情報を収集したＹ大学は，Ｘらの意思に基づかずにみだりにこれを他者に開示することは許されないというべきであるところ，同大学が本件個人

情報を警察に開示することをあらかじめ明示したうえで本件講演会参加希望者に本件名簿へ記入させるなどして開示について承諾を求めることは容易であったものと考えられ，それが困難であった特別の事情がうかがわれない本件においては，……Ｘらが任意に提供したプライバシーに係る情報の適切な管理についての合理的な期待を裏切るものであり，Ｘらのプライバシーを侵害するものとして不法行為を構成する……。」

〈解説・分類〉

　個人情報保護法の成立前の事案である。表現行為に関するものではなく，Ｂ類型である。

　(f)　**判例6**

　住民基本台帳ネットワークシステムにより行政機関が住民の本人確認情報を収集，管理又は利用する行為が，これに同意しない当該住民との関係で，憲法13条の保障する個人に関する情報をみだりに第三者に開示又は公表されない自由（プライバシー権）を侵害，違法かが争われた事案（最判平20・3・6民集62巻3号665頁〔住基ネット事件〕）。

〈判決の要旨〉

　「憲法13条は，国民の私生活上の自由が公権力の行使に対しても保護されるべきことを規定しているものであり，個人の私生活上の自由の一つとして，何人も，個人に関する情報をみだりに第三者に開示又は公表されない自由を有するものと解される」「住基ネットによって管理，利用等される本人確認情報は，氏名，生年月日，性別及び住所から成る4情報に，住民票コード及び変更情報を加えたものにすぎない。……これらはいずれも，個人の内面に関わるような秘匿性の高い情報とはいえない。」「憲法13条により保障された上記の自由を侵害するものではないと解するのが相当である。」

〈解説・分類〉

　住民基本台帳ネットワークシステムの内容は表現行為を目的とするものではなく，行政組織内での利用が前提とされており，Ｂ類型である。

　(g)　**判例7**

　検索事業者（グーグル）に対し，自己のプライバシーに属する事実を含む記事等が掲載されたウェブサイトのURL並びに当該ウェブサイトの表題及び抜粋を検索結果から削除することを求めることができるかが争われた事案

（最決平29・1・31民集71巻1号63頁）。
〈決定の要旨〉
「個人のプライバシーに属する事実をみだりに公表されない利益は，法的保護の対象となるというべきである……。他方，……検索結果の提供は検索事業者自身による表現行為という側面を有する。また，検索事業者による検索結果の提供は，……，現代社会においてインターネット上の情報流通の基盤として大きな役割を果たしている。そして，検索事業者による特定の検索結果の提供行為が違法とされ，その削除を余儀なくされるということは，上記方針に沿った一貫性を有する表現行為の制約であることはもとより，検索結果の提供を通じて果たされている上記役割に対する制約でもあるといえる。」「検索事業者による検索結果の提供行為の性質等を踏まえると，……当該事実の性質及び内容，当該URL等情報が提供されることによってその者のプライバシーに属する事実が伝達される範囲とその者が被る具体的被害の程度，その者の社会的地位や影響力，上記記事等の目的や意義，上記記事等が掲載された時の社会的状況とその後の変化，上記記事等において当該事実を記載する必要性など，当該事実を公表されない法的利益と当該URL等情報を検索結果として提供する理由に関する諸事情を比較衡量して」，「その結果，当該事実を公表されない法的利益が優越することが明らかな場合には，検索事業者に対し，当該URL等情報を検索結果から削除することを求めることができるものと解するのが相当である。」
〈解説・分類〉
　検索事業者自身による表現行為であることを前提としており，A類型である。なお，最高裁は，忘れられる権利（第3章第7節第5項）について言及しなかった。

(h) **判例8**
　刑事手続上の捜査で，車両に使用者らの承諾なく秘かにGPS端末を取り付けて位置情報を検索し把握するGPS捜査が，令状がなければ行えない強制処分かが争われた事案（最大判平29・3・15刑集71巻3号13頁〔GPS捜査事件〕）。
〈判決の要旨〉
「個人のプライバシーの侵害を可能とする機器をその所持品に秘かに装着することによって，合理的に推認される個人の意思に反してその私的領域に

侵入する捜査手法であるGPS捜査は、個人の意思を制圧して憲法の保障する重要な法的利益を侵害するものとして、刑訴法上、特別の根拠規定がなければ許容されない強制の処分に当たる……とともに、一般的には、現行犯人逮捕等の令状を要しないものとされている処分と同視すべき事情があると認めるのも困難であるから、令状がなければ行うことのできない処分と解すべきである。」

〈解説・分類〉

刑事手続上の捜査での利用であり、表現行為ではなく、B類型である。

(4) 肖像権に関する判決

肖像権とは、本人の承諾なしに、みだりにその容ぼう・姿態を撮影されない権利をいう。判例上で、プライバシー権の内容が明確にされていないのに対し、肖像権は名称はともかくとして、その内容が保護されることが明確化されている。もっとも、プライバシー権に含まれる一概念か、プライバシー権と別個の概念か明らかでない。

本書では、プライバシー権を自己の情報をコントロールする権利と捉えており、肖像も自己の情報に該当するため、肖像権をプライバシー権に含まれるひとつの概念として扱う。なお、仮に別概念と解しても、プライバシー権を検討する際に、肖像権に関する判例が参考になる。

肖像権に関する判例も、表現の自由との関係で、上述のA類型・B類型の2つに大別できる。以下、判例を分析する。

(i) 判例9

警察官が、公道上でデモ行進をする個人の容ぼう等を写真撮影した行為が違法であるかが争点となった事案（最大判昭44・12・24刑集23巻12号1625頁〔京都府学連事件〕）。

〈判決の要旨〉

憲法13条の規定は、「国民の私生活上の自由が、警察権等の国家権力の行使に対しても保護されるべきことを規定しているものということができる。そして、個人の私生活上の自由の一つとして、何人も、その承諾なしに、みだりにその容ぼう・姿態……を撮影されない自由を有するものというべきである。」

〈解説・分類〉

捜査目的での写真撮影であり，表現行為ではなく，B類型である。

(j) **判例10**

写真週刊誌のカメラマンが，刑事事件の法廷で，いわゆる和歌山カレー毒物混入事件の被告人の容ぼう，姿態を撮影した行為が違法かが争いとなった事例（最判平17・11・10民集59巻9号2428頁〔和歌山毒カレー法廷写真事件〕）。

〈判決の要旨〉

「人は，みだりに自己の容ぼう等を撮影されないということについて法律上保護されるべき人格的利益を有する……。もっとも，人の容ぼう等の撮影が正当な取材行為等として許されるべき場合もあるのであって，ある者の容ぼう等をその承諾なく撮影することが不法行為法上違法となるかどうかは，被撮影者の社会的地位，撮影された被撮影者の活動内容，撮影の場所，撮影の目的，撮影の態様，撮影の必要性等を総合考慮して，被撮影者の上記人格的利益の侵害が社会生活上受忍の限度を超えるものといえるかどうかを判断して決すべきである。」

〈解説・分類〉

正当な取材行為等として撮影行為が許されるべき場合があることを前提として表現の自由を考慮しており，A類型である。なお，人格的利益の侵害が社会生活上受忍の限度を超えるものといえるかどうかを基準としているけれども，判断要素を詳細に列挙することで，事実上比較衡量を行っていると解される[21]。

また，判例10は，下記のように，撮影行為が違法と評価される場合，撮影された写真を公表する行為も違法性があると判断しており，参考になる。

「人の容ぼう等の撮影が違法と評価される場合には，その容ぼう等が撮影された写真を公表する行為は，被撮影者の上記人格的利益を侵害するものとして，違法性を有するものというべきである。」

■5 まとめ

上記各判例を参考にすると，プライバシー侵害が違法となり，不法行為が成立するかについて，以下のように大きな方向性をまとめることができ

---

[21] 「最高裁判所判例解説民事篇〔平成17年度下〕」（法曹界，2008）参照。

A　プライバシーと表現行為が対立するケース
　　判断基準：公表による利益と，公表されることによる不利益を比較衡量
　　B　プライバシーと表現行為以外が対立するケース
　　判断基準：人格的利益（プライバシー）の侵害が社会生活上受忍の限度を超えているか否か。

第2項　利活用における判断基準

　企業がデータ利活用のために情報を取得，利用する場合，営業行為が目的であり，表現行為を目的とするケースは通常想定されない。また，公開される場合，通常プライバシー上問題が無い形に統計化される。このため，企業のデータ利活用は，前述のB類型にあたり，人格的利益の侵害が社会生活上受忍の限度を超えているかを基に判断される。もっとも，営業行為は，一般的に，表現行為に比べ，権利としての保護の程度が弱いとされており，プライバシー侵害の程度を低減させる手段が重要となる[23]。

　どの程度プライバシー侵害の程度を低減させるかの具体的な判断にあたり，違法性は被侵害利益の性質と侵害行為の態様との相関関係から判断することを前提とすると，①対象となるプライバシー情報の要保護性がどの程度高いかと，②侵害行為の態様がどのようなものかが大きな要素となる。さらに③個人本人の承諾がある場合には違法性が阻却される。なお，プライバシー侵害で生じる効果は，第3章第8節第3項を参照されたい。

■1　プライバシー情報ごとの要保護性

---

[22]　上記のように分類して説明をしたけれども，比較衡量も最終的には評価の問題であり，社会生活上受忍の限度を超えているかという基準も不明確である。このため，実務の観点からは，いずれにせよ，事実の積み重ねが重要となる。本書での検討は，利活用を検討するにあたって，わかりやすく単純化したものであり，今後学問的視点からの検討が進むことを注視したい。

[23]　憲法上の議論であるが，表現の自由（憲法21条1項）は営業の自由（憲法22条1項）に比べ，一般に保護の程度が高いとされる。

以下，プライバシー情報の類型ごとに，要保護性の高さと利活用する場合における注意点をおおよその目安として記載する[*24]。

また，複数の情報を利用する場合，情報の量が増えるだけではなく，質も向上して要保護性が高くなると考えられるため，注意が必要である。

(1) 検討にあたっての要素

①社会的な意味合い	情報の機能，取扱いの実態等を含めた概念。他人に知られたくない情報は，一般的に要保護性が高い。
②個人と情報との結びつきの程度	情報が一意であるかなど。ある識別子が1人にのみ付されている場合，複数の人に付されている場合と比較し，特定の個人の識別につながる可能性が高い。指紋のように本人が生来的に有する特性は，本人と密接な関連性があり，特定の個人を識別する情報である。
③情報の不変性の程度	情報の内容の変更が頻繁に行われないかなど。本人の意思にかかわらず，外在的要因により変化するものは特定の個人を識別する可能性は低い。また，本人の意思により変更できない符号は，本人の情報が集積されやすく，特定の個人を識別する可能性が高い。本人の意思により変更可能でも，容易に変更できるか否かで，特定の個人の識別可能性に差異が生じ得る。 • 付された符号の利用を停止する機能が具備されていない場合，特定の個人が識別される可能性は高くなる。 • 情報を消去することが容易な場合，不変性の程度が下がる。
④本人到達性	情報に基づき，直接個人にアプローチすることができるか。
⑤共用性	符号が複数の企業によって，又は複数のサービスに跨って使用されているか。他の情報との連携可能性が高いか。連結するための要素として利用されるか。
⑥認識可能性	個人が情報を取得されていることを認識しているか。
⑦私事性	第2章第3節第1項■2参照。

[*24] ①～④は，個人情報保護法改正にあたって，個人識別符号にあたるかを判断する際の判断要素とされたものである。瓜生和久編著『一問一答　平成27年改正個人情報保護法』（商事法務，2015），宇賀克也『個人情報保護法の逐条解説〔第5版〕』（有斐閣，2016）参照。

⑧公開を欲しない事柄か	同上	
⑨公知性	同上	

　以上は，検討にあたって基準として想定される要素の例であり，当然ながら，これらには限られない[*25]。

(2) 種類ごとの検討

分　類	名　称	説　明
基本情報	氏　名	一般的に，公知であり，要保護性は高くない。もっとも，情報に名前が含まれる場合，単独で個人情報に該当し，重要な意味がある。企業など所属組織名がわかっている場合，名字だけで個人を特定できるケースもあり，注意が必要である。
	住　所	詳細な住所が特定されると，居住する中の1人に絞られる。また，訪問することも可能である他，郵送などを含め，直接の接触も可能となる。さらに，性別，生年月日などの情報と組み合わせれば，個人が特定される。このように，特定性が高い情報であり，利用する場合にはできるかぎり抽象化する必要がある。
	郵便番号	下4桁（町域番号）を含めると，市区町村名だけでなく，町域名や超高層ビル名が特定され，要保護性は高い。上3桁（郵便区域番号）で足りる場合，下4桁は削除して利活用するなどの工夫が必要である。

---

*25　内閣府政府広報室が平成27年11月に実施した「『個人情報保護法の改正に関する世論調査』の概要」（http://survey.gov-online.go.jp/tokubetu/h27/h27-kojin.pdf）他のアンケート結果も参考にしている。
　「その情報のみ」で「個人情報」にあたると思う情報（氏名のみより上位のもの）──①クレジットカード番号（58.0％），②携帯電話番号（個人が契約するもの）（56.6％），③本人確認をして取得したメールアドレス（個人が契約する携帯電話，プロバイダが割り当てるもの）（48.8％），④本人確認をして発行されるサービスID（インターネットサイトの利用者管理ID，オンラインゲーム会員番号，SNS及びポイントカードに関して付されるIDなど）（46.1％）。

第3節 プライバシー保護概説

	生年月日		データによっては生年月日で対象者が特定され，要保護性は高い。本人確認の一環として生年月日を用いる場合もある。さらに，住所と組み合わせれば，個人がほぼ特定される。必要に応じ，年代，生年，生年月などに抽象化し，要保護性を下げることが必要である。
	家族関係		家族が多い場合，家族構成などで特定される場合があり，要保護性は高い。
	家柄や詳細な本籍地など		特定の個人と結びつく場合，社会的身分に該当し，要配慮個人情報となる場合がある。特定の個人と一意に結びつかない場合でも，差別につながる可能性があり，取扱いに配慮が必要である。
	職　業		住所や年収等と組み合わせることで，個人の特定につながる可能性がある。
通信関係情報	携帯電話番号		通常利用者は1人であり，対象に直接接触できる情報であること，携帯番号を利用して情報を紐付けすることができること，多くの事業者が収集している情報で情報の連結に用いられることから，要保護性は高い。自ら変更することはできるけれども，近時はマイナンバーポータブル制度などで同じ番号を使い続けることも多く，利便性も考えると，変更が容易とは言い切れない。
	固定電話番号		利用者は1人ではなく，自宅の場合家族単位である。しかし，直接接触できる情報であり，変更すると利便性が下がる点で要保護性は高い。また，多くの事業者が収集しており，異なるデータセット間で個人を特定する識別子として機能し得る。市外局番・エリアコードだけを利用するなどして，要保護性を下げることが可能である。
	メールアドレス		利用者が1人であることが一般的であること，本人に接触することが容易となること，多くの事業者が収集して各種IDとして利用される頻度が高まっていること，情報を紐付ける際に利用されていることからすると，要保護性は高い。
	端末ID		利用者が1人であることが一般的であり，多くの事業者が収集して情報を紐付ける際に利用されていることからすると，要保護性は高い。端末の変更も可能であるけれども，おおよそ数年は使われるのが一般的であること，頻度は人によって

		異なることからも要保護性は高い。
	MACアドレス	機器に関する情報であるけれども、収集することで個人の移動履歴を知ることが可能であり、要保護性は高い(第4章第2節【5】■4参照)。
	Cookie情報	消去することが可能であるけれども、パスワードの再度の入力が必要になるなど、消去することによる負担もある。Cookie情報をもとに閲覧履歴が集約されており、取扱いには注意が必要である(第4章第3節【20】参照)。
	通信履歴に関する情報	要保護性は極めて高く、通信の秘密により保護されている。取得・利用自体が通信の秘密侵害に該当し、利用を考える場合には、慎重な検討が必要である(第4章第1節【1】■1参照)。
	WEBアクセス履歴	Cookie情報と結びつけて利用されていることが多い。個人の趣味嗜好や、信条、信仰などがわかる場合もあり、取扱いには注意が必要である。
	WEB検索履歴	WEBアクセス履歴と同様、個人の趣味嗜好や、信条、信仰などがわかる場合もあり、注意が必要である。
健康・身体関係情報	顔画像,虹彩,網膜,声紋,静脈などの生体情報	一定の基準で数値化すると、個人識別符号に該当する。生涯変更が不可能であり、技術の進展により対象範囲が広くなる可能性もあり、要保護性は非常に高い(第4章第2節【6】、【12】参照)。
	DNA情報	一定の基準で数値化すると個人識別符号に該当する。身体関係情報に該当する他、DNA情報から、本人以外の家族や子孫の疾病の傾向などもわかり、要保護性は極めて高い。
	病歴や医薬品の使用歴	特定人に結びつく場合、要配慮個人情報に該当する。直ちに結びつかない場合にも、他の情報との組合せで本人が特定される可能性があり、取扱いには注意が必要である。
行動履歴情報	位置情報	技術の向上により、単独でも、特定の個人を識別できる可能性がある。通常、午前2時にいる場所は、自宅を示し、平日の午前10時~午後5時に長く滞在する場所は勤務地の可能性が高い。さらに、精度が高い位置情報を用い、その取得頻度も高い場合には、時刻情報と組み合わせて、異なるデータセット間での識別子として機能し得る。また、所定エリア内

第3節 プライバシー保護概説

		で対象となる位置情報が少ない場合，個人の特定に結びつく可能性がある（第4章第2節【5】）。
	購買履歴	本人を特定できる情報を削除又は抽象化した場合でも，購入店舗や購買時刻に関する情報の組合せにより，個人の特定につながる可能性がある。それらと，他のデータセットに含まれる位置情報等との組合せにより，特定される可能性もある。希少品や不動産情報などが含まれる場合，居住エリア等との組合せで個人が特定される可能性が高くなり，注意が必要である（第4章第2節【10】参照）。
	乗降履歴	乗降履歴単体でも，乗降実績の極めて少ない駅や時間帯の履歴，定期区間としての利用が極めて少ない駅の情報など，場所と詳細な時間がわかれば本人を特定できる場合がある（第4章第2節【7】参照）。
	電力利用履歴	電力使用量が特異な場合，他の情報との組合せで個人の特定につながる可能性がある。電力利用履歴のみでも，詳細な内容であれば，在宅の有無だけでなく，家族構成，生活スタイルなどを詳細に把握できる（第4章第2節【9】参照）。
財産関係情報	口座情報	要保護性は，口座情報の内容による。金融機関名，支店名，契約者名，口座番号だけでも，口座を特定して，残高を調査できる。
	クレジットカード番号・使用履歴	クレジットカード番号は多くの事業者が収集して，他の情報と紐付ける際に広く利用され，要保護性は高い（第4章第2節【11】参照）。また，クレジットカードの使用履歴から生活状況をある程度推測することが可能である。個人と紐付かない使用履歴に加工した場合，要保護性は下がるが，情報を集約するほど個人が特定されるリスクはあがる。
	サービスID,アカウントID	個人が同じものを異なるサービスで使いまわすことも多く，特にメールアドレスはIDとして利用される。SNSのID・パスワードを利用した認証など，多くの事業者で共用されることもあり，取扱いに注意が必要である。
	年収・所得	個人の社会的評価にも関わり，要保護性は高い。職業や住所等との組合せで，個人の特定につながる可能性がある他，超高年収の場合には個人が特定される可能性もあり，利用する場合，価格帯などに変更することが望ましい。

	借　金	個人の社会的評価にも関わる部分であり，要保護性は高い。利用する場合，価格帯などに変更することが望ましい。なお，住宅ローンの有無など登記簿から取得できる情報は，要保護性は低い。
交友関係情報	友人関係，所属コミュニティ	友人関係や所属コミュニティに関する情報は，個人の社会的評価に関わる。SNSなどで自ら一般公開している場合，要保護性は低い（第4章第3節【19】参照）。
主体の性質	子どもに関するデータ	子どもに関するデータの場合，主体を保護する必要性が高く，情報全体の要保護性が大人に関するデータに比べて高い。米国では，COPPAにより，特別な取扱いが必要とされている（第4章第2節【13】参照）。

■2　侵害行為の態様

不法行為一般の問題として，侵害行為の態様で違法性が異なる。もっとも，被侵害利益の要保護性との相対的な評価になり，一概に，この侵害行為があれば違法ということは難しい。個人情報保護法の違反があるから，直ちに民事上も違法とはならないけれども，同法に違反している場合は，通常は違法と評価されるであろう（第2章第4節第2項参照）。

■3　個人本人の承諾

本人の承諾がある場合，プライバシー侵害行為の違法性は阻却されるため，本人の明示の承諾を得ることが重要である。黙示の承諾でもよいが，本当に本人が承諾していたのか不明確な場合も多い。

インターネットのホームページ上でサービスを提供する場合，サービスを利用すると，プライバシー情報の利用について同意を得たものとみなす旨の規定を掲載していれば，全ての利用に関し，一律に有効な同意を取得したことになるかは疑問がある。承諾を得ていた場合でも，どこまでの承諾を得ていたかの範囲が問題になることが多く，明確かつわかりやすく伝えた上で承諾を得る必要性が高い（第3章第3節第2項■2参照）。

第3項　侵害の程度を下げるための方法

　上述のように，利活用行為（プライバシー侵害行為）が違法とならないためには，社会生活上受忍の限度を超えない必要がある。では，具体的にどのような手段を取ればよいか。

　結論として，①対象となるプライバシー情報自体の要保護性の高さ，②利活用の方法，③サービス対象者の数，④事業者の規模，⑤サービスにより対象者が得られる利益などに応じ，OECD 8 原則をはじめとするプライバシーに関する諸原則や本書記載の措置を行い，侵害の程度を低くすることが重要である。

　一番重要なのは，諸原則のすべてを実行することではなく，どこまで実行すれば，プライバシー保護とのバランスを図ることができるかの見極めである。実施内容が多いほど侵害の程度が下がることは明らかだが，実施には人的，時間的，金銭的コストを要し，綿密に検討する必要がある。

　以下，プライバシー保護に関する原則として，OECD 8 原則を中心に説明する。また，OECD 8 原則と異なるアプローチでプライバシーを保護する概念も出てきており，それらも参考にした対応をすることで，よりプライバシー侵害の程度を下げることが可能であるため，EU 一般データ保護規則，消費者プライバシー権利章典，ISO/IEC29100プライバシーフレームワークをそれぞれ説明する。なお，同じ趣旨の原則でも，規律により，適用場面など内容が異なることもあり，注意が必要である。

■ 1　OECD 8 原則

(1)　原　　則

　日本の個人情報保護法は，OECD 8 原則を法整備の指針としており（第2章第1節第4項参照），当然ながら，整合する規定が置かれている。以下，OECD 8 原則の内容と，個人情報保護法の対応関係を表にしたものをおく。

第2章　個人情報保護とプライバシー保護の考え方

〈OECD 8原則と個人情報保護法の対応[*26]〉

原則名	内　容	個人情報保護法との対応
①目的明確化の原則 Purpose Specification Principle	概要：収集目的を明確にし，データ利用は収集目的に合致するべき。 個人データの収集目的は，収集時よりも遅くない時点において明確化されなければならず，その後のデータの利用は，当該収集目的の達成又は当該収集目的に矛盾しないで，かつ，目的の変更ごとに明確化された他の目的の達成に限定されるべきである。	利用目的の特定（15条），利用目的による制限（16条），第三者提供の制限（23条），外国にある第三者への提供の制限（24条）
②利用制限の原則 Use Limitation Principle	概要：データ主体の同意がある場合，法律の規定による場合以外は目的以外に利用使用してはならない。 個人データは，目的明確化の原則により明確化された目的以外の目的のために開示利用その他の使用に供されるべきではないが，次の場合はこの限りではない。 (a)データ主体の同意がある場合，又は，(b)法律の規定による場合	
③収集制限の原則 Collection Limitation Principle	概要：適法・公正な手段により，かつ情報主体に通知又は同意を得て収集されるべき。 個人データの収集には，制限を設けるべきであり，いかなる個人データも適法かつ公正な手段によって，かつ適当な場合には，データ主体に知らしめ又は同意を得た上で，収集されるべきである。	適正な取得（17条），第三者提供に係る確認・記録義務（25条，26条）[*27]
④データ内容の原則 Data Quality Principle	概要：利用目的に沿ったもので，かつ，正確，完全，最新であるべき。 個人データは，その利用目的に沿ったものであるべきであり，かつ利用目的に必要な範囲内で正確，完全であり最新なものに保たれなければならない。	データ内容の正確性の確保等（19条）

[*26] 日本語訳を含め，内閣府資料（http://www.kantei.go.jp/jp/it/privacy/houseika/houritsuan/pdfs/03.pdf）(http://www.kantei.go.jp/jp/it/privacy/houseika/dai4/4sankou3-2.pdf）を参考に作成。

[*27] 個人情報保護法25条，26条の概念が，OECD 8原則のどの原則にあたるかは議論があり得るけれども，適正取得義務（法17条）違反の観点から，③収集制限の原則に対応するとしている。

第3節　プライバシー保護概説

⑤安全保護の原則 Security Safeguards Principle	概要：合理的安全保護措置により，紛失・破壊・使用・修正・開示等から保護するべき。 個人データは，その紛失若しくは不当なアクセス・破壊・使用・修正・開示等の危険に対し，合理的な安全保護措置により保護されなければならない。	安全管理措置(20条)，従業者の監督(21条)，委託先の監督(22条)
⑥公開の原則 Openness Principle	概要：データ収集の実施方針等を公開し，データの存在，利用目的，管理者等を明示するべき。 個人データに係る開発，運用及び政策については，一般的な公開の政策が取られなければならない。個人データの存在，性質及びその主要な利用目的とともにデータの管理者の識別，通常の住所をはっきりさせるための手段が容易に利用できなければならない。	取得に際しての利用目的の通知等(18条)，保有個人データに関する事項の公表等(27条)，開示(28条)，訂正等(29条)，利用停止等（30条）
⑦個人参加の原則 Individual Participation Principle	概要：自己に関するデータの所在及び内容を確認させ，又は異議申立てを保証するべき。 個人は次の権利を有する。 (a) データ管理者が事故に関するデータを有しているか否かについて，データ管理者又はその他の者から確認を得ること。 (b) 自己に関するデータを，(i)合理的な期間内に，(ii)もし必要なら，過度にならない費用で，(iii)合理的な方法で，かつ，(iv)自己にわかりやすい形で自己に知らしめられること。 (c) 上記(a)及び(b)の要求が拒否された場合には，その理由が与えられること及びそのような拒否に対して異議を申し立てることができること。 (d) 自己に関するデータに対して異議を申し立てること，及びその意義が認められた場合には，そのデータを消去，修正，完全化，補正させること。	
⑧責任の原則 Accountability Principle	概要：管理者は諸原則実施の責任を有する。 データ管理者は，上記の諸原則を実施するための措置に伴う責任を有する。	個人情報取扱事業者による苦情の処理(35条)

　個人情報保護法第4章の規定は，OECD 8原則の内容を日本の実情に照らして具体化したもので，個人情報保護法の規定を守っている場合には，上記8原則について，基本的に遵守していることとなる。

55

OECD 8原則がプライバシー侵害の有無（不法行為の成否）の判断にあたって参考になることについては，前述の早稲田大学名簿提出事件（第2章第3節第1項■4(3)(e)）の控訴審判決，第1審判決で，判例も「民法における不法行為の成否を考えるうえでの参考事情になる」とされていることから明らかである*28。

(2) 適用範囲

OECD 8原則の適用範囲である「個人データ」(personal data) は，識別された又は識別され得る個人（データ主体）に関するすべての情報（個人識別情報）を意味するとされており，本書でいうプライバシー情報に近い。

(3) 2013年改正

OECDプライバシーガイドラインは，2013年に改正された。その際，8原則自体に変更は加えられず，主に以下の事項が新たに追加された*29。追加された事項は，1980年から2013年までに検討が進み，対応が必要と考えられた点であり，プライバシーについて考えるにあたり参考になる。

(a) **データ管理者による責任の履行**

①プライバシー・マネジメント・プログラム（Prevacy management programmes）の構築

②セキュリティ侵害が生じた場合における通知（Data security breach notification）

---

*28 以下判例要旨に記載されているように，OECD 8原則違反は，不法行為成立の十分条件や，違法性を強める事情にはならないとされており，同原則を遵守していることは違法性を弱める事情として理解すべきである。東京高判平14・1・16判時1772号17頁・判夕1083号295頁〔早稲田大学名簿提出事件・控訴審判決〕。
　「OECDガイドラインは，OECDの加盟国において，これに掲げられた諸原則を国内法の中で考慮することを求めているだけであって，法的な拘束力を有するものではない。ただ，その諸原則は，各国の共通するルールとなることを志向しているという意味では参考となるものであり，民法における不法行為の成否を考えるうえでの参考事情になると考えられるが，それ以上に，不法行為成立の十分条件となったり，違法性を強める事情となったりするものと解することはできない。」
　東京高判平19・8・28判夕1264号299頁〔TBC個人情報漏えい事件控訴審〕（第3章第8節第3項■3(d)）も，OECDガイドラインに言及する。
*29 「OECDプライバシーガイドライン」(http://www.oecd.org/internet/ieconomy/oecdguidelinesontheprotectionofprivacyandtransborderflowsofpersonaldata.htm)。
　改正について，詳しく知りたい方は，下記文献を参考にされたい。
　堀部政男他『OECDプライバシーガイドライン——30年の進化と未来』（JIPDEC，2014）。

(b) 加盟国の国内における実施
①国内のプライバシー保護方針（National privacy strategies）の発展
②プライバシーを保護する法の整備
③プライバシー執行機関の設立・維持
(c) 加盟国間における国際協力と相互運用性
①プライバシー保護技術の向上
②国際的な相互運用・評価指標の開発

■2　消費者プライバシー権利章典（アメリカ）

(1) 原　　則
　消費者プライバシー権利章典（第2章第1節第5項■2参照）では，消費者の権利として以下の規定が置かれている[*30]。なお，消費者の権利に対応する事業者の義務も規定されており，具体的な検討の際に必要に応じて紹介する。

	原　　文	日本語訳
1	Individual Control: Consumers have a right to exercise control over what personal data companies collect from them and how they use it.	個人のコントロール：消費者は，事業者が収集する個人データ及びその利用方法について，コントロールする権利を有する。
2	Transparency: Consumers have a right to easily understandable and accessible information about privacy and security practices.	透明性：消費者は，プライバシー及びセキュリティの運用に関する情報を容易に理解し，その情報にアクセスできる権利を有する。
3	Respect for Context: Consumers have a right to expect that companies will collect, use, and disclose personal data in ways that are consistent with the context in which consumers provide the data.	背景情報の尊重：消費者には，事業者が個人データを提供した提供目的と合致する方法で個人データを収集，利用及び提供することを期待する権利を有する。

[*30] 日本語訳については，消費者庁「個人情報保護における国際的枠組みの改正動向調査報告書」（平成26年3月28日）（https://www.ppc.go.jp/files/pdf/personal_report_260328caa.pdf）から引用。以下同じ。

4	Security: Consumers have a right to secure and responsible handling of personal data.	セキュリティ：消費者は，個人データについて，安全で責任ある取扱いを受ける権利を有する。
5	Access and Accuracy: Consumers have a right to access and correct personal data in usable formats, in a manner that is appropriate to the sensitivity of the data and the risk of adverse consequences to consumers if the data is inaccurate.	アクセスと正確性：消費者は，利用可能な書式で，データの機微性及びデータが不正確であった場合に消費者に生じる逆の結果のリスクについて適切な方法で個人データにアクセスし，訂正する権利を有する。
6	Focused Collection: Consumers have a right to reasonable limits on the personal data that companies collect and retain.	焦点を絞った収集：消費者は，事業者が収集及び保持する個人データにつき合理的な範囲で制限を加える権利を有する。
7	Accountability: Consumers have a right to have personal data handled by companies with appropriate measures in place to assure they adhere to the Consumer Privacy Bill of Rights.	説明責任：消費者は，事業者がプライバシー権利章典を順守することを保障した，適切な措置に基づき，個人情報を取り扱われる権利を有する。

(2) 適用範囲

消費者プライバシー権利章典は，個人データの商業利用に適用されるとされ，個人データ (personal data) は，特定の個人に連結可能なすべてのデータをいい，集約されたデータを含むとされており，特定のコンピュータその他のデバイスに連結するデータも含み得る。個人データの例として，利用記録を作成するために使われるスマートフォンや家庭のコンピュータの識別子があげられている。

■3 EU一般データ保護規則（GDPR）

(1) 原　　則

EU一般データ保護規則では，第2章 諸原則 第5条 個人データの取扱いに関する原則として，以下の規定が置かれている[31]。

原　則	内　容
適法性，公正性及び透明性の原則	個人データは，データ主体との関係において，適法，公正かつ透明性のある手段で取り扱われなければならない。
目的の限定の原則	特定された，明確かつ適法な目的のために収集されなければならず，これら目的と相容れない方法で更なる取扱いがなされてはならない。ただし，公共の利益における保管目的，科学的若しくは歴史的研究の目的又は統計目的のための更なる取扱いは，(EU一般データ保護規則) 89条1項により，当初の目的と相容れない方法とはみなされない。
データの最小化の原則	取り扱われる目的の必要性に照らして，適切であり，関連性があり，最小限に限られていなければならない。
正確性の原則	正確であり，必要な場合には最新に保たなければならない。取り扱われる目的に照らして，不正確な個人データが遅滞なく消去又は訂正されるのを確保するため，あらゆる合理的な手段が講じられなければならない。
保存の制限の原則	当該個人データが取り扱われる目的に必要な期間を超えない範囲で，データ主体の識別が可能な状態で保存されなければならない。個人データは長期間保存されてもよいが，個人データが(EU一般データ保護規則) 89条1項に従った公共の利益における保管目的，科学的若しくは歴史的研究の目的又は統計目的だけに取り扱われることに限るものとし，データ主体の権利と自由を保護するため本規則によって求められる適切な技術的及び組織的対策の実施を条件とする。

---

[31] EU一般データ保護規則の日本語訳については，Jipdecホームページ「EU一般データ保護規則（仮訳）について」(https://www.jipdec.or.jp/library/archives/gdpr.html) を引用。以下同じ。

完全性及び機密性の原則	当該個人データの適切なセキュリティを確保する方法で取り扱われなければならない。それは，無権限の又は違法な取扱いに対する保護，及び偶発的な滅失，破壊，又は損傷に対する保護を含むものとし，適切な技術的又は組織的対策を用いるものとする。
アカウンタビリティの原則	管理者は前各原則の義務を負い，その遵守を証明可能にしなければならない。

(2) 適用範囲

　EU 一般データ保護規則の対象である「個人データ」(personal data) とは，「識別された又は識別され得る自然人 (以下「データ主体」という) に関するあらゆる情報を意味するとされる。識別され得る自然人は，特に，氏名，識別番号，位置データ，オンライン識別子のような識別子，又は当該自然人に関する物理的，生理的，遺伝子的，精神的，経済的，文化的若しくは社会的アイデンティティに特有な一つ若しくは複数の要素を参照することにより，直接的に又は間接的に，識別され得る者をいう」とされる (EU 一般データ保護規則4条1項)。

　もっとも，同規則は，実体的範囲が，全部又は一部が自動的な手段による個人データの取扱いなどに限定されており (EU 一般データ保護規則2条1項)，適用範囲は日本でいう個人データの概念に近い。

4　ISO/IEC29100　プライバシーフレームワーク[*32]

ISO/IEC29100のプライバシーフレームワーク11原則の中に，OECD 8 原則と重ならないものとして，以下の原則がある。

(ア)　同意と選択（Consent and choice）

本人に十分かつ具体的で，わかりやすい選択の仕組みを提供する。本人から，データ処理についての同意を取得する。本人が同意時に自分の好みにあった設定をできるようにする。

(イ)　データ最小化（Data minimization）

データにアクセスできる者を最低限にする。個人の特定，他データとの照合，属性推定など，データの処理を必要最低限にする。利用目的がなくなったデータは削除する。

(ウ)　プライバシー法令遵守（Privacy compliance）

個人情報・プライバシー保護に関する法令を遵守する。

5　上記各原則以外の概念

上記の各原則の他に，①計画段階で，プライバシー・バイ・デザイン（プライバシー影響評価），マルチステークホルダープロセス，共同規制，②利用段階で，プロファイリング規制，③本人対応段階で，パーソナルデータエコシステム，データポータビリティ，忘れられる権利などの個別のプライバシーを保護する概念がある。これらは，第3章で説明する。

[*32]　小林慎太郎『パーソナルデータの教科書』（日経BP社，2014），総務省「平成25年度情報通信白書」（http://www.soumu.go.jp/johotsusintokei/whitepaper/ja/h25/pdf/n3100000.pdf）参照。
　ISO（International Organization for Standardization：国際標準化機構）は，電気及び電子技術分野を除く全産業分野に関する国際規格の作成を行う国際標準化機関であり，IEC（International Electrotechnical Commission：国際電気標準会議）は，電気及び電子技術分野の国際規格の作成を行う国際標準化機関である。ISOとIECの合同の専門委員会であるJTC 1の傘下のSC27/WG 5 が，アイデンティティ管理及びプライバシー技術に関する国際規格を担当している。
　2011年に，プライバシーに関する共通的な用語の特定，PII（personally identifiable information：個人識別可能情報）の処理に関する関係者及びその役割の定義等を示すISO/IEC 29100: 2011 Privacy framework が規格化された。

第2章　個人情報保護とプライバシー保護の考え方

■6　全体のイメージ

これまで述べてきた■1～■5の全体のイメージを，①制度設計，②取得，③利用，管理，④第三者提供，⑤本人対応に分けると，以下図のようになる[*33]。

〈プライバシーに関する原則のイメージ図〉

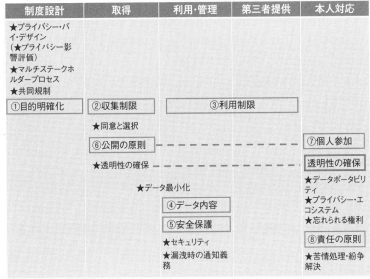

※①～⑧は，OECD 8 原則の内容

[*33]　その対象範囲を含め，各原則の内容には様々な考え方があり，図における記載は本書を理解しやすくするための一つの提案として理解されたい。

コラム◉プライバシー保護を担当する監督官庁

　プライバシー保護を担当する特定の監督官庁は定められていない。事業分野ごとに，所管する官庁が，業法などによる監督の一環として，関与しているのが実情である。

　プライバシー保護と個人情報保護は重なり合う部分が大きく，個人情報保護委員会がプライバシー保護も監督するとも考えられる。しかし，個人情報保護委員会の任務（法60条）及び所掌事務（法61条）では，文言上「個人情報」しか記載がなく，プライバシー侵害だけを理由とする行政処分は困難であろう。

　したがって，現状は，各官庁が事業全体を監督する際に，業法に基づく報告等を受ける中でプライバシーの問題を取り扱える反面，各事業者が個人情報保護違反及びプライバシー侵害を起こした場合（例えば，個人情報と重要なプライバシー情報の双方を漏えいした場合），厳密には個人情報保護委員会及び所管する官庁の双方に報告しなければならない（個人情報保護法違反が，プライバシー侵害を吸収すると評価できる場合には，前者だけでよいことになる）。また，個人情報保護委員会が処分を決定する場合，各官庁の行政処分と事実上，すり合わせをしなければならない事態もあり得る。

　今後，個人情報保護委員会と各官庁の情報共有体制の強化や，所掌のすり合わせなどが行われることが望まれる[*34]。

---

*34　宍戸常寿「パーソナルデータに関する『独立第三者機関』について」ジュリスト1464号（2014）も参照。

第4節 個人情報保護とプライバシー保護の関係

第2節,第3節では,個人情報保護とプライバシー保護を個別に検討をしてきた。本節では,両者の関係について説明する。

第1項 対象範囲

〈本書で想定する,個人情報・プライバシー情報の関係図〉

プライバシー権:個人に関する情報をコントロールする権利であることを前提に作成

プライバシー情報が,個人に関する情報であることを前提にすると,個人情報は,プライバシー情報に包含される。

なお,プライバシー権について,①私事性,②公開を欲しない事柄であること,②非公知性を要するとする考え方に立つと,関係図の包含関係に影響がある[*35]。

第2項　法的位置づけ

■1　共通点

両者はともにOECD 8原則の考え方をベースにしている。このため，個人情報保護法に対応することは，結果として，プライバシー侵害防止にも有益である。

■2　相違点

〈個人情報保護法違反とプライバシー侵害の関係図〉

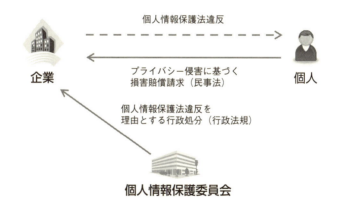

---

*35　なお，Q&A1-5（個人情報とプライバシー）は，「新聞やインターネットなどで既に公表されている個人情報は，個人情報保護法で保護されるのですか？」という問いに対し，「公知の情報であっても，その利用目的や他の個人情報との照合など取扱いの態様によっては個人の権利利益の侵害につながるおそれがあることから，個人情報保護法では，既に公表されている情報も他の個人情報と区別せず，保護の対象としています。」と回答している。表題が「個人情報」であること，上記Q&Aの内容の反対解釈からすると，一般的なプライバシーとの関係を前提として，プライバシーより個人情報の方が保護対象が広い場合があると理解しているとも解される。

(1) 個人情報保護法の対象

個人情報保護法（第4章）は，行政の観点から国と企業（個人情報取扱事業者）の間における個人情報の取扱いを定めたものであり，企業と個人の間を直接規律するものではない。企業による違反があった場合には，指導，助言，勧告，命令を経て，従わないときには，罰則を適用される（第3章第8節第1項参照）。このように，個人情報保護法に違反して違法であることはプライバシー侵害による不法行為成立における判断の一要素となっても，直ちに裁判上の根拠にはなるわけではない。

なお，裁判例には，個人情報漏えいなどの場合に，プライバシー概念を採用しつつ，伝統的なプライバシーの内容を拡大し，個人情報保護を含む内容と理解するものもみられる（第2章第3節第1項■4(3)(e)(f)）。

(2) プライバシー保護の対象

これに対し，民事法におけるプライバシー権は，民と民の関係を規律しており，民事裁判の手続などで人格権（プライバシー）侵害に基づく損害賠償請求をする直接の根拠となる。なお，憲法におけるプライバシー権は，国と国民の関係を規律している。

(3) 適用場面の違い

このため，両者は適用場面が異なり，その適用される要件も異なる。

個人情報保護法違反があっても，直ちにプライバシー侵害があるとは限らない。例えば，第三者提供における記録作成，確認義務違反などがあっても，プライバシー侵害がない場合，損害が発生したということは難しい。

また，プライバシー侵害があっても，個人情報保護法違反があるとは限らない。例えば，重要なプライバシー情報が漏えいしたが，個人情報には該当しない場合が想定される。

■3 今後の留意点

後述のように，プロファイリングなどの技術により，個人の氏名や住所などを特定しなくとも，端末識別符号やCookieなどを利用して，属性を正確に把握することが可能である。他の情報と合わせて情報を集積して，どのような生活パターンか，どのような趣味嗜好を持っているか，現在どのような商品を欲しいかなどを把握することもでき，プライバシー侵害の度合いが高

くなる。

　今後，個人情報の範囲が拡大又は明確化した場合，これまでプライバシー情報として取り扱ってきた情報を，個人情報として取り扱わなければならなくなる可能性もあるので，注意が必要である（第3章第8節第4項■2参照）。

総論

第3章

個人情報・プライバシー情報を保護する具体的手法

第 1 節

概　　要

データ利活用における個人情報・プライバシー保護の具体的手法を検討する際における考え方を説明する。

第1項　検討方法

具体事例の検討では，個人情報に該当するかに応じ，段階に分けて考えることが有益である。
①個人情報に該当する場合
制度設計，取得，利用，管理，第三者提供，本人関与の各段階ごとに，個人情報保護法に違反しないよう検討する（以下，個人情報保護法に基づいて遵守する必要がある場合，表題に個人情報保護法の条文を明記している）。
②個人情報に該当しないものと，①をクリアしたもの
個人情報保護法以外の保護原則に沿っているかを確認する。個人情報に該当しなかった情報を扱う場合も，個人情報保護法の規定はOECD 8原則と重なっており，内容を確認し，手法として参考することは有益である。

第2項　手法採用にあたっての考え方

現状では，プライバシーに関する法律の定めがなく，情報の利活用に関す

る裁判例もほとんどなく，どのようにすればプライバシー侵害の程度を下げられるかが明らかでないため，本書では，侵害リスクを下げられる手法（ヒント）をできる限り多く示している。このため，利活用の態様などにより生じるリスクと人的，時間的，金銭的コストを勘案し，適切なものを採用すれば足り，本書で示す手法をすべて実施しないから違法とか，対応が不十分というわけではないことを念のため付言する。

　個人情報・プライバシー情報の保護の必要性が高い場合や，第三者に提供するなど侵害の程度が高い場合は，可能な限りの処置をすることが重要である。もっとも，具体的サービスを提供するにあたり，どこまで対応が必要かの見極めが一番の問題である。プライバシー保護を完璧に実施したとしても，サービス利用者や現場の従業員にとってとても使いづらいサービスになったのでは，本末転倒である。プライバシーを重視すると，セキュリティ，情報システムの機能性，経営効率，組織管理，サービスの簡便性などが阻害されるといわれることも多い。悩む場合には，プライバシーに詳しい法律家などの専門家に相談することが望ましい。個人情報保護法に明らかに違反しない場合でも，個人に気持ち悪いという印象を持たせると炎上リスクがあるのが日本の現状である。特に炎上に関しては，実施する企業に対する個人の信頼度（好感度）などが影響する場合もある。

　個人情報保護法で義務とされているものを除き，実施するか否かは各企業が，利活用によるメリットとプライバシー侵害によるリスクを基に，最終的に判断することとなる。

　なお，本書における情報利活用の態様は，統計情報に加工した場合などを除き，自社又は提供された第三者に限られた利用を想定し，出版やインターネット上での公開など不特定者又は多数人への公表はしないことを前提としており，留意されたい。

　また，各概念の中には，沿革などが異なるものが混在しているが，できる限りわかりやすくするために，並列的に記載している。各制度の詳しい内容を知りたい場合は，記載されている文献を参考にしていただきたい。

第 2 節

制度設計
──情報取得前の事前準備

　情報の利活用を検討する場合，情報を実際に取り扱う前の制度設計（事前準備）段階で，十分に検討することが極めて重要である。個人情報をどのように利活用するかを事前に十分に検討しなければ，①企業が実際にサービスを開始したけれども，想定していたデータを使えないことが判明した，②後にサービスを拡大しようとしたけれども，新たに利用者から同意を取らなければならないことが判明したという事態に陥る可能性もある。

　以下では，サービスの利活用と個人情報・プライバシー情報との関係を検討する際における時系列的な流れを考慮し，①プライバシー・バイ・デザイン（1項），②プライバシー影響評価（2項），③マルチステークホルダープロセス（3項），④共同規制（4項），⑤利用目的の特定（5項），⑥プライバシーポリシーの作成（6項），⑦事前告知の実施（7項）という順で検討をしている。

　また，企業がそもそもどのような規律を導入するかという観点から，⑧認定個人情報保護団体への加入（8項），⑨プライバシーマーク制度（9項）も説明している。

第1項　プライバシー・バイ・デザイン

■1　内　　容[*1]

　プライバシー・バイ・デザイン（Privacy by Design：PbD）とは，プライバシー情報を扱うあらゆる側面において，プライバシー情報が適切に取り扱われる

環境を設計段階で検討し，あらかじめ作り込もうというコンセプトをいう。

カナダのオンタリオ州のプライバシー・コミッショナーであった，アン・カブキアン博士（Dr. Ann Cavoukian）が1990年代半ばから提唱しはじめたものである。

セキュリティにプライバシー・バイ・デザインの考え方を及ぼしたものとして，セキュリティ・バイ・デザインがある。

(1) 7つの基本原則

プライバシー・バイ・デザインには，7つの基本原則がある。

	The 7 Foundational Principles of Privacy by Design	日本語訳
1	Proactive not Reactive; Preventative not Remedial	事後的でなく事前的，救済策的でなく予防的であること。プライバシー侵害が発生する前に，予想，予防すること。
2	Privacy as the Default	プライバシー保護は初期設定から有効とされていること。仕組みがシステムに最初から組み込まれること。
3	Privacy Embedded into Design	プライバシー保護の仕組みがシステムの構造に組み込まれること。
4	Full Functionality—Positive-Sum, not Zero-Sum	全機能的であること。ゼロサムではなくポジティブサムであること。
5	End-to-End Security—Lifecycle Protection	データはライフサイクル全般にわたって保護されること。
6	Visibility and Transparency	プライバシー保護の仕組みと運用が可視化され，透明性が確保されること。

---

*1　新保史生「プライバシー・バイ・デザイン」論究ジュリスト18号（2016），堀部政男他編『プライバシー・バイ・デザイン―プライバシー情報を守るための世界的新潮流―』（日経BP社，2012）。次世代パーソナルサービス推進コンソーシアム　成果物（https://www.coneps.jp/contents/product_001.pdf）参照。

| 7 | Respect for User Privacy | 利用者のプライバシーを最大限尊重すること。 |

(2) プライバシーデザインの概念が含む要素

　プライバシーデザインはコンセプトであり，これを守ればよいと決まっているわけではない。もっとも，プライバシーデザインの概念が含む要素として，以下のものがあげられており，参考になる。

　①プライバシーに対して関心を持ち，その問題を解決しなければならないことを認識する。
　②プライバシー保護の普遍的範囲を表現する基本原則を適用する。
　③情報技術とシステムの開発時に情報ライフサイクル全体を通したプライバシー問題を早期に発見し，軽減する。
　④プライバシーに係る指導者や，有識者から情報提供を受ける。
　⑤プライバシー保護評価技術（Privacy Enhancing Technologies：PETs）を取り入れる。

(3) プライバシー・バイ・デザインの実施プロセス

　システム開発におけるプライバシー・バイ・デザインの実施プロセスとして，以下のものが推奨されている。

　①プライバシー保護に必要となる要件を洗い出す。
　②個人に関する情報の流れを分析する。
　③プライバシー保護に要求される仕様を策定する。
　④プライバシー保護に要求される仕様を設計に盛り込む。
　⑤FIPS（Fair Information Practices）の原則に則りシステムを開発する。
　⑥テスト（プライバシー影響評価（PIA）を活用）して確認する。
　（→再び，①へ（繰り返す））

(4) プライバシー影響評価，プライバシー保護評価技術との関係

　プライバシー・バイ・デザインには，プライバシー影響評価（本節第2項参照），プライバシー保護評価技術（PETs）の考えが含まれる。
　プライバシー・バイ・デザインは，プライバシー保護に求められる事前対応のための原則・基本理念であるのに対し，プライバシー影響評価は，それ

を実現するための評価手法と位置づけられる。

　プライバシー保護評価技術は，プライバシー・バイ・デザインを実現する上で必要な技術手段として，プライバシー保護にとって適切であると考えられる技術を選択し個別に検討するもので，プライバシー・バイ・デザインの遂行に不可欠な措置である。

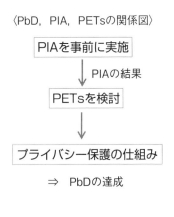

〈PbD，PIA，PETsの関係図〉

(5) プライバシー保護評価技術

　プライバシー保護評価技術とは，プライバシー保護を向上させるために利用される技術の総称である（代替的PET，補完的PET（Do Not Track（第3章第3節第2項■3(2)）等））。同技術を適用した場合，①個人データの取得，利用，保持及び提供を最小化する，②本人に個人データを自ら管理できる権限を与える，③取得・利用される個人データのセキュリティを強化するなどの特徴あるシステムとなる。

　例としては，以下のものがあげられる[*2]。

(ア)　匿名化技術

　匿名による決済システム，通信の秘密を保障する匿名化技術，リアルタイムでの通信内容及び通信事実の保護，匿名認証

(イ)　個人情報の取得を防止する技術

　匿名のブラウンジングや電子メールの暗号化ツール，通信経路の匿名化を実現するための規格であるTorや匿名ネットワーク，ブロックキング技術

(ウ)　個人情報の取扱いを制限することを目的とする技術

　本人同意の機会提供，ブラウザ管理ツール，デジタルダッシュボード，広告設定及びクッキー管理，追跡拒否ツール

(6) 国際的な位置づけ

　2010年10月に，エルサレムで開催された，第32回データ保護・プライバ

---

*2　新保史生「プライバシー・バイ・デザイン」論究ジュリスト18号（2016）参照。

シー・コミッショナー国際会議で，プライバシー・バイ・デザインが「基本的なプライバシー保護の不可欠な要素として認識」すべきであると決議されている。

また，2016年4月に採択された，EU一般データ保護規則でも，「プライバシーデザインの原則」が導入され，データ保護バイデザイン及びデータ保護バイデフォルトの規定が設けられた（同規則25条）。

(7) **日本における位置づけ**

(a) **個人情報保護法**

平成27年個人情報保護法改正の際，個人情報保護法にプライバシー・バイ・デザインの概念は導入されなかった。

もっとも，参議院内閣委員会の付帯決議では，「情報通信技術の進展により，漏えいした個人情報の拡散が容易になるなどの環境変化の中で，個人の権利利益侵害を未然に防ぐことが一層重要になっていることから，民間におけるプライバシーを扱うあらゆる側面で情報が適切に取り扱われる環境をあらかじめ作り込むという考え方（プライバシー・バイ・デザイン）に基づく取組を支援し，さらなる個人情報の適正な取扱いの確保を図ること。」とされており，今後，日本でもプライバシー・バイ・デザインが進展すると予測される。

(b) **スマートフォン・プライバシー・イニシアティブ**

日本で，プライバシー・バイ・デザインを明示的に導入している施策としては，後述するスマートフォン・プライバシー・イニシアティブ（第4章第3節【15】参照）があげられる。同施策では，プライバシー・バイ・デザインを基本原則の1つとして採用し，スマートフォンに関連した情報システムを構築・運用する際には設計段階からあらかじめプライバシー保護を意識することを，開発者や提供者に要請している。

■2　企業における対応

形式的な検討には意味はなく，制度設計段階で実質的な検討をすべきである。

各拠点でどのような個人データが存在し，どのような経路で流通すると想定されるか調査した上で対応することが重要となる。

第2項　プライバシー影響評価

■1　内　　容[*3]

　プライバシー影響評価（Privacy Impact Assessment：PIA）とは，個人情報・プライバシー情報の収集を伴う情報システムの導入にあたり，プライバシーへの影響度を「事前」に評価し，その構築・運用を適正に行うことを促す一連のプロセスをいう。端的にいえば，プライバシーリスクに関する評価指標であり，プライバシーコンプライアンスを支援すること，情報ガバナンス及びリスク管理プログラムの基本要素となることを機能とする。

　あらかじめ定められた枠組みに適合していることを評価する手法であり，行政機関等での個人情報の取扱いに関し実施されることが多い。

■2　プライバシー影響評価を取り入れた制度

(1)　EU 一般データ保護規則（GDPR）の規定

　EU 一般データ保護規則には，プライバシー影響評価を取り入れた，データ保護影響評価の規定が置かれている。

第35条　データ保護影響評価[*4]
1　特に新たな技術を用いるなどのある種の取扱いが，その性質，範囲，文脈及び取扱いの目的を考慮して，自然人の権利や自由に高リスクを生じさせる可能性がある場合，管理者は，取扱いの前に，予定された取扱い作業の個人データ保護への影響評価を実施しなければならない。独立した評価は同様の高リスクを示す同様の取扱い作業の集合で用いることができる。

[*3]　新保史生「プライバシー・バイ・デザイン」論究ジュリスト18号（2016）。
[*4]　JIPDEC 仮訳（https://www.jipdec.or.jp/archives/publications/J0005075）。

(2) 番号法での取扱い

日本でも，番号法（行政手続における特定の個人を識別するための番号の利用等に関する法律）26条，27条で，個人番号（マイナンバー）をその内容に含む特定個人情報につき，行政機関や地方公共団体の長などを対象として，特定個人情報ファイルを保有しようとする行政機関や地方公共団体の長などが，その取扱いについて自ら評価する，「特定個人情報保護評価」が導入されている。詳細は，特定個人情報保護評価に関する規則，特定個人情報保護評価指針で定められている[*5]。

(3) 制度改正大綱

平成27年改正個人情報保護法では，プライバシー影響評価は導入されなかった。しかし，IT総合戦略本部が，2014年に同改正を見据えた制度改正の方向性を政府として示した「パーソナルデータの利活用に関する制度改正大綱」では，「番号法における特定個人情報保護評価の実施状況を踏まえ，事業者に過度な負担とならずに個人情報の適正な取扱いを確保するための実効性あるプライバシー影響評価の実施方法等については，継続して検討すべき課題とする」とされている。

■3 総務省実証実験での実施

総務省が平成27年度に実施した位置情報に関する調査研究[*6]で，プライバシー影響評価が行われた。その実施内容が参考になると考えられるため，以下記載する[*7]。

(1) 評価項目，評価手順の策定

位置情報の取扱い過程で，加工の手法・管理運用体制が適切であるか評価を行うため，プライバシー影響評価の評価項目，評価手順を策定した。

具体的には，位置情報に関するリスク対策を，ライフサイクルを通じて，以下の項目で評価した。

[*5] 詳しい内容は，個人情報保護委員会の作成したリーフレット参照（https://www.ppc.go.jp/files/pdf/2016pamphlet.pdf）。
[*6] 「位置情報に関するプライバシーの適切な保護と社会的活用の両立に向けた調査研究（報告書概要版）」（2016年3月）（http://www.soumu.go.jp/main_content/000434783.pdf）。
[*7] なお，通信の秘密に関する「十分な匿名化」では，報告書で，プライバシー影響評価（PIA）を盛り込むべきとされている（第4章第2節【5】■3参照）。

①全般的事項
②データの取得(抽出)
③データの匿名化のための加工
④データの保管
⑤データの提供
⑥データの消去

(2) プライバシー影響評価の試行的実施

各ユースケースに関して，策定した評価項目や手順を適用し，プライバシー影響評価を試行的に実施した。

〈プライバシー影響評価の進め方〉

①計画の策定	ⓐ 対象の特定 ⓑ 期間の確定 ⓒ 体制の確定
②評価の実施	ⓐ 実施の流れの確認 ⓑ 評価方法の確認 ⓒ 評価の実施
③有識者による確認	ⓐ 評価結果を確認する有識者の選定 ⓑ 有識者による確認 ⓒ 改善計画の策定 　(必要に応じ) 改善の実施 ⓓ 改善結果の報告
④評価結果の公表	ⓐ 評価結果の公表案の作成 ⓑ 評価項目及び評価結果の公表
⑤運用開始までの準備	ⓐ 準備期間 ⓑ 運用開始

(3) 結果の公表

有識者によるプライバシー影響評価結果の確認手順やプライバシー影響評価結果の公表案を検討した。

同調査研究では，電気通信事業者のホームページ等で，有識者の確認結果を踏まえたプライバシー影響評価結果を公表することとし，公表内容は以下の2通りを提示している[*8]。

(ア) 推奨版　評価項目ごとに，評価結果を公表する。プライバシー影響を初めて実施する事業者は，利用者への情報提供において透明性を高めるため，上記案を推奨する。

(イ) 簡略版　プライバシー影響評価項目・評価観点と齟齬が少ないなど，プライバシーへの影響が小さいと評価される場合は，例外的に簡略な方法で公開することも考えられる。

■ 4　企業における対応

対象となる人数が多い，取り扱う情報の要保護性が高いなど，プライバシーに対する影響が大きい新サービスを実施する場合には，プライバシー影響評価を行うことが望ましい。その際には，求めたい結果を導くような形式的な実施にならないように，注意が必要である。

実施をした場合，公開することによって，対象となる個人からの実施企業・新サービスに対する信頼が高まる効果もある。

第3項　マルチステークホルダープロセス

■ 1　概　　要

マルチステークホルダープロセス（Multi-stakeholder Process：MSP）とは，国，事業者，消費者及び有識者等の関係者が参画するプロセスにおいて，それらの意見を踏まえたルール作成等を行う方法をいう。なお，国は必ずしも参画する必要はなく，事業者の自主ルールを作成する場合には，事業者，消費者

[*8]　具体的な記載内容は，前掲注（*6）参考1「リスク評価」，参考2「PIA評価結果の公表」を参照されたい。

及び有識者が参画して行われることが一般的である。

マルチステークホルダープロセスは、アメリカや欧州など諸外国において広く採用されている。

平成27年改正個人情報保護法で、認定個人情報保護団体が個人情報保護指針を作成する際に、消費者の意見を代表する者その他の関係者の意見を聴くこととされたのは（法53条1項）、マルチステークホルダープロセスの影響を受けたものとされている。

〈マルチステークホルダープロセス・イメージ図〉

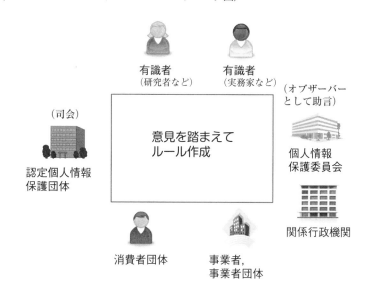

■2　マルチステークホルダープロセスの特徴[*9]

(1)　各参加主体間で信頼関係が醸成される

利害の食い違う関係でも、まずは対等な立場での対話を持ち、お互いを理

＊9　内閣府国民生活局企画課「マルチステークホルダー・プロセスの定義と類型」（平成20年6月）（http://www5.cao.go.jp/npc/sustainability/research/files/2008msp.pdf）を参照。

解していくことで信頼関係を深めていくことができる。

(2) **社会的な正当性を得られる**

多様なステークホルダーが参加することで，多様な意見を反映させることができ，社会的な正当性が得られ，市民からの理解も得やすくなる。

(3) **全体最適を追求できる**

単独の取組み又は2者間での対話では解決が難しい課題でも，課題に関係するすべてのステークホルダーで行動することで解決の可能が見出されることがある。

また，社会には，ある主体の最適解が全体における最適解にならない場合も多いけれども，参加者全員が，全体のビジョンや課題を共有していくことで，各主体の役割分担が明確になり，全体最適を追い求めていくことが可能になる。

(4) **各参加主体の主体的行動を促進できる**

共通の課題を解決するために参加主体が自らできることを考えていくことで，各参加主体の主体的行動が促される。

(5) **学習する会議である**

社会課題が変化・複雑化していくなか，そうした課題に対応できるためには，各主体が他のステークホルダーの考え方や社会全体の構造を理解し，社会全体の視野を持って，解決策を考えていくことが必要になってくる。マルチステークホルダープロセスでは，参加主体が，そうした他のステークホルダーの考え方など社会全体の視野を学んでいくことで，社会問題解決能力を高め，会議自体が進化していくことが期待される。

■ 3　具体的な検討の例

米国商務省電気通信情報局（NTIA）の取組み（mobile application transparency）では，次のようなマルチステークホルダープロセスを実施した[*10]。

NTIAが，15回の会合（マルチステークホルダープロセスの位置づけ）を開催し，

[*10] 詳しい内容については，「平成26年度我が国経済社会の情報化・サービス化に係る基盤整備（パーソナルデータ利活用に関するマルチステークホルダープロセスの実施方法等の調査事業）報告書」（野村総合研究所，平成27年3月）（www.meti.go.jp/meti_lib/report/2015fy/000296.pdf）を参照。

モバイル向けアプリケーションにおけるパーソナルデータ収集に関する情報開示の在り方を標準化する検討をした。

同会合では，NTIAが事務局となり，アプリ開発の事業者団体，消費者団体，大学教授やコンサルタント，法律事務所などの専門家が参加したほか，連邦取引委員会（FTC）が規制当局として助言した。

結論としては，マルチステークホルダープロセスでは結論は出ずに，クローズドな検討に移行した。

■ 4 マルチステークホルダープロセスの実施方法

実施方法について定まったものはないが，パーソナルデータ利活用に関するマルチステークホルダープロセスの実施方法等の調査事業報告書では，以下の方法が提案されている。

(ｱ) 主催者による参加者の決定
(ｲ) 検討会等の開催

会合の種類	内容
①事業者会合	業界内意見集約
②検討会・アドバイザー会議合同会	ケース説明，論点確認，整理
③消費者勉強会	論点の検討に必要な情報収集（必要に応じ，外部有識者，検討会参加者のうち事業者と有識者から質問回答者が参加）
④事務局による論点整理	（必要な場合は検討会を開催）
⑤検討会	具体的手続・拘束力等決定（以降の検討会は，消費者勉強会に参加した外部有識者もオブザーバー参加可能とする）
⑥検討会	質問への回答，争点整理・画定
⑦アドバイザー会議	（必要に応じ）争点に関する専門的検討，アドバイザー会議報告（アドバイザー会議は，以降適宜開催し，必要に応じて検討会と合同開催とする）

⑧検討会	消費者・事業者によるプレゼン
⑨検討会	争点に関する検討
⑩事業者による行動規範案作成	（当初から存在する場合は修正）
⑪検討会	行動規範検討
⑫検討会	（必要に応じ）一般の意見収集手続とそれを受けた行動規範の再検討
⑬検討会	採決（必要に応じ，発行条件，見直し手続検討）

5 業界団体や企業における実施

　業界団体や企業がプライバシー情報を利活用するための基準などを策定したり，新たにサービスを検討していく上で，マルチステークホルダープロセスを参考にした会合を消費者団体や専門家を交えて実施することにより，多彩な視点からの意見を得ることができ，非常に有益である。
　また，マルチステークホルダープロセスを実施したこと自体が，一般消費者に対して，安心感を与える効果もある。
　このため，要保護性が高いプライバシー情報を利用する，新しいサービスなどを提供する際には，マルチステークホルダープロセスを実施することが望ましい。参加者に守秘義務を課しておけば，企業内の情報が外に出るリスクも抑えられる。もちろん，サービスを早期に実施する場合には，消費者団体関係者や専門家を加えた，簡易な検討委員会のイメージで，骨子のみを実施することも考えられる。
　今後の重要な議論対象として，自動運転技術や AI 利活用が考えられる。特に，個人情報漏えいを含む事故発生時における責任分担の議論を，保険制度の利用などを含め，政府も参加する形で検討していくことが必要となる。
　なお，日本でマルチステークホルダープロセスを実施する際における一番の問題は，個人情報・プライバシー保護に詳しい消費者団体やその関係者の絶対数が少ないことである。利活用をバランスよく進める側面からも，消費

者の立場に立った意見は重要であり，消費者団体の今後の発展が望まれる。

第4項　共同規制[*11]

　個人情報，個人情報やプライバシーに関して，どのように規制することが望ましいか[*12]。個人情報，プライバシーは，技術の進展による影響を受けやすく，通常の立法による規制では，実態に即さない可能性がある。

　最も理想的なのは，何の規制がなくとも，市場自身が問題の発生を抑止あるいは解決している状況（無規制）である。しかし，時間が経つにつれ，何らかの弊害や悪用者が出てくることが一般的であり，そのような状況は一時的であり，永続しない。

　では，個人情報，プライバシーについて，どのように規制することが望ましいか[*13]。

■1　直接規制

　直接規制とは，従来型の方法による法規制である。目的とプロセスが政府によって定義され，政府機関による強制力（エンフォースメント）が担保される利点がある。

　しかし，個人情報やプライバシーは技術の進展が早く，国際的な取組みが必要であり，特にプライバシーは画一的な判断が難しく，個別判断が必要になるため，実態に即した対応ができない問題点がある。

[*11] 本書は，おおよその概念イメージを示すため，非常に単純化して紹介しており，正確に理解するには，以下の文献を参考にされたい。生貝直人『情報社会と共同規制：インターネット政策の国際比較制度研究』（勁草書房，2011）。総務省パーソナルデータ研究会における次の資料もわかりやすい。生貝直人「オンライン・プライバシーと共同規制——米国・EUにおける近年の動向を中心に——」（http://www.soumu.go.jp/main_content/000218518.pdf）。

[*12] マルチステークホルダープロセスと共同規制は別概念であるが，本質的には，マルチステークホルダープロセスは，どのようにしてルールを作成するか，共同規制はルールをどのような形で規制するかであり，相互に関わりがある。

[*13] なお，本項は，企業における情報の利活用・管理と直接結びつかないが，法規制の在り方を理解することは情報管理の在り方として重要であるため，説明する。

第2節　制度設計——情報取得前の事前準備

■2　自主規制

　自主規制の中では，業界団体等による自主的な規制によって当該問題が適切に解決する手法が一般的である（政府による一般原則の提示は存在し得る）。技術の進展や，国際的な取組みに対応しやすいという利点がある。
　しかし，自主規制では，業界団体が自らに有利な扱いをする可能性があり，また，違反した場合に公による強制力がないデメリットもある。
〈自主規制の例〉
　①プライバシーマーク制度（第3章第2節第9項参照）
　②グーグル，アップルのアプリ審査基準（第4章第3節【15】■3参照）

■3　共同規制

　直接規制と自主規制にはメリット，デメリットがあり，両方の良いところを生かして実施することが望ましい。直接規制と自主規制を組み合わせた手法を共同規制といい，政府による自主規制補強措置がおかれる。情報通信技術等の発展による影響を受けやすい個人情報・プライバシー保護に有益である。
　共同規制は，シェアリングエコノミーの分野でも注目されている。
　内閣官房情報通信技術（IT）総合戦略室が平成28年に発表した，「シェアリングエコノミー検討会議中間報告書」では，不特定多数間の個人間の取引（CtoC）を基本としていることから，共同規制の考えを取り入れ，事業者による自主的ルールの整備・活用を前提とした提案をしている。
　すなわち，同報告書では，シェアリングエコノミー・モデルガイドラインを提示するとともに，具体的施策として，現行規制の検証などグレーゾーン解消に向けた取組等やシェアリングエコノミー促進センター(仮称)の設置などを提言している。

第3章 個人情報・プライバシー情報を保護する具体的手法

〈個人情報保護法の規律イメージ〉

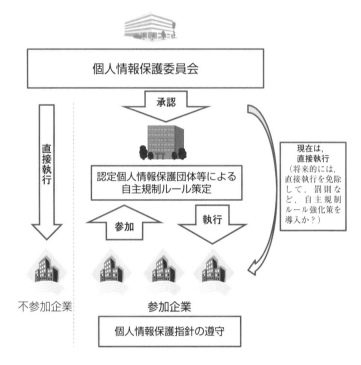

生貝・前掲注（＊11）における我が国におけるプライバシー保護第三者機関設立後の共同規制モデル（イメージ）を加工。

第5項 利用目的の特定（法15条）

1 概　要

(1) 特定の重要性

利用目的の特定は OECD 8原則で，目的明確化の原則「収集目的を明確に

し，データ利用は収集目的に合致するべき。」として，規定されている（第2章第3節第3項■1参照）。

利用目的の特定は，個人情報保護法でもとりわけ重要であり，企業は，取得した個人情報を利用目的の範囲内でしか取り扱うことができない（法16条）。もっとも，利用目的として個人に通知又は公表した上で，個人本人から第三者提供に関する同意を得れば，個人情報を加工せず，そのままの状態で第三者に提供することもできる（法23条）。

(2) **特定と利用のバランスをとることの重要性**

利用目的をできる限り具体的に特定することが，本人の予見可能性確保の観点からは極めて重要である。もっとも，対象を絞り過ぎると，事業者が個人情報を利活用する際の範囲が限定され，新たなサービス提供の際に過去のデータを利用できない事態にもなりかねない。また，詳細に記載して，列挙する内容が大量かつ専門的になりすぎると，内容の把握がかえって難しくなる。

これに対し，利用できる範囲を広くするために文言を抽象的にすると，利用者は何に利用されるのかわからず，利用目的を有効に示していたとはいえなくなる。仮に個人情報保護法に反しているかがグレーでも，サービス利用者が理解できなければ，利用者問題とされ，炎上するリスクが高まる。

このように，利用目的を特定するにあたっては，どのような利活用があるのか，提供先が増えることがあるのかなど，様々なケースを考慮し，慎重に検討する必要がある。

■2　個人情報保護法における利用目的の特定

個人情報保護法15条1項では，「個人情報取扱事業者は，個人情報を取り扱うに当たっては，その利用の目的……をできる限り特定しなければならない。」とされている。

利用目的の特定には，上述のジレンマがあるが，個人情報保護法上，利用目的をどこまで特定する必要があるか。

個人情報保護委員会は，個人情報取扱事業者が，個人情報をどのような目的で利用するかについて明確な認識を持つことができ，本人にとっても，自己の個人情報がどのような事業の用に供され，どのような目的で利用される

かが，一般的かつ合理的に想定できる程度に特定すればよいとしている（委員会Q&A2-1）。

したがって，「当社が提供するサービスの向上のため」といった抽象的な内容では利用目的が特定されているとはいえない。本人が想定できない範囲で利用がされた場合，個人情報保護法15条1項違反になるほか，炎上リスクも高まる。

この点，個人情報保護委員会は，以下のものを具体例として掲載しており，参考になる。

- 具体的に利用目的を特定している事例（通則GL 3-1-1）
  ①事業者が商品の販売に伴い，個人から氏名・住所・メールアドレス等を取得するにあたり，「○○事業における商品の発送，関連するアフターサービス，新商品・サービスに関する情報のお知らせのために利用いたします。」等の利用目的を明示している場合
  ②「当社の新商品のご案内の送付のため」
  ③「当社の商品の配送及びアフターサービスのご連絡のため」[*14]
- 具体的に利用目的を特定していない事例（通則GL 3-1-1）
  ①「事業活動に用いるため」
  ②「マーケティング活動に用いるため」

利用目的の内容は，どのような個人情報を取得・利用・管理するか十分に調査・検討した上で，決定する必要がある。また，どの程度まで利用目的を明確化するかも，実際の利用等に照らし，検討する必要がある。

なお，将来の利活用がある程度具体的に想定される場合に，現時点で利用目的として記載してよいかは難しい問題である。本条の趣旨や最小限原則（第3章第3節第5項参照）を踏まえると，具体化した時点で，改めてその目的を伝えて情報を取得することが望ましい。

■3　個人情報保護法における利用目的の変更

(1) 概　　要

[*14]　②，③は，個人情報保護委員会「はじめての個人情報保護法〜シンプルレッスン〜」（平成29年6月）記載（https://www.ppc.go.jp/files/pdf/simple_lesson.pdf）。

既に個人情報を取得している場合、利用目的の変更は一切認められないか。

事業者は、特定した利用目的の範囲内で個人情報を取り扱わなければならず、その目的の範囲を超えて取り扱う場合、あらかじめ本人の同意[*15]を得る必要がある（法16条1項）。

これに対し、変更前の利用目的に関連すると合理的に認められる範囲内であれば、利用目的を変更できる（法15条2項）。利用目的を変更した場合、変更された目的を本人へ通知、又は公表する必要がある（法18条3項）。

(2) **個人情報保護法15条2項による変更**

個人情報保護法15条2項は、「個人情報取扱事業者は、利用目的を変更する場合には、変更前の利用目的と関連性を有すると合理的に認められる範囲を超えて行ってはならない。」とする。

では、「変更前の利用目的と関連性を有すると合理的に認められる範囲」とは、具体的にはどのような範囲か。

通則GLでは、「変更後の利用目的が変更前の利用目的からみて、社会通念上、本人が通常予期し得る限度と客観的に認められる範囲」とされている（通則GL3-1-2）。このことからすると、個人情報保護法15条2項の変更で、従前なかった第三者提供の文言を入れることは許されない。

委員会Q&A2-8では、利用目的の変更が認められる事例として、以下のものが掲載されている。

- 利用目的の変更が認められる事例[*16]
    ① 「当社が提供する既存の商品・サービスに関する情報のお知らせ」という利用目的について、「新規に提供を行う関連商品・サービスに関する法のお知らせ」を追加する場合（例：フィットネスクラブの運営事業者が、会員向けにレッスンやプログラムの開催情報をメール配信する目的で個人情報を保有していたところ、同じ情報を用いて新たに始めた栄養指導サービスの案内を

[*15] 本人の同意は、オプトインの方法によらなければならず、オプトアウトは許されない。
[*16] 他の事例を含め、詳しい内容は、「平成27年度我が国経済社会の情報化・サービス化に係る基盤整備　経済産業分野を対象とする個人情報保護に係る制度整備等調査研究報告書」（野村総合研究所　平成28年3月）も参照されたい（http://www.meti.go.jp/meti_lib/report/2016fy/000074.pdf）。

配信する場合)

② 「当社が取り扱う商品・サービスの提供」という利用目的について，「当社の提携先が提供する関連商品・サービスに関する情報のお知らせ」を追加する場合（例：住宅用太陽光発電システムを販売した事業者が，対象の顧客に対して，提携先である電力会社の自然エネルギー買取サービスを紹介する場合)

■4　プライバシー情報と利用目的

　プライバシー情報に関し，利用目的の通知又は公表を定める規定はない。しかし，プライバシー情報の中でも，要保護性が高いものは，個人情報と結びつかなくとも，取得・利用などにあたり，利用目的を明示することが有益である（第3章第3節第1項■2参照)。

　実際，Cookie情報は，個人情報に紐付かない場合でも，「EU電子通信プライバシー指令」の影響もあり（第4章第5節【29】■2(2)参照)，日本でもホームページ上で，個人情報とともに，利用目的が明示されていることが多い。

第6項　プライバシーポリシーの作成（個人情報の保護に関する基本方針）

■1　概　　要

　利用目的の通知又は公表は義務であるけれども，個人との信頼関係を構築し，事業活動に対する社会の信頼を確保するには，①「個人情報保護を推進する上での考え方や方針」(いわゆる，プライバシーポリシー等）を策定し，②ホームページに掲載し，店舗の見やすい場所に掲示する等して公表し，あらかじめ，対外的にわかりやすく説明することも重要である。その際，委託の有無，委託する事務の内容を明らかにする等，委託処理の透明化を進めることが望ましい。

　プライバシーポリシー上で，個人情報の利用方法をわかりやすく記載することで，利用者に不意打ちとならず，炎上リスクの低減も期待できる。

企業のホームーページで、プライバシーポリシー（広義）との表題で、「個人情報保護を推進する上での考え方や方針」のほかに、利用目的の通知・公表を行う場合や、利用規約における個人情報などの保護に関する内容を含むケースもよくみられる。この場合、プライバシーポリシー（広義）記載の内容が、個人との間で契約の一部となるのか、理念的な規定かを明示しなければ、個人情報に関する同意（法23条1項等）を取得できていなかったという扱いとなる事態も生じ得るため、同意を取得するのであれば、利用規約に、プライバシーポリシーに記載されている内容が同意の対象となることをわかりやすく明示するなどの対応が必要である。なお、第三者提供など個人本人の同意が必要な場合、利用目的を通知・公表するだけで同意を取得したと扱えるかについては、慎重な判断が必要である（第3章第3節第2項参照）。

■2　個人情報保護法における取扱い

個人情報の保護に関する基本方針（平成28年2月19日一部変更）で、プライバシーポリシー（狭義）の作成につき、次のように言及されている[17]。
〈事業者が行う措置の対外的明確化〉
　事業者が個人情報保護を推進する上での考え方や方針（いわゆる、プライバシーポリシー、プライバシーステートメント等）を策定・公表することにより、個人情報を目的外に利用しないことや苦情処理に適切に取り組むこと等を宣言するとともに、事業者が関係法令等を遵守し、利用目的の通知・公表、開示等の個人情報の取扱いに関する諸手続について、あらかじめ、対外的にわかりやすく説明することが、事業活動に対する社会の信頼を確保するために重要である。

■3　プライバシーポリシーの記載内容

上記基本方針などを参考にすると、プライバシーポリシー（狭義）の記載内容について、以下のものが考えられる。
①個人情報を目的外に利用しないこと。
②苦情処理に適切に取り組むこと。

---

[17]　参考（http://www.ppc.go.jp/files/pdf/280219_personal_basicpolicy.pdf）。

③個人情報の取扱いに関する法令，国が定める指針及びその他の規範を遵守すること。
④利用目的の通知・公表，開示等の個人情報の取扱いに関する諸手続に関すること。
⑤特定の個人情報保護団体に加入している事実とその名称。

なお，JIS Q 15001：2006では，プライバシーポリシー（狭義）と同様の役割を果たすものについて，「個人情報保護方針」と表記している。

■ 4 企業の対応

わかりやすく説明することは，炎上リスクを避けるために非常に重要である。プライバシーに関する利活用についても記載することが望ましい。

わかりやすい説明を意識した例として，以下のものが参考になる[*18]。

- Yahoo! JAPAN プライバシーポリシー，同ガイド[*19]（http://about.yahoo.co.jp/docs/info/terms/privacyguide.html）

  ①プライバシーポリシーを利用規約の一部として位置付けている，②EUにおける保護対象等を参考に，個人情報だけでなく，プライバシー情報も適用対象としている，③プライバシーガイドで利用者から情報を取得する場面を具体的な例を用いて説明している等の特徴がある。

- 楽天個人情報保護方針（https://privacy.rakuten.co.jp）

プライバシーポリシーを作成する際，図表などを用い，わかりやすさを意識することが重要である。また，個人との関係では，基本方針を示した理念的な規定か，それとも契約の内容かを明示する必要がある。

また，要保護性が高いプライバシー情報に関する利用目的や利用方法も，わかりやすく記載することが望ましい。そうすれば，将来，個人情報保護法

[*18] わかりやすく説明をすることは重要であるけれども，新たに取得する個人情報の利用目的を従前から変更する場合，その旨もわかりやすく説明する必要がある。従前取得していた個人情報の利用目的を変更する場合には明示の同意が必要とされており（法16条1項），プライバシーポリシーの記載を変更しても同意を取得したわけではないため，注意が必要である（第3章第3節第2項参照）。

[*19] 改訂の経緯等に関し，小柳輝「Yahoo! JAPAN のプライバシーポリシーの改定について」NBL1078号（2016）36頁に説明がある。

の改正などで，個人情報の範囲が広がる場合も対応が可能である。

> **コラム◉民法改正で新設された定型約款条項との関係は？**
>
> 　2017年5月に成立した民法（債権法）改正で，定型約款に関する規定が新設された。個人情報，プライバシー情報との関係で，同規程の中で特に重要なのは，定型約款の変更要件に関する規定（改正民法548条の4）である。
> 　改正民法548条の4第1項は，次のいずれかの場合に，定型約款準備者が一方的に定型約款を変更し，契約内容の変更ができるとする（既存の契約も契約内容が変更される）。
> ①変更が相手方の一般の利益に適合する場合
> 　又は
> ②変更が契約の目的に反せず，かつ，変更の必要性，変更後の内容の相当性，定型約款の変更をすることがある旨の定めの有無及びその内容その他の変更に係る事情に照らして合理的な場合
> 　上記の「その他の変更に係る事情」とは，相手方に与える不利益の内容・程度，不利益の軽減措置の内容などとされる。
> 　同条1項は，個人情報の利用に関する規約を変更する場合における基準として，参考になる。機能改善やサービス向上などに関係なく，企業の一方的都合により個人情報の利用目的を増やすだけの改訂は，契約内容の変更が許されない帰結になると考えられる。

第7項　事前告知の実施

■1　事前告知の意義

　事前告知の実施は，個人情報保護法上の義務とはされていない。しかし，新しく大規模なデータの利活用を伴うサービスを実施する場合，実際の利活用開始前に十分な告知期間を置き，周知することが有益である。
　事前告知を実施してプライバシー上の懸念などから反対する意見が多い場合，実施を取り止めたり，利活用方法を変更することで，現実に個人に損害

が生じないようにし，損害賠償請求などを避けることも可能となる。

さらに，対象が店舗や一定のサービスの利用者である場合，事前告知の実施と並行して，アンケートによる意識調査を実施し，その結果を参考にして，必要に応じ利活用方法を見直すことも非常に有益である。

また，サービスを変更する場合には，事前告知と同時に，拒絶する個人がオプトアウトできる手段を提供することも重要である。なお，利用目的の変更については，第3章第2節第5項■3も参照されたい。

■2 実施方法と告知内容

どのような方法で事前告知を行い，開始時期までどれぐらいの期間を置くかは，対象となる個人情報・プライバシー情報の要保護性の高さと，利活用による侵害の程度などを基に検討すべきである。

掲載場所は，ホームページ上や実際に利用される場所など，対象となる個人が実際に見る場所が望ましい。

告知する情報としては，
①取得する情報の内容及び利活用目的
②実施主体の名称及び連絡先
③利活用によって個人に生じるメリット
④データからの個人特定の可否
⑤データを第三者へ提供する場合，その提供先
⑥データ利活用の開始時期
などが考えられる。

対象が広範にわたり，影響が大きい場合には，企業ホームページのほか，テレビCMなどの広告媒体を用いて事前告知することも有益である。

第8項　認定個人情報保護団体への加入（法47条〜58条）

■1　概　要

認定個人情報保護団体とは，事業者の個人情報の適切な取扱いの確保を目的として，国の認定を受けた民間団体をいう（法47条）。

個人情報保護法上，①対象事業者の個人情報等[20]の取扱いに関する苦情の処理，②対象事業者に対する情報の提供，③そのほか必要な業務を行うこととされ，個人情報保護委員会の監督（認定，指針の届出受理，報告徴収，命令，認定取消し）を受ける（法47条～49条）。

平成29年12月時点で，個人情報保護委員会ホームページ上の「認定個人情報保護団体一覧」ページ[21]では，44の団体が掲載されている。

■2　認定個人情報保護団体の主な役割

(1) 苦情処理

また，認定個人情報保護団体は，対象事業者の個人情報の取扱いに関する本人その他の関係者からの苦情を処理する義務（法52条）などを負う。

(2) 個人情報保護方針の作成等

認定個人情報保護団体は，消費者や有識者の意見を聴き，「個人情報保護指針」（安全管理措置や匿名加工情報の作成方法等，法律に定められた義務に関して業界の特性に応じた具体的な履行方法等を定める自主的なルール）を作成する努力義務がある（法53条1項）。個人情報保護指針作成後は，個人情報保護委員会に届け出なければならず，届け出られた同指針は，同委員会で公表される。

各認定個人情報保護団体の個人情報保護指針には，各対象事業者でのトレーサビリティー（法25条・26条）に関する具体例を挙げるものも多い。

また，認定個人情報保護団体は，所属する対象事業者に対して，個人情報保護指針を遵守させるために必要な指導，勧告等を行う義務がある（法53条4項）。

(3) 漏えい報告の受理

その他，認定個人情報保護団体は，個人データの漏洩等の事案が発生した場合に，対象事業者から報告を受ける（個人データの漏えい等の事案が発生した場合等の対応について（平成29年個人情報保護委員会告示第1号3(1)）。

---

[20]　「個人情報等」とは個人情報又は匿名加工情報をいう（法40条1項）。
[21]　参考（https://www.ppc.go.jp/personal/nintei/list/）。同ホームページには，各団体の情報や個人情報保護指針のLinkが掲載されている。

〈認定個人情報保護団体役割イメージ〉

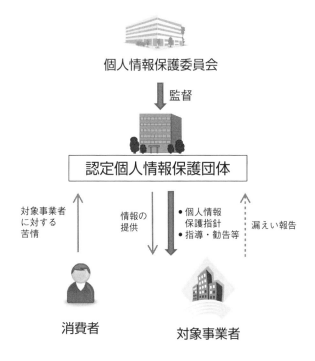

　なお，後述のように，プライバシーマーク制度は個人情報保護法とは枠組みを異にし，プライバシーマークを取得しても，直ちに対象事業者となるわけではない。

■3　加入によるメリット

　企業は，認定個人情報保護団体の対象事業者になると，以下のメリットがある。

(1)　企業のメリット

　企業には，認定個人情報保護団体の対象事業者となり，①専門知識ある団体に苦情処理をしてもらって顧客の満足度をあげるとともに，個人情報の取扱いに問題がないかを第三者の目からチェックしてもらえる，②個人情報保護に関する最新の知識を得ることができる，③認定個人情報保護団体の個人

情報保護指針を順守しており、個人情報保護にしっかり取り組んでいる組織だという信頼を得られる、④漏えいが生じた場合、認定個人情報保護団体から、再発防止などに関するアドバイスを受けられるなどのメリットがある。

なお、認定個人情報保護団体に関し、個人情報保護法改正後も「対象事業者とする者の事業分野」が決まっており、事業者が加入する場合、各事業分野の認定個人情報保護団体に加入することが基本になる。

(2) 個人のメリット

個人には、①事業者の個人情報保護のルールが分かる、②業界に精通した団体が円滑に苦情を解決してくれる、③団体の監督の下で事業者がきちんとルールを守って個人情報を取り扱ってくれる等のメリットがある。

―― コラム◉認定個人情報保護団体制度が更なる発展をするために ――

個人情報保護法の枠組みの中で、認定個人情報保護団体は重要な役割を担うことを期待されている。同団体への加入企業を増やすには、ブランド力が向上し、対象事業者であることが社会的に高く評価される必要がある。

もっとも、認定個人情報保護団体に入ると、利活用に関する規制のみが強くなり、利活用しづらくなるのでは、企業にとって、費用を支払って入るインセンティブはない。このため、認定個人情報保護団体は、個人情報の保護と利活用を両立できる認定個人情報保護指針を策定するとともに、利活用に関するコンサルタント業務を提供するなど、保護一辺倒に偏らない姿勢が重要である。

第9項　プライバシーマーク制度の導入

■1　概　要

プライバシーマーク制度とは、「JISQ15001　個人情報保護マネジメントシステム――要求事項」に適合して、個人情報について適切な保護措置を講ずる体制を整備している事業者等を認定して、その旨を示すプライバシーマー

クを付与し，事業活動に関してプライバシーマークの使用を認める制度をいう[*22]。個人情報保護法とは，基本的に別の規律である。

「JISQ15001　個人情報保護マネジメントシステム──要求事項」は，工業標準化法に基づく，事業者が業務上取り扱う個人情報を安全で適切に管理するための日本工業規格である。

プライバシーマークの付与機関は，日本情報経済社会推進協会（JIPDEC）であり，各種団体がプライバシーマーク指定審査機関（事業者からプライバシーマーク付与適格性審査申請の受け付け，申請内容の審査・調査等の業務を行う機関）として，指定を受けている。

なお，プライバシーマークの認証事業者は申請をすれば，認定個人情報保護団体としての JIPDEC 対象事業者になることができる。プライバシーマークを取得していても，直ちに JIPDEC の対象事業者になるわけではないので，注意が必要である。

また，情報セキュリティマネジメントについては，ISMS の認証制度がある[*23]。

■2　特　徴

(1) 主な特徴

JISQ15001の主な特徴として，以下のものがあげられる。
- 個人情報保護マネジメントシステム（PMS）
- PMS の実施のための，内部規定，計画書などの整備
- リスク認識，分析，対策

[*22] JIPDEC ホームページ（https://privacymark.jp/privacy_mark/about/outline_and_purpose.html）参照。
[*23] 情報セキュリティマネジメントシステム（Information Security Management System：ISMS）適合評価制度（https://isms.jp/doc/ismspamph.pdf）。
　ISMS の要求事項は，情報セキュリティマネジメントに関する国際規格 ISO/IEC27001の国内規格である JISQ27001（最新のものは，JISQ27001:2014）である。JISQ27001の目的は，リスクマネジメントプロセスを適用し，情報の①機密性，②完全性及び③可用性をバランス良く維持・改善し，リスクを適切に管理しているという信頼を利害関係者に与えることにある。
　プライバシーマーク制度では，対象を個人情報に関連するものに限定しているのに対し，ISMS 認証ではそのような限定は無く，情報資産全般が対象となる。また，プライバシーマーク制度の認証は企業ごとに取得する必要があるのに対し，ISMS 認証は認証を受ける企業が審査対象を決めることができ，企業内の一部門だけが認証を受けることも可能である。

● 緊急事態への準備
(2) JISQ15001：2017

　平成27年個人情報保護法改正を受け，2016年11月から2017年3月にかけて，JISQ15001：2006の改訂が検討され，2017年12月20日に最新改正がなされ，JISQ15001：2017が公表された[*24]。主な改正事項としては，以下のものがあげられる。

①平成27年個人情報保護法改正への対応

　要配慮個人情報や匿名加工情報に関する規定が追加された他，外国にある第三者への提供制限，第三者提供における確認・記録作成などの手続きに対応している。

②「個人情報」の区分の詳細化

　これまで一律に「個人情報」とされていたものが，それぞれ「個人情報」「個人データ」「保有個人データ」に区分された。

③ISOの標準テキストに準拠

　構成をISOの文書体系に整合させ，「リーダーシップ」「コミットメント」「パフォーマンス評価」などの用語が追加された。

④本文の他に，付属書A～Dという構成を採用

　それぞれ，付属書Aは「管理目的及び管理策」（JISQ15001：2006における規格本文に該当），付属書Bは「管理策に関する補足」（JISQ15001：2006における解説文書に該当），付属書Cは「安全管理措置に関する管理目的及び管理策」（安全管理措置に関する包括的なリスト）である。

[*24] 日本工業標準調査会ホームページで，JIS検索に「Q15001」と入力して，一覧表示させることで，閲覧が可能である。

> # 第 3 節
>
> # 取　　得
> ―― 情報を取得する場合

　OECD 8原則では，取得の場面につき，収集制限の原則（適法・公正な手段により，かつ情報主体に通知又は同意を得て収集されるべき），公開の原則（データ収集の実施方針等を公開し，データの存在，利用目的，管理者等を明示するべき）が置かれている（第2章第3節第3項■1参照）。

　個人情報・プライバシー情報を取得する場合，①自らサービス利用者などの個人から直接取得する方法と，②第三者から取得する方法（名簿業者からリストを購入する場合など）がある。

　個人情報を取得する場合，利用目的の通知又は公表が必要となる（1項）。取得の際に本人の同意を得る場合には，有効に同意を取得しなければならない（2項）。情報は適正に取得をする必要があり（3項），取得する情報は最小限であることが望ましい（5項）。さらに，②第三者から個人情報を取得する場合には，個人情報保護法上の確認義務を果たす必要がある（4項）。

第1項　利用目的の通知又は公表（法18条）

■1　取得に際しての利用目的の通知，公表

　取得の際における利用目的の通知等は，個人情報保護法18条に規定がある。

(1)　通知・公表の原則

　個人情報保護法18条1項で，個人情報取得全般について，次のように定め

られている。

　個人情報を取得する際には，次のいずれかを行う必要がある。
　①取得前にあらかじめ，その利用目的を公表する。
　②個人情報を取得した後速やかに，その利用目的を本人へ通知又は公表する。

　「本人に通知」とは，本人に直接知らしめることをいい，事業の性質及び個人情報の取扱状況に応じ，内容が本人に認識される合理的かつ適切な方法によらなければならないとされる（通則GL 2-10）。

　「公表」とは，広く一般に自己の意思を知らせること（不特定多数の人々が知ることができるように発表すること）をいい，公表に当たっては，事業の性質及び個人情報の取扱状況に応じ，合理的かつ適切な方法によらなければならないとされる。例えば，自社のホームページ上で公表する際には，トップページから1回程度の操作で到達できる場所に掲載した場合は公表に該当するとされている（通則GL 2-11）。

　条文上は，事後的に利用目的を本人に通知し，公表すれば足りるとされるが，実際にはインターネットのホームページ上や店頭などで事前に利用目的を公表しているケースが多い。個人が実際に知り得ることが重要であり，不十分な場合には炎上リスクがあるため，店頭販売が中心の場合には，ホームページ上の掲載と，店頭の表示の双方を実施することが望ましい（委員会Q&A 1-55）。

　また，条文上明確ではないけれども，取得の際，個人がどのような個人情報を利用されるかを理解していることが，利用目的通知等の前提と解される。

(2) **個人本人から書面に記載された個人情報を直接取得する場合における明示の特則**

　個人情報保護法18条2項で，前項の特則として，個人本人から書面（電磁的記録を含む）に記載された個人情報を直接取得する場合，あらかじめ，本人に対し，利用目的を明示しなければならないとされている。例として，申込書・契約書やアンケート等，ホームページの入力画面に入力した個人情報を，本人から直接取得するケースがあげられる。ただし，人の生命，身体又は財産の保護のために緊急に必要がある場合は，明示を要しないとされている。

「明示」とは，本人にその利用目的を明確に示すことをいい，事業の性質及び個人情報の取扱状況に応じ，内容が本人に認識される合理的かつ適切な方法による必要がある。明示の具体的手法として，取得する書面上に利用目的を記載することがあげられる。ホームページ上での入力による取得であれば，同一のウェブページ上に明示する必要がある。

(3) 通知・公表等の例外

個人情報保護法18条4項では，以下の場合，利用目的を通知又は公表しなくてよいとする。

①利用目的を本人に通知し，又は公表することにより本人又は第三者の生命，身体，財産その他の権利利益を害するおそれがある場合（1号）

②利用目的を本人に通知し，又は公表することにより当該個人情報取扱事業者の権利又は正当な利益を害するおそれがある場合（2号）

③国の機関又は地方公共団体が法令の定める事務を遂行することに対して協力する必要がある場合であって，利用目的を本人に通知し，又は公表することにより当該事務の遂行に支障を及ぼすおそれがあるとき（3号）

④取得の状況からみて利用目的が明らかであると認められる場合（4号）

上記のうち，重要なのは，4号である。例えば，商品配送のために配送伝票に氏名・住所等を記載する場合，配送に用いるという利用目的は明らかであり，取得の際の通知・公表は必要ないとされる。後述のように，防犯カメラで画像（動画）を取得する場合，一般に利用目的が明らかであり，利用目的の通知・公表は不要と解されている。もっとも，今後，マーケティングなど防犯以外の目的で利用される機会が増えれば，防犯目的だけの場合も掲示が必要とされる可能性がある（第4章第2節【6】参照）。

■ 2　プライバシー情報の取扱い

(1) 概　　要

重要なプライバシー情報も，個人情報と同様に通知・公表することが，公開の原則，透明性の確保の観点から望ましい。利用者が想定できない情報を取得している場合には，違法なプライバシー侵害になる可能性がある。

(2) 通知方法，通知内容

プライバシー情報に関する利用目的等の通知に関する具体的な内容は，第

第3節　取　　得——情報を取得する場合

4章第3節【15】■3（SPI）を参考にされたい。

また、ISO/IEC 29100（第2章第3節第3項■4参照）におけるプライバシー原則のうち、第1原則「同意と選択」などについて、特に消費者向けオンラインサービスの局面に絞って、詳細な指針を提供する「消費者向けオンラインサービスにおける通知と同意・選択に関するガイドライン」[*25]では、通知の方法・内容につき、以下の記載がある。同内容については、本書でいうところのプライバシー情報を利活用する際に行う通知等に関しても参照可能とされている。

通知の方法	①本人が認識できるように通知すること ②本人にとって分かりやすい表現で通知すること ③データを取得する前に本人に通知すること ④本人が気付きやすい箇所で通知すること ⑤通知内容を、通知後も本人が容易に参照できること
通知の内容	①サービスの概要 ②取得及び利用主体 ③取得するデータの項目 ④取得方法 ⑤取得理由（取得の必然性） ⑥取得するとき ⑦利用目的 ⑧利用方法（加工して使うのか、無加工で利用するのか、など） ⑨第三者への提供 ⑩保存期間、廃棄 ⑪本人による関与（開示等の請求ができること及びその手段） ⑫問合せ先

---

*25　経済産業省が平成26年10月に公表。

第2項　同意の取得（個人情報保護法上の「同意の取得」を含む）

　企業が個人から有効な同意を取得したと考えて情報を取得・利用していても，当該個人から，内容を理解していなかったなどの理由により同意は存在しない又は無効であると主張をされるリスクがある。企業は，そのような主張をされないため，どのような手段をとる必要があるか。
　一般通常人を基準として，外形的に判断されるため，同意を得る際の記載内容，取得方法が問題となる。

■1　個人情報保護法上，同意取得が必要とされる場合

　個人情報保護法上，以下の場合に本人の同意を取得することが必要とされる。
　①事業者が，個人情報を取り扱うにあたって特定した利用目的の達成に必要な範囲を超えて，個人情報を取り扱う場合（法16条1項）。
　②合併その他の事由により他の個人情報取扱事業者から事業を承継することに伴って個人情報を取得した場合で，承継前における当該個人情報の利用目的の達成に必要な範囲を超えて当該個人情報を取り扱うとき（法16条2項）。
　③事業者が，要配慮個人情報を取得する場合（法17条2項）。
　④個人データを第三者に提供する場合（法23条1項本文）。
　⑤外国にある第三者に個人情報を提供する場合（法24条）。

(1)　「本人の同意」の解釈

　「本人の同意」とは，本人の個人情報が，個人情報取扱事業者によって示された取扱方法で取り扱われることを承諾する旨の当該本人の意思表示をいう（当該本人であることを確認できていることが前提となる）。また，「本人の同意を得（る）」とは，本人の承諾する旨の意思表示を当該企業が認識することをいい，事業の性質及び個人情報の取扱状況に応じ，本人が同意に係る判断を行うために必要と考えられる合理的かつ適切な方法によらなければならない（通則

GL 2 -12)。

【本人の同意を得ている事例】
事例1　本人からの同意する旨の口頭による意思表示
事例2　本人からの同意する旨の書面（電磁的記録を含む）の受領
事例3　本人からの同意する旨のメールの受信
事例4　本人による同意する旨の確認欄へのチェック
事例5　本人による同意する旨のホームページ上のボタンのクリック
事例6　本人による同意する旨の音声入力，タッチパネルへのタッチ，ボタンやスイッチ等による入力

　通則GLの記載からすると，必ずしも明示の同意に限定されておらず，黙示の同意も含まれる（委員会Q＆A1-57）。もっとも，ホームページ上にプライバシーポリシー等の表題で掲載されている個人情報の利用目的（個人・事業者間の契約対象とはされていない）に「第三者への提供」とあるだけで，他に何ら同意を取得していないのであれば，上記の各事例に該当せず，黙示の同意も取得していないと判断される可能性がある（第3章第2節第6項■1参照）。

　また，アプリケーションなどを日本国内でダウンロードできる形で提供しているにもかかわらず，日本語以外の言語による説明しかない場合，本人の同意を取得していないと判断される可能性がある。

(2)　パーソナルデータWG報告書[*26]

　同意の取得に関し，経済産業省が，個人情報を利活用してサービスを行う事業者が，消費者等本人から個人情報を取得し利用する際に，消費者等本人に対して行う情報提供や個人情報保護を推進する上での考え方や方針等をわかりやすく説明した文書等の内容の適切性を，第三者が事前に評価するツールとして策定した以下の「評価基準」が参考になる[*27]。

[*26]　経済産業省では，平成25年5月に，「IT融合フォーラムパーソナルデータワーキンググループ報告書」を公表した。
[*27]　経済産業省「パーソナルデータ利活用ビジネスの促進に向けた，消費者向け情報提供・説明の充実のための『評価基準』と『事前相談評価』のあり方について」（平成26年3月26日）（http://www.meti.go.jp/press/2013/03/20140326001/20140326001-2.pdf）。経済産業省「『分かり易さに関する手法・アプローチ』に係るベストプラクティス集」（平成26年3月26日）も公表されているので，参考にされたい（http://www.meti.go.jp/press/2013/03/20140326001/20140326001-4.pdf）。

なお，以下の表で言及されているパーソナルデータとは，本書でいうところのプライバシー情報（個人情報を含む）である。

1．記載事項	
必要十分な記載事項	パーソナルデータの取扱いに関する情報として，以下の7項目が記載されていること。 ①提供するサービスの概要，②取得するパーソナルデータと取得の方法，③パーソナルデータの利用目的，④パーソナルデータやパーソナルデータを加工したデータの第三者への提供の有無及び提供先，⑤消費者によるパーソナルデータの提供の停止・訂正の可否及びその方法，⑥問合せ先，⑦保存期間，廃棄
2．記載方法	
(1) 取得するパーソナルデータとその取得方法に係る記載方法	・取得するパーソナルデータの項目とその取得方法について，可能な限り細分化し，具体的に記載していること。 ・取得するパーソナルデータの項目やその取得方法のうち，消費者にとってわかりにくいものを明確に記載していること。
(2) パーソナルデータの利用目的に係る記載方法	・取得するパーソナルデータの利用目的を特定し，具体的に記載していること。 ・パーソナルデータの利用目的が，取得するパーソナルデータの項目と対応して記載されていること。 ・取得するパーソナルデータの利用目的のうち，消費者にとってわかりにくいものを明確に記載していること。
(3) 第三者への提供の有無及びパーソナルデータやパーソナルデータを加工したデータの提供先に係る記載方法	・事業者が取得するパーソナルデータやパーソナルデータを加工したデータを第三者に提供する場合，その提供先（事後的に提供先を変更する場合は提供先の選定条件を含む）及び提供目的が記載されていること。 ・事業者が取得したパーソナルデータを加工したデータを第三者に提供する場合，その加工方法が記載されていること。

(4) 消費者によるパーソナルデータの提供の停止の可否及びその方法に係る記載方法	消費者が事業者によるパーソナルデータの取得の中止又は利用の停止が可能であるかが記載され、可能である場合には取得の中止方法又は利用の停止方法を明示して記載していること。

■2 プライバシー情報の同意取得

　個人情報保護法上は、利用目的を通知又は公表すれば足りるとされており、取得の際に同意を要するのは、前記■1で記載した場合に限定される。

　もっとも、プライバシーに着目すると、個人本人から同意を得ていれば、プライバシー侵害はそもそも生じないため（第2章第3節第2項■3参照）、同意を取ることは有益である。

　また、現在は個人情報に該当せず、プライバシー情報としての扱いで足りても、将来の個人情報保護法改正で、個人情報として取り扱わなければならなくなる可能性がある。その際、改めて本人から同意取得を取るために規定を変更しても、変更以前に取得した情報は利用できない。このため、プライバシー情報も同意を取得することが重要である。

　もっとも、個人本人から同意を得る場合、「本人の同意」はどの程度のものが必要か、例えば、プライバシーポリシーに掲載をしておけば足りるのか。

　実際に、プライバシーとしての要保護性などからプライバシー侵害により企業に生じるリスクを検討し、①通知の方法、②同意取得の対象、②同意取得の取り方を個別に決定する必要がある。以下では、考えられる方法を提示する[28]。なお、通知方法、通知内容は、第3章第3節第1項参照。

(1) 同意取得の方法

　プライバシー情報に関する同意取得について、企業の対応として以下の方法があり得る[29]。

---

[28] 検討にあたり、総務省情報通信政策研究所「行動ターゲティング広告の経済効果と利用者保護に関する調査研究報告書」（平成22年3月）、経済産業省「消費者向けオンラインサービスにおける通知と同意・選択に関するガイドライン」（平成26年10月）、総務省諸問題研究会スマートフォンを経由した利用者情報の取扱いに関するWG第3回（2012年3月8日）配布資料「情報取得手段ごとに相当な同意確認基準の提案」産業総合研究所情報セキュリティ研究センター〔高木浩光〕を参考にしている。

名　称	概　要
①オプトイン	個人情報保護法で一般的に求められている同意取得方法。取得の方法に関し，包括的選択（例：アプリ全体に対して起動時に同意を求め，拒否しても利用可能）と個別的選択（例：アプリ使用中に当該機能を使用する際に同意を求める）が考えられる。また，サービスの利用ごとに毎回同意取得を実施する（都度同意）か，当初のみ行うかなどの違いもある。また，通信の秘密に関して求められている個別具体的かつ明確な同意のように，より高いレベルの同意を求めるものもある（第4章第1節【1】■1参照）。
②黙示の同意	サービスを利用等した場合は同意したものとみなす旨の表示をし，積極的な同意が示されなくとも同意と扱う。個人が自らの情報提供等を望まない場合，サービスを利用できない場合が多い。
③オプトアウト	法23条2項の手法（第3章第6節第2項参照）。積極的にオプトアウトをしない限り，同意があったものとして扱う。
④本人に通知又は公表	利用者に対して利用目的を通知・公表するが，オプトアウトなどの手法は提供しない。
⑤何もしない	通知，公表も行わないで利用する。

(2) 同意及び選択の方法

同意及び選択の方法には，以下のものがある。
①同意主体が誰（どのID）であるのか表示すること
②本人に選択の機会を与え，明示的に又は黙示的な許可を得ること
③プライバシーに関する事項は他の事項と独立して許可を得ること
④プライバシーへの影響が異なる事項については個別に意思確認をすること

---

*29　企業から，同意の取り方を厳しくすると，情報利活用のために必要なデータ数が集まらなくなるとの声を聞くが，同意をした個人が利益を得られるなどの仕組みを作り，わかりやすく説明することが望ましい。

⑤適切な頻度で意思確認をすること
⑥適切なタイミングで意思確認をすること

(3) そ の 他
(a) **通知内容の変更時の同意取得**
　通知内容に変更があった場合は，通知又は同意を取得すること
(b) **意思確認のためのユーザーインターフェースに関する事項**
①表示方法
- 通知における通知事項の表示順序は，本人にわかりやすい順序とすること
- 本人ができるだけ短時間で読むことができる内容を少ない画面数で表示することとし，当該画面にすべてを表示できない場合には，まず要約表示を行うこと。また，記載を省略した情報がある場合は，それを含む詳細を参照できるようにすること

②同意及び選択の方法
明示的許可の取得にあたっては，消費者の能動的な行動によること

■3　アメリカでの取組例

(1) **個人のコントロール**
　消費者プライバシー権利章典（第2章第3節第3項■2参照）1条で，個人のコントロールについて，以下の規定が置かれている。

　個人のコントロール：消費者は，事業者が収集する個人データ及びその利用方法について，コントロールする権利を有する。事業者は，消費者が他者と共有する個人データ及び事業者が個人データを収集，利用又は開示する方法についての適切なコントロールをする権利を消費者に対し提供しなければならない。事業者は，収集，利用又は開示する個人データの規模，範囲，及び機微性と同様に，個人データ利用の機微性を反映し，利用が容易かつアクセス可能な措置を消費者に提供することにより，これらの選択を可能としなければならない。事業者は，消費者が個人データの収集，利用及び開示について有意義な決断ができるような時機及び方法によって，明確かつシンプルな選択を消費者に提供しなければならない。事業者は，消費者に対し，同意を初めに与えるのと同じ程度に利用可能かつ容易に利用できる形で，同意を

撤回又は制限する方法を提供しなければならない。

(2) Do Not Track ツール

ターゲティング広告では，顧客のアクセス履歴や購買履歴を保存し，利用者の興味を引く広告を表示したり，おすすめの商品やブログを推薦したりする（第4章第3節【21】参照）。本来，プライバシー情報の取得，利用は，ユーザー，ウェブサイト運営者，広告主間での明確な合意に基づいて行われるべきであるけれども，ユーザーに十分な説明がないままに，情報が収集されている場合がある。

Do Not Track（DNT）とは，利用者が自身のウェブの閲覧行動を追跡（トラッキング）されることを望まない場合にトラッキングの拒否をウェブサービス提供者等に伝える機能をウェブブラウザに搭載させる仕組みであり，Cookieによる情報取得を拒否し，アクセスするWebサイトに，自分の行動履歴を残さないように指定できる。

2013年に，カリフォルニア州では，州法で，Do Not Trackに関する法律を成立させた。連邦政府レベルにおいても，2014年に，アメリカ大統領行政府が発表したレポート（第4章第3節【17】■2参照）で，Do Not Trackツールに関する取組みの強化が求められている。

コラム◯プライバシーナッジ[*30]

行動科学や行動経済学などで，人々がよりよい行動を選ぶよう促すことを表す用語として「ナッジ (nudge)」という言葉（本来「ヒジで軽く突く」という意味）が使われている。2017年10月に，ノーベル経済学賞を受賞した，米シカゴ大学のリチャード・セイラー教授も提唱者の1人である。

政府や規制機関によるナッジの利用は英国や米国を中心に，世界的に拡大している。

個人情報やプライバシー保護の分野でも，選択肢が多すぎる場合やその内容が複雑な場合等に，本人の利益になる選択を促す仕組みや仕掛けとしての「ナッジ」を活用することの有効性が注目されている。例えば，アプリケーションが位置情報を利用し始めるタイミングで，利用者のスマートフォンの画面上に，その旨の警告を出し，拒絶する選択肢を与えるといったことが考えられる。

[*30] 総務省「改正個人情報保護法等を踏まえたプライバシー保護検討タスクフォース議論の取りまとめの方向性」（平成28年7月12日）参考。

■4　企業の対応

対象となる個人情報やプライバシーの要保護性の高さ，対象となる人数など，プライバシー侵害を根拠として損害賠償請求をされた場合や，利用できない場合におけるリスクに応じ，同意取得の程度について，検討する必要がある。

また，要配慮個人情報など，特に重要な情報については，包括的な同意の他に，個別に表示して同意を取得するなどの方法も検討するべきである。

同意を得る観点からは，プライバシー侵害を減らすだけでなく，情報利活用に得られるメリットを与え，わかりやすく説明することも重要である。

第3項　適正な取得（法17条）

■1　偽りその他不正な手段による取得

事業者は，偽りその他不正な手段によって個人情報を取得してはならない（法17条）。また，要配慮個人情報を取得するにあたっては，原則として本人の同意を取る必要がある。
【個人情報取扱事業者が不正の手段により個人情報を取得している事例】（通則GL 3-2-1）

- 十分な判断能力を有していない子供や障害者から，取得状況から考えて関係のない家族の収入事情などの家族の個人情報を，家族の同意なく取得する場合。
- 法23条1項に規定する第三者提供制限違反をするよう強要して個人情報を取得する場合。
- 個人情報を取得する主体や利用目的等について，意図的に虚偽の情報を示して，本人から個人情報を取得する場合。
- 他の事業者に指示して不正の手段で個人情報を取得させ，当該他の事業者から個人情報を取得する場合。

- 法23条1項に規定する第三者提供制限違反がされようとしていることを知り、又は容易に知ることができるにもかかわらず、個人情報を取得する場合。
- 不正の手段で個人情報が取得されたことを知り、又は容易に知ることができるにもかかわらず、当該個人情報を取得する場合。

■2　要配慮個人情報の取得

　要配慮個人情報（第2章第2節第3項■3）を取得する場合、原則として、あらかじめ本人の同意を得なければならない（法17条2項）。

　同規定は、要配慮個人情報が差別や偏見を生じさせるおそれがあるため、収集について本人のコントロールを及ぼすことを目的として、平成27年改正個人情報保護法で追加された。

　例外事由として、以下の事由があげられている[*31]。

①法令に基づく場合（1号）

②人の生命、身体又は財産の保護のために必要がある場合であって、本人の同意を得ることが困難であるとき（2号）

③公衆衛生の向上又は児童の健全な育成の推進のために特に必要がある場合であって、本人の同意を得ることが困難であるとき（3号）

④国の機関若しくは地方公共団体又はその委託を受けた者が法令の定める事務を遂行することに対して協力する必要がある場合であって、本人の同意を得ることにより当該事務の遂行に支障を及ぼすおそれがあるとき（4号）

⑤当該要配慮個人情報が、次の者により公開されている場合

　(i)本人、(ii)国の機関、(iii)地方公共団体、(iv)法76条1項各号に掲げる者（適

[*31]　1号ないし4号は、利用目的による制限の例外である法16条3項各号や国内の第三者提供に関する例外である法23条1項各号と同じ規定となっている。1号から4号の内容は、法23条1項各号に関する第3章第6節第1項■1を参考にされたい。
（参考）事由の内容に重なりがある例外規定

取得	17条2項各号	法令、緊急、公衆衛生、法令事務、公開、政令
利用	16条3項各号	法令、緊急、公衆衛生、法令事務
提供（国内）	23条1項各号	法令、緊急、公衆衛生、法令事務

用除外に当たる者）（第3章第8節第2項参照），(v)外国政府，外国の政府機関，外国の地方公共団体又は国際機関，(vi)外国で法76条1項各号に掲げる者に相当する者（5号，施行規則6条）

⑥本人を目視し，又は撮影することにより，その外形上明らかな要配慮個人情報を取得する場合（法17条2項6号，施行令7条1項）

本人の意思にかかわらず，本人の外形上の特徴により，要配慮個人情報に含まれる事項（例：身体障害等）が明らかであるとき，あらかじめ本人の同意を得ることなく，当該要配慮個人情報を取得できる（委員会Q&A3-8）。

第4項　確認義務（第三者からの取得）（法26条）

1　概　　要

　事業者は，個人データの提供を第三者から受けるときは，提供者の氏名等，その提供者がその個人データを取得した経緯を確認するとともに，受領年月日，確認した事項等を記録し，一定期間保存しなければならない（法26条）。

　これは，2014年に，通信教育大手企業から大量の未成年者を含む情報が漏えいした事件が発生したこと（第3章第5節第1項■1(2)）の影響を受け，受領者が確認することで，受け取る情報が不正に入手されたものでないかを確認させるものである。

　詳しくは，提供者側の記録義務（法25条）と一緒に説明する（第3章第6節第5項以下）。

2　名簿販売事業者についての調査

　上記漏えい事件の発生を受け，名簿販売事業者（一般的には，名簿屋とよばれることが多い）が行う名簿販売ビジネスの概要を把握するため，消費者庁は，名簿販売事業者8社等に対してヒアリング調査を実施した[*32]。

　例えば，取り扱う名簿等に関し，以下の事実が判明している。
- 取扱名簿冊子数は最多の事業者で15000～18000冊程度。

- データベース化した個人情報数は延べ6000万～1億件強が多く，最多の事業者で3億件程度。

第5項　データ最小化

■1　概　　要

データの取得，利用などの取扱いは，利用目的達成のために必要最低限でなければならない（データ最小化・最小限原則）[*33]。

消費者プライバシー権利章典（第2章第3節第3項■2）や，ISO/IEC29100（第2章第3節第3項■4）で，定めが置かれている。

(1)　消費者プライバシー権利章典

> 6　焦点を当てた収集：消費者は，事業者が収集及び保持する個人データにつき合理的な範囲で制限を加える権利を有する。事業者は，利用目的尊重原則の下において特定された目的を達成するために必要な範囲に限って個人データを収集すべきである。事業者は，一度個人データが不要になれば，法的義務がない限り，安全に個人データを処分又は非識別化しなければならない。

[*32]　消費者庁「名簿販売事業者における個人情報の提供等に関する実態調査報告書」（平成28年3月）（http://www.cao.go.jp/consumer/iinkai/2016/217/doc/20160405_shirou2_1.pdf）。なお，アメリカでは，データブローカーと呼ばれる事業者が個人の情報を大規模に収集して，第三者に販売しており，2012年の年間売上額が10億ドルを超える企業も複数あった。2014年5月には，FTCがデータブローカーに関するレポート"Data Brokers-A Call for Transparency and Accountability"を提出しており，その中では透明性と説明責任に関する取組みが十分でないとして，対策の立法化が提言されている。

[*33]　内容として定まったものはなく，消費者プライバシー権利章典では収集の場面で用いるのに対し，ISO 29100では，アクセスやデータ処理，データ削除に関して用いている。

(2) ISO/IEC29100

> データ最小化：データにアクセスできる者を最低限にする。個人の特定，他データとの照合，属性推定など，データの処理を必要最低限にする。利用目的がなくなったデータは削除する。

■2　企業における対応

　必ずしも本人の同意を得なくとも，情報収集が可能である IoT で，特に重要な概念である（第4章第3節【16】参照）。

　取得では利用目的に照らして，必ずしも必要としていない情報を取得しないことが重要である。実際には利用しないが，利用目的に加えておくことは許されない。また，現時点で具体的な利用の予定がないが，将来必要になる可能性があるので取得しておく，ということも許されない。

　利用では，必要でないデータを集約することはなく，プロファイリングも最低限にすることが重要である。

　管理では，できる限り匿名化し，必要がなくなれば削除することが，漏えい時のリスクを下げる意味でも重要である。また，情報にアクセスできる者をできる限り限定することで，漏えいリスク自体を下げることも可能となる。

第3章　個人情報・プライバシー情報を保護する具体的手法

第4節　利　用
──自社内での利用

　個人情報は，取得時に通知・公表した利用目的の範囲内での利用となる（法16条）（本節第1項）。もっとも，匿名加工情報に加工した場合，利用目的の範囲外での利用が可能となるほか，本人の同意がなくとも第三者に提供できる（本節第2項）。個人情報を統計情報に加工した場合，そもそも個人情報に該当しないので，個人情報保護法の対象とはならない（本節第3項）。利用の一環としてプロファイリングを実施する場合，注意が必要である（本節第4項）。

第1項　利用目的の範囲内での利用（法16条）

■1　意　義

　個人情報保護法16条1項は，「個人情報取扱事業者は，あらかじめ本人の同意を得ないで，前条の規定により特定された利用目的の達成に必要な範囲を超えて，個人情報を取り扱ってはならない。」とする。
　これは，OECD 8原則における目的明確化の原則や利用制限の原則（第2章第3節第3項■1）から当然の内容であり，個人情報の利用に関し，とても重要な意味合いを持つ。
　すなわち，既に利用目的の特定や個人情報の取得に関して説明したように，企業は，個人情報を，個人本人が想定できる範囲を超えて利用してはならない。企業活動の経済的側面から考えると，個人情報は，データ利用権[*34]に制限が課されていると捉えることが可能である[*35]。このことは，個人が，

インターネット上のオンラインサービスや，アプリケーションサービスを，個人情報を含むデータを事業者に提供することを対価又は対価の一部として，金銭は支払わずに利用している実態にも適合する。そのように捉えれば，データの利用に関する個人・企業間の契約は，企業が適用するサービスを利用するのと引換えに，個人がどのようなデータを第三者に提供し，どのような利用を許容するかについての取決めと評価できる。なお，多くのインターネット上のサービスでは，利用者は金銭を支払わない代わりに事実上自らの個人情報・プライバシー情報を提供しており，無償でのサービス提供と評価できるかは疑問がある。

プライバシー情報の場合も，利用目的を明示して取得した場合には，当然に同利用目的の範囲内での利用に限られる。

■2　目的外利用

通知・公表していた利用目的の外で個人情報を利用する場合，「あらかじめ本人の同意を得」る必要がある（法16条1項）。

本人の同意をどのようにして得るかが問題となるけれども，条文の文言や既に取得済みの個人情報を利用目的外で利用する重要な同意であることから，オプトイン方式による同意取得が必要である[*36]。

個人情報保護法16条3項各号で，1項の例外事由が規定されているが，第三者提供の際における本人同意取得の例外事由である個人情報保護法23条1項各号と同内容であり，第3章第6節第1項■1を参考にされたい。

---

*34　「データ所有権」と表現されることもあるが，無体物であるデータは，民法上所有権の対象にはならないので，「データ利用権」という表現が正確である。なお，ビットコイン取引所運営会社の破産に関する裁判例（東京地判平27・8・5（LLI/DBL07030964）は，所有権の客体は，有体物かつ排他的な支配が可能なものに限られるとし，ビットコインについては，いずれも否定した。

*35　プライバシー権自体をプロパティライツ（財産権）と捉える見解も，アメリカでは有力に主張されているようである（村上康二郎『現代情報社会におけるプライバシー・個人情報の保護』（日本評論社，2017）74頁）。たしかに，個人情報，プライバシー情報を含むデータの利活用が積極的に進められている現状からすると，人格権の側面のほか，財産権としての側面もあると解した方が，理解しやすい場面も多い。

*36　岡村久道『個人情報保護法〔第3版〕』（商事法務，2017）177頁。

第2項 匿名加工情報（法2条9項・36条〜39条）

■1 導入の経緯

個人情報保護法が制定されてから10年以上が経ち，情報が膨大かつ多様に増えたことで，ビッグデータを適正に利活用できる環境の整備が必要という認識が強まった。また，2013年に，Suica利用データ提供事件（第4章第2節【7】■1参照）が発生し，個人情報をビッグデータとして利活用できるルールが不明確であることが広く認識された。

これを受け，平成27年の個人情報保護法改正で，一定の条件の元で，個人情報の取扱いよりも緩やかな規律の下，自由な流通・利活用を促進することを目的に，匿名加工情報に関する規定が新設された[37]。

同規定は，米国のFTCのスタッフレポート"Protecting Consumer Privacy in an Era of Rapid Change"[38]で言及された，匿名加工の3つの措置を参考にしている。

■2 定 義

匿名加工情報とは，個人情報を加工して，通常人の判断をもって，①特定

---

[37] 技術的な検討は，パーソナルデータに関する検討会の下に置かれた技術検討ワーキンググループによる「技術検討ワーキンググループ報告書」（2013年12月）国立情報学研究所匿名加工情報に関する技術検討ワーキンググループによる「匿名加工情報の適正な加工の方法に関する報告書2017年2月21日版」（http://www.nii.ac.jp/research/reports/pd/report-kihon-20170221.pdf），大角良太＝高橋克己『Q＆Aで理解する！ パーソナルデータの匿名加工と利活用』（清文社，2017）が参考になる。

[38] FTCスタッフによる事務局レポートで提案されるフレームワークは，特定の消費者に対して合理的に連結可能なデータを対象とし，事業者が次の①〜③の3つの措置を講じる場合には，そのデータは「合理的に連結可能ではない」ものとして，フレームワークの対象外であるとしている。①合理的な匿名加工処理（de-identification）を行うこと，②匿名加工されたデータを再識別しないことにつき，公にコミットすること，③匿名加工されたデータを第三者に提供するときは，当該第三者による再識別行為を契約で禁止すること。日本では「FTC 3要件」と呼ばれることもある。

の個人を識別できず，②加工する前の個人情報を復元することができないようにしたものをいう（法2条9項）。

加工により，「個人に関する情報」には該当するけれども，個人情報にはあたらない扱いとなる。このため，匿名加工情報にすると，本人の同意がなくとも，企業内で目的外利用をすることや第三者提供が可能となるメリットがある。

匿名加工情報として利用する目的がなければ，同じレベルの加工をしても，匿名加工情報には該当しないとされる（匿名加工GL 3-2）。

■3　匿名加工情報の作成方法

〔匿名加工情報の作成基準〕

作成基準に関し，認定個人情報保護指針による自主的なルール策定が期待される。

(a)　5つの要件

匿名加工情報の作成基準は，個人情報保護法36条1項及び同法施行規則19条で定められており，以下の5つの要件を満たす必要がある[39]。

①特定の個人を識別することができる記述等（例：氏名）の全部又は一部を削除（置換を含む。以下同じ）すること

②個人識別符号（例：マイナンバー，運転免許証番号）の全部を削除すること

③個人情報と他の情報とを連結する符号（例：委託先に渡すために分割したデータと紐づけるID）を削除すること

④特異な記述等（例：年齢116歳）を削除すること

　一般的に，特異な場合

　例：身長190センチメートルの小学生

⑤上記のほか，個人情報とデータベース内の他の個人情報との差異等の性質を勘案し，適切な措置を講ずること

　相対的に特異な場合

　　例：身長120～150センチメートルの小学生のデータに，160センチメートルの小学生が1人含まれている。

---

[39]　詳しくは，匿名加工GL 3-2を参照。

(b) **個人情報に関する必要な処理**

委員会事務局が作成した匿名加工情報レポート（個人情報保護委員会事務局レポート「匿名加工情報：パーソナルデータの利活用促進と消費者の信頼性確保の両立に向けて」(2017年2月)）は，上記①から⑤につき，含まれている情報ごとに，一般的に以下の処理が必要とする。

個人情報に含まれている情報	必要な処理
・氏名，個人識別符号，携帯電話番号，クレジットカード番号，サービスID・アカウントID，電子メールアドレス，端末ID	全部削除（削除）
・生年月日	生年月，年月，月日，年齢，年代等に置き換える（丸め）
・郵便番号，固定電話番号	下4桁を削除する（丸め）
・職業	勤務先名を職種等のカテゴリーに置き換える（一般化）
・年収	具体的な年収を収入区分（例　0～300万，300万～600万，600万～900万，900万～1200万，1200万～1500万，1500万以上）に置き換える
・家族構成	具体的な家族人数を人数区分へ置き換え，世帯構成区分（単身，親子，三世帯等）に置き換える（丸め）
・購買履歴	購入店や購買時刻などの詳細な情報を削除（丸め）
・乗降履歴	時刻情報を時間帯に置き換える（丸め）
・位置情報	自宅や勤務地点等の推定につながる始点・終点を削除する。位置情報又は時刻情報の詳細部分を削除する（丸め）

第4節 利　用——自社内での利用

〈匿名加工情報の加工イメージ〉

> 事例　小売事業者が保有する購買履歴（ID-POSデータ）を加工して，一般事業者に提供。
> 　　　提供を受けた事業者は，匿名加工情報に含まれる消費者属性と購買傾向を新商品開発に利用。

①顧客属性テーブル

会員ID	氏名	生年月日	性別	住所	電話番号	勤務先	年収	家族構成
12345	個人太郎	1972年12月10日	男	AB県CD市EF字GH町×・×	000-0000-××××	IJ不動産	520万円	妻，長男，長女，次女

②購買履歴（顧客別）テーブル

会員ID	取引ID	日時	店舗ID	店舗名	担当者ID	商品ID	商品名	個数	金額	…
12345	45678	2017/7/2 10:20	NN089	AB駅前	762	7865	Yシャツ（白・半袖形状記憶）	1	2900	
12345	56789	2017/7/3 14:15	NM132	AB駅前	334	2354	お中元セット（和菓子詰め合わせ）	1	3900	

↓ 基準に従った加工
①会員ID ⇒ 仮IDに置き換え，②氏名 ⇒ 削除，③生年月日 ⇒ 年代に置き換え，④住所 ⇒ 市区町村レベルに置き換え，⑤電話番号 ⇒ 削除，⑥勤務先 ⇒ 職業に置換，⑦年収 ⇒ 収入区分に置き換え，⑧家族構成 ⇒ 人数区分に置き換え，⑨日時 ⇒ 時間帯に置き換え　※希少品である場合は商品名も置き換え

①＋②の匿名加工情報

仮ID	年代	性別	居住エリア	職業	年収	家族構成	日時	店舗名	商品名	数量	金額
Ar1987	40代	男	AB県CD市	不動産業	300〜600万	5名	2017/7/2 10:00〜11:00	AB駅前	Yシャツ（白・半袖形状記憶）	1	2900
Ar1987	40代	男	AB県CD市	不動産業	300〜600万	5名	2017/7/3 14:00〜15:00	AB駅前	お中元セット（和菓子詰め合わせ）	1	3900

匿名加工レポートを参考に作成

(c)　匿名加工事例

　また，匿名加工レポートでは，個別具体事例として，下記のケースを匿名加工する場合の例が掲載されており，参考になる[*40]。

①購買履歴（ID-POSデータ）

　小売事業者が保有する購買履歴（ID-POSデータ）について，匿名加工情報を作成した上で，一般事業者に提供（第4章第2節【10】■4）。

②購買履歴（クレジットカード利用情報）

　クレジットカード事業者が保有するカード利用情報について，匿名加工情報を作成した上で，一般事業者に提供（第4章第2節【11】■4）。

③乗降履歴

[*40]　匿名加工GLを作成する際に参考にされた，経済産業省「事業者が匿名加工情報の具体的な作成方法を検討するにあたっての参考資料（「匿名加工情報作成マニュアル」）Ver1.0」（平成28年8月）（http://www.meti.go.jp/policy/it_policy/privacy/downloadfiles/tokumeikakou.pdf）も参考になる。

123

鉄道会社が保有する乗降履歴情報について，匿名加工情報を作成した上で，一般の事業者に提供（第4章第2節【7】■4）。

④移動履歴

自動車会社が保有する移動履歴情報について，匿名加工情報を作成した上で，小売業に提供（第4章第2節【8】■3）。

⑤電力利用履歴

HEMS管理事業者が保有する電力利用量情報について，匿名加工を行った上で，匿名加工情報の枠組みを活用して，家電メーカー等の一般事業者に提供（第4章第2節【9】■3）。

(d) **認定個人情報保護指針**

認定個人情報保護団体は，法律の規定の趣旨に沿って，匿名加工情報に係る作成の方法を認定個人情報保護指針として作成できるとされており（法53条1項），事業分野特有の事情に応じた自主的なルールを策定し，利活用を後押しすることが期待される。

■4　安全管理措置など

匿名加工情報を作成する場合，個人情報保護法の安全管理措置（128頁以下）との関係を両立する必要もあり，安全管理措置に関する規定などが置かれる。本書ではポイントのみ説明するので，詳細は必要に応じ，匿名加工GLや匿名加工レポートを参考にされたい。

匿名加工情報等の安全管理措置（法36条）	①適正な加工（1項） ②削除した情報や加工の方法に関する情報の漏えいを防止するための安全管理措置（2項） ③匿名加工情報に含まれる情報の項目の公表（3項） ④加工前の個人情報における本人識別行為の禁止（5項） ⑤加工後の安全管理措置，苦情の処理等（努力義務）（6項）
匿名加工情報を第三者に提供する場合（法36条4項・37条）	①匿名加工情報に含まれる情報の項目と提供の方法の公表（法36条4項・37条） ②提供先に対する匿名加工情報であることの明示

第4節 利　用——自社内での利用

	（法37条）
匿名加工情報を第三者から受領した場合（法38条・39条）	①加工前の個人情報における本人識別行為の禁止（法38条） ②加工方法の取得禁止（法38条） ③安全管理措置，苦情の処理等（努力義務）（法39条）

　上述のうち，本人識別行為の禁止（法38条）は，匿名加工情報を取り扱う際に，本人を識別する目的で，匿名加工情報を他の情報と照合することを禁止するものである。

識別行為にあたらないもの	・複数の匿名加工情報を組み合わせて統計情報を作成すること ・匿名加工情報を個人と関係のない情報（例：気象情報，交通情報，金融商品等の取引高）とともに傾向を統計的に分析すること
識別行為にあたるもの	・保有する個人情報と匿名加工情報について，共通する記述等を選別してこれらを照合すること ・自ら作成した匿名加工情報を，当該匿名加工情報の作成の元となった個人情報と照合すること

5　匿名加工情報制度の利用

(1)　利活用が想定される場面

　匿名加工情報としての利活用が最も想定されるのは，マーケティング目的で，クレジットカードでの購買や電子レシートなどを軸とした購買情報を利用する場合である。購買情報の特徴として，様々な業種，事業者が関わるため，個人情報に関する第三者提供などの複雑な同意を個人情報保護法に従って適切に取得することは容易ではないため，加工は有益である[41]。

(2)　JIPDEC の取組み

　匿名加工情報が広く利用されるには，事例の集積が重要である。

第3章　個人情報・プライバシー情報を保護する具体的手法

JIPDEC では，現時点では一般化したルールの作成は難しいことを前提に，同団体の対象事業者を対象とした匿名加工情報の取扱いに関する支援を実施している[*42]。なお，同支援の対象は JIPDEC の対象事業者であるが，それ以外の事業者にも参考になる。

(a)　事例集

JIPDEC の事例集では，具体的な事例[*43]について，①概要，②データ，③加工の対象及び留意点，④加工前データ，⑤加工方法，⑥加工後のデータ，⑦個人情報保護法施行規則との対応を検討している。

(b)　取扱相談

JIPDEC では，有識者による検討会を設置し，対象事業者に対する匿名加工情報の取扱相談も実施している[*44]。

コラム◯匿名加工情報制度はどのように利用されるか

匿名加工情報はどのように利用されるのか，考えるところを若干述べる。

ア　利用する必要性

本コラムでは，個人情報・プライバシー情報の利活用を大別して，①分析結果を利用したマーケティング（店舗運営・サービス向上など）と，②個別の情報を利用したターゲティング（特定の個人を対象としたクーポンなどの情報配信など）に分類して検討する。

匿名加工情報の場合，個人情報に含まれている情報を削除することが定められ

[*41]　なお，匿名加工情報は，個人情報ではないが，「個人に関する情報」であり，個人を識別できるため，プライバシー保護の対象になる。もっとも，匿名加工情報自体は個人を特定できない情報であり，また，匿名加工情報を受領した第三者による再識別も禁止されているため，プライバシー侵害となるリスクは一般的に低い。なお，匿名加工情報が情報漏えいし，再識別禁止義務が課されていない者が他のデータと照らし合わせをすることによって本人が判明したような場合には，個人に損害が生じる事態も考えられる。

[*42]　JIPDEC「匿名加工情報の事例集」(https://www.jipdec.or.jp/protection_org/u71kba00000001hh-att/AOP_006.pdf) を参照。

[*43]　2017年12月現在，次の4事例を掲載している。①所有車データの提供〈整備工場が，自動車販売店に対し，匿名加工情報を提供することを想定〉，②顧客データの提供〈質屋が，調査会社に対し，匿名加工情報を提供することを想定〉，③購買履歴の提供〈商店街が，新規出店を検討している事業者に対し，匿名加工情報を提供することを想定〉，④移動履歴（人の流れ）の提供〈歩行者や自転車の経路サービスを行っている事業者が，自治体より駐車場，自転車・歩行者の通行帯を設置する計画立案の委託を受けた事業者に対し，提供することを想定〉。

[*44]　参考 (https://www.jipdec.or.jp/protection_org/u71kba00000001hh-att/AOP_007.pdf)。3〜4回程度の検討会を開催し，助言する加工方法や検討時の配慮事項等をレポートにまとめ，対象事業者に渡すようである。

るほか，再識別も禁止されているため，マーケティングでの利用は可能であるが，ターゲティングでの利用は容易ではない。したがって，ターゲティングを行いたい企業は，匿名加工情報の利用でなく，個人から第三者提供の同意を得て，取得したままのオリジナルデータで流通させる方法をとる必要がある。改正前も，同意を得た上で，オリジナルデータをやりとりすることが一般的であったと考えられる。

このように考えると，同意取得を十分に行うことが難しい業界を除き，匿名加工情報の利用が想定されるのは，一般的に，同意を取得する前のデータを利活用したい場合が主となるのではないか。

イ　利用の許容性

企業からすると，事例の集積がないことなどから，事例に応じた加工基準がわからず，炎上リスクを考えると制度を利用しづらい。

個人情報保護法上，認定個人情報保護団体は，匿名加工情報に係る作成の方法を個人情報保護指針として策定できる（法53条1項）。匿名加工情報を利用したい企業は，認定個人情報保護団体に相談し，適切なものと判断されれば，自らの利活用方法を個人情報保護指針やそれに準じる事例集に入れてもらうことで，事実上のお墨付きを得て，炎上リスクなどを避けることが考えられる。

認定個人情報保護団体には，進んで対象事業者から意見を聴き，不明点に関する議論を深め，認定個人情報保護指針に匿名加工情報に係る作成の方法を積極的に策定して明確化することで，対象事業者が情報を利活用しやすい環境を整えることが望まれる。

第3項　統計情報

■1　概　　要

個人情報保護法改正前から個人情報を統計情報にして，個人情報保護法の適用がない情報として利用することが，利活用の手法として用いられている。

統計情報とは，複数人の情報から共通要素に係る項目を抽出して同じ分類ごとに集計して得られるデータであり，集団の傾向又は性質などを数量的に

把握するものをいうとされている（委員会Q&A11-1）。

統計情報は，特定の個人との対応関係が排斥されている限り，法における「個人に関する情報」に該当しないとされており，個人情報保護法は適用されない[*45]。

■2 統計情報の作成基準

統計情報の作成基準は，上記定義を満たす必要があるが，どこまでの措置を行えばよいかに関する具体的な基準はない。統計法（平成19年5月23日法律第53号）における「統計」の作成基準を満たす必要はないと解されている。

なお，統計化に似た手法として，K-匿名化がある[*46]。統計化した情報と，匿名加工の過程でK-匿名化（対象となるデータセット内に，同じ属性を持つデータがK件以上存在するようにデータを加工すること）した情報は，Kの値を高くすると，結果として統計化した情報と類似したアウトプットとなる。

第4項　プロファイリング

■1 概　要

(1) 意義と特徴

プロファイリング（profiling）とは，一般に「犯罪事件の捜査で，過去の事件の動機や手口を解析してデータベース化し，現場に残された状況を加味して犯人像を割り出す方法」[*47]とされる。

プロファイリングは，本来は犯罪捜査の専門用語であったが，現在では，

[*45] なお，個人情報を個人情報保護法の適用対象外にする統計化と別の手法として，単体で個人情報となる情報との紐づけと容易照合性をなくすことも論理的には想定される。しかし，どこまで加工すれば，容易照合性がない情報になるのか不明であり，また現在ある情報では容易に照合できなくても，将来新たな情報を取得して個人情報に変わるリスクや，技術の発達により容易照合性が新たに発生する可能性もあるため，十分に検討する必要がある。
[*46] 匿名加工レポート32頁参照。
[*47] 小学館編『精選版日本国語大辞典第3巻』（小学館，2006）。

データを解析して，個人の好みや属性などを分析する手法の名称としても用いられており，同手法はビッグデータから，AIを用いてパーソナルデータを解析する際に利用されるなど，プロファイリングは情報利活用における重要な役割を担っている。

プロファイリングを特徴づける要素として，①データ量，②自動性，③科学的信憑性，④意外性（予測困難性）があげられる[*48]。

(2) 利用例

プロファイリングを利用した例として，アメリカのスーパーでの次の事例が有名である。

> スーパーマーケットの店長が，ある男性から，「高校生の娘に，（同店から）ベビー服やベビーベッドのクーポンが送られてきた。妊娠することを勧めているのか。」と強く抗議された。店長は，男性が持っていたクーポンを見て状況を理解し，謝罪した。
>
> 数日後，マネージャーが再度謝罪するために男性に電話を掛けたところ，男性はやや困惑した様子で次のように述べた。「娘と話をした。私は全く気づいていなかったのだが，8月に出産予定のようだ。あなたに謝らなければならない。」

この事例では，スーパーマーケットが，女性の妊娠を父親より早く把握し，クーポンを送っている。このことが可能となったのは，このスーパーマーケットチェーンでは，妊娠している女性の欲しいものリスト（ベビーレジストリー）を分析し，ローションやサプリメントなどの購入時期から，妊娠の有無や出産予定日を判定する法則を導き出しており，女性の購入物から，妊娠している事実を把握したためである。

この事例では人が分析していたけれども，現在ではAIが分析して，人では気づかなかった法則を導き出すことが可能となり，性能も向上している。

[*48] 山本龍彦「ビッグデータ社会とプロファイリング」論究ジュリスト18号（2016）。生貝直人「EUの状況：データポータビリティの権利を中心に」（http://www.kantei.go.jp/jp/singi/it2/senmon_bunka/data_ryutsuseibi/detakatsuyo_wg_dai4/siryou1.pdf）参照。

例えば、Amazon などのウェブサイトで、ちょうど興味ある商品がリコメンドされるなど、身の回りにもプロファイリングを使っていると考えられるサービスがあふれている（ターゲティング広告に関する、第4章第3節【21】参照）。

(3) 法律上の取扱い

上記事例で、妊娠しているという情報が、医師の診療により導き出されたものであれば、日本では要配慮個人情報となる。しかし、プロファイリングに基づく推測であれば、要配慮個人情報には該当しない扱いになる。

また、プライバシーの観点からは、特定の人が妊娠している可能性が高いことは要保護性が高い情報である。しかし、妊娠しているか否かではなく、A商品をある時期に購入した人は、その2ヵ月後にB商品を購入する傾向が高いという法則であれば、妊娠という事実との関連性は低くなる。

この意味で、プロファイリングの精度が上がり、導き出される情報の精度がほぼ100％になった場合、その情報を法律上どのように取り扱うかは、難しい問題である。利用者が全く想定できなかった方法で個人情報を非常に高い精度で推定する場合、個人情報の不正な取得（法17条）に該当するケースも出てくるかもしれない。

■ 2　EU 一般データ保護規則（GDPR）での規定

EU 一般データ保護規則では、プロファイリングに関する規定が置かれている。

まず、「プロファイリングは、自然人に関するある一定の個人的な側面を評価するために、特に、自然人の業務実績、経済状況、健康、個人的思考、興味、信頼、行動、所在又は移動に関連する側面の分析又は予測をするためになされる、個人データのあらゆる形態の自動的な処理をいう」と定義されている（EU 一般データ保護規則4条4項）。

そして、プロファイリングに関し、以下の各規定が置かれている[49]。

プロファイリングを含めた個人データの取扱いに異議を申し立てることができる。この場合、管理者は、データ主体の利益に優先する等の正当な根拠

---

[49] EU 一般データ保護規則では、本書でとりあげている以外にも、前文63、69、71項など、解釈上理解しておくべき規定があり注意が必要である。

であることを示さない限り，個人データを取り扱うことはできない。また，ダイレクトマーケティングを目的とした取扱い（その範囲内のプロファイリングを含む）に異議が唱えられた場合，データ主体は当該目的で取扱ってはならない（EU一般データ保護規則21条）。

データ主体は，当該データ主体に関する法的効果をもたらすか又は当該データ主体に同様の重大な影響をもたらすプロファイリングなどの自動化された取扱いのみに基づいた決定に服しない権利を持つ（EU一般データ保護規則22条1項）。

さらに，プロファイリングを含む自動的な意思決定を行い，自然人に関する法的効果を生じさせるか，重大な影響を与える場合には，特にデータ保護影響評価の実施が求められる（EU一般データ保護規則35条3項）。

■ 3 検討状況

2014年6月に発表された，制度改正大綱[*50]では，「プロファイリングの対象範囲，個人の権利利益の侵害を抑止するために必要な対応策等については，現状の被害実態，民間主導による自主的な取組の有効性及び諸外国の動向を勘案しつつ，継続して検討すべき課題とする。」とされている。

平成27年改正個人情報法保護法にプロファイリングに関する規定が置かれていないことや，上記制度改正大綱の記載からすると，プロファイリングによる推定に基づく情報については，それ自体では個人情報とはならないと解される。

しかし，プロファイリングの結果によっては，宗教や病歴などの要配慮個人情報が推定される可能性がある。

例えば，位置情報（決まった日の決まった時間に，特定の宗教施設に通っている），見ているテレビ番組（特定の宗教に関する番組を欠かさず見ている），食事（一定の食材を使った店では外食しない）などの情報から，要配慮情報にあたる宗教の推定が可能となるケースがある。

なお，後述のように放送受信者等の個人情報保護に関するガイドライン

[*50] 高度情報通信ネットワーク社会推進戦略本部「パーソナルデータの利活用に関する制度改正大綱」（平成26年6月24日）。

(放送ガイドライン)では，プロファイリングを規制する規定が置かれている(第4章第1節【2】参照)。

■4　企業の対応

(1)　プロファイリングにおける注意

プロファイリングでは，個人を100％特定している必要はない。もっとも，氏名を把握していない場合でも，年代，男女，メールアドレス，家族関係，住所，趣味・関心事項などを把握して事実上特定できている場合がある。また，特定まで達していない場合でも，氏名だけで特定している場合より，プライバシー侵害の度合いが高い場合もある。

インターネットの閲覧履歴，携帯電話の通信記録などから，マーケティングだけでなく，企業からの与信評価，保険料率の決定，採用活動，社内の人事評価がされるだけでなく，政府や権力を持つ団体が個人の行動を監視し，プロファイリングで潜在的な犯罪者とみなすなど，知らないうちに評価され，差別的に取り扱われる可能性もある(第4章第3節【17】■2(3)参照)。

(2)　今後の検討点

プロファイリングを上手に利用すると，PDSや情報銀行(第4章第4節【26】参照)で，本人が自らの情報を基に円滑に意思決定を実施できるメリットもある。もっとも，個人が不信感を持たないよう，個人本人に対してプロファイリング結果を開示し，誤りがある場合には訂正の依頼をできるようにするなど，透明性の高いシステムとすることが重要である。

第 5 節
管　理
——どのように管理するか

　個人情報を管理する場合，安全管理措置を講じる必要があるほか，従業者，委託先それぞれに対する監督義務を果たす必要がある（本節第1項）。そして，安全管理措置が不十分などの理由で個人データが漏洩した場合には，漏えい報告をすることが求められている（本節第2項）。
　データ内容については正確性の確保等が必要である（本節第3項）。
　企業が個人情報に該当する顧客名簿などを営業秘密に該当するものとして管理している場合には，不正競争防止法上の営業秘密としても保護を受けることができるため，管理方法として，営業秘密の要件を満たすことを意識しておく必要がある（本節第4項）。さらに，マイナンバーについては，個人情報保護法の特別法が置かれ，通常の個人情報に比べて重い利用制限や，安全管理措置などが付されており，留意する必要がある（本節第5項）。

第1項　安全管理措置（法20条〜22条）

■1　概　要

(1)　条　文

　企業は，個人データの漏えい，滅失や毀損[51]（以下これらを併わせて「漏えい

---

[51] 「漏えい」とは個人情報が外部に流出すること，「減失」とは個人情報の内容が失われること，「き損」とは個人情報の内容が意図しない形で変更されたり，内容を保ちつつも利用不能な状態となることをいう。

等」という）の防止その他の安全管理のため，事業の規模等に応じた必要かつ適切な措置（「安全管理措置」）をとらなければならない（法20条）。

企業は，正社員，契約社員，アルバイト等の従業者に対し，安全にデータが管理されるよう，適切な監督を行わなければならない（法21条）。企業は，個人データの取扱いを委託する場合，委託先に対して，安全にデータが管理されるよう，適切な監督を行わなければならない（法22条）。

企業が適切な安全管理措置を実施することはとても重要である。個人データが漏えい等すると，個人のプライバシーが侵害される。個人情報保護委員会などへの報告や，本人に対する損害賠償責任が生じ，何より情報管理が不適切であることを理由に企業に対する信頼が失われる。

一般的に安全管理措置は，従業者や委託先に対する監督（法21条・22条）も含む意味で用いられる。

〈安全管理措置の関係図〉

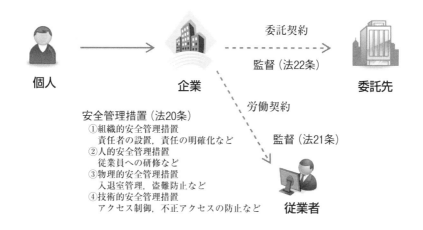

(2) ベネッセ大規模漏えい事件[*52]

近年，安全管理措置義務違反により大きな問題が生じた例として，ベネッ

[*52] ベネッセホールディングスが設置した，個人情報漏えい事故調査委員会による調査報告書（概要）（http://blog.benesse.ne.jp/bh/ja/news/m/2014/09/25/docs/20140925%E3%83%AA%E3%83%AA%E3%83%BC%E3%82%B9.pdf）。

第5節 管　　理——どのように管理するか

セ大規模漏えい事案を紹介する。

〈事件の概要図〉

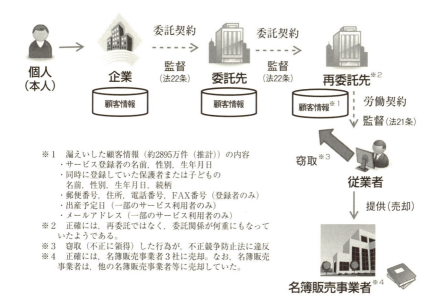

※1　漏えいした顧客情報（約2895万件（推計））の内容
・サービス登録者の名前，性別，生年月日
・同時に登録していた保護者または子どもの
　名前，性別，生年月日，続柄
・郵便番号，住所，電話番号，FAX番号（登録者のみ）
・出産予定日（一部のサービス利用者のみ）
・メールアドレス（一部のサービス利用者のみ）
※2　正確には，再委託ではなく，委託関係が何重にもなっていたようである。
※3　窃取（不正に領得）した行為が，不正競争防止法に違反
※4　正確には，名簿販売事業者3社に売却。なお，名簿販売事業者は，他の名簿販売事業者等に売却していた。

(a)　概要

　2014年7月，ベネッセコーポレーション（以下「ベネッセ」という）の業務委託先元従業者が，同社顧客情報を不正に取得し，約3504万件（実態としては，約2895万件と推計されている）の情報を名簿販売事業者3社へ売却していたことが判明した。

(b)　不正領得の方法

　元従業員は，本件データベース内に保管されていたベネッセの顧客等の個人情報を抽出の上，同人が業務において使用していたクライアントPCに保存した。その上で，同人は，クライアントPC内に保存した顧客等の個人情報を，USBケーブルを用いて同人所有のスマートフォンに転送し，その内蔵メモリに保存する等の態様により，ベネッセの顧客等の個人情報を不正に領得し，名簿販売事業者に売却した。

(c) **事件後の展開**

経済産業省は，2014年7月に個人情報保護法40条（当時は32条）に基づく報告徴収の要請を行った後，同年9月，ベネッセに個人情報の安全管理措置義務違反（法20条）及び委託先の管理監督義務違反（法22条）があったとして，委託先も含めた個人情報の保護に関する実施体制の明確化，及び情報セキュリティ対策の具体化を行うよう個人情報保護法42条（当時は34条）1項に基づく勧告を行った[*53]。

2 安全管理措置の具体的内容

安全管理措置は，個人データが漏えい等した場合に個人本人が被る権利利益の侵害の大きさを考慮し，事業の規模及び性質，個人データの取扱状況，個人データを記録した媒体の性質等に起因するリスクに応じ，必要かつ適切な内容とする必要がある。

安全管理措置は，①組織的安全管理措置，②人的安全管理措置，③物理的安全管理措置，④技術的安全管理措置の4つに分類され，その概要は以下のとおりである。なお，各措置の前提として，基本方針の策定が推奨され，個人データの取扱いに係る規律を整備することとされている（通則GL8－1）。

(a) **基本方針の策定**（通則GL8－1）

企業が，個人データの適正な取扱いの確保について組織として取り組むためには，基本方針を策定することが重要である。具体的に定める項目の例としては，「事業者の名称」，「関係法令・ガイドライン等の遵守」，「安全管理措置に関する事項」，「質問及び苦情処理の窓口」等が考えられる。

なお，この基本方針は，安全管理措置に関する企業内部の規定であり，公開が必要となるわけではない（委員会Q＆A7－8）。

(b) **個人データの取扱いに係る規律の整備**（通則GL8－2）

企業は，その取り扱う個人データの漏えい等の防止その他の個人データの安全管理のために，個人データの具体的な取扱いに係る規律を整備しなければならない。取得，利用，保存，提供，消去・廃棄等の段階ごとに，取扱方

[*53] 不正領得行為を行った元従業員は，不正競争防止法違反で起訴され，2016年3月，東京地方裁判所で，懲役3年6月，罰金300万円の実刑判決を受けた。元従業員は同判決に控訴し，2017年3月，東京高等裁判所で，懲役2年6月罰金300万円の判決を受けている。

法，責任者・担当者及びその任務等について定める個人データの取扱規程を策定することが考えられる（後記(1)参照）。

　(c)　**組織的安全管理措置**（通則 GL 8－3）

講じなければならない措置	手法の例示
組織体制の整備	個人データの取扱いに関する責任者を設置する。個人データを取り扱う部署や従業者が複数である場合には，責任を明確化する。
個人データの取扱いに係る規律に従った運用	システムログその他の個人データの取扱いに係る記録の整備などにより，個人データの取扱いの検証を可能とする。
個人データの取扱状況を確認する手段の整備	個人情報データベース等の種類，名称，個人データの項目，責任者などを明確化する。
漏えい等の事案に対応する体制の整備	事実関係を調査し，原因を究明する。本人への連絡などの対応を行える体制を整備する。
取扱状況の把握及び安全管理措置の見直し	個人データの取扱状況につき，定期的に監査を実施する。

　(d)　**人的安全管理措置**（通則 GL 8－4）

　企業は従業者の教育をしなければならない。手法の例として，個人データの取扱いに関する留意事項について，従業者に定期的な研修等を行うこと，個人データの秘密保持に関する事項を就業規則等に盛り込むことがあげられる。

　(e)　**物理的安全管理措置**（通則 GL 8－5）

講じなければならない措置	手法の例示
個人データを取り扱う区域の管理	（重要な情報システムを管理する区域について）ICカード，ナンバーキー等による入退室管理システムを設置し，入退室を管理。持ち込む機器等を制限する。（事務で個人データを取り扱う区域について）壁又は間仕切り等の設置，座席配置の工夫などにより

	権限を有しない者による個人データの閲覧等を防止する。
機器及び電子媒体等の盗難等の防止	個人データを取り扱う機器及び電子媒体や書類等を，施錠できるキャビネット・書庫等に保管する。 個人データを取り扱う機器をワイヤー等により固定する。
電子媒体等を持ち運ぶ場合の漏えい等の防止	個人データの暗号化，パスワード等による保護等を実施した上で電子媒体に保存する。書類は封筒に入れる。
個人データの削除及び機器，電子媒体等の廃棄	書類等を廃棄する場合は，焼却・溶解・シュレッダー処理等の復元不可能な手段を採用する。 機器，電子媒体等を廃棄する場合，専用のデータ削除ソフトウェアの利用又は物理的に破壊する。

(f) **技術的安全管理措置**（通則 GL 8－6）

講じなければならない措置	内容及び手法の例示
アクセス制御	担当者及び取り扱う個人情報データベース等の範囲を限定するために，適切なアクセス制御を実施する。 手法：個人データを取り扱うことができる情報システムを限定し，アクセスできる従業者を限定する。
アクセス者の識別と認証	情報システムを利用する者が正当なアクセス権を有することを識別した結果に基づき認証する。 手法：ユーザーID，パスワード，ICカード等。
外部からの不正アクセス等の防止	外部からの不正アクセス等から保護する仕組みを導入し，適切に運用する。 手法：ファイアウォールの設置，ウイルス対策ソフトウェアを導入し，自動更新等で最新の状況にする，ログ等の定期的な分析。
情報システムの使用に伴う漏えい等の防止	個人データの漏洩等を防止するための措置を講じ，適切に運用する

	手法：情報システムの設計時に安全性を確保する。メール送信する際に，パスワードを設定する。

(1) 規定の整備

事業者は，次の事項を参考にして，個人情報の取扱いに関する内部規程を文書化し，レベルに応じて整理することが望ましい。

以下では，通常必要になると思われる規程・条項を掲載している[*54]。

〈個人情報の取扱いに関する社内規程例〉

制度設計	①個人情報を保護するための権限及び責任の所在 ②個人情報を特定する手順 ③個人情報に関するリスクの認識・分析及び対策の手順 ④法令，国が定める指針及びその他の規範の特定，参照及び維持
取得，利用，提供	⑤個人情報（要配慮個人情報を含む）の取得，利用，提供（個人データの提供・受領における記録作成に関する条項を含む）
管　理	⑥個人情報の適正管理（組織的安全管理措置，人的安全管理措置（誓約書の取得），物理的安全管理措置，技術的安全管理措置，消去・廃棄など） ⑦従業者に対する個人情報保護に関する教育・研修 ⑧委託先の監督（モニタリングの際に利用する表の作成を含む） ⑨個人情報保護に関する内部監査 ⑩内部規程の違反に関する罰則 ⑪個人情報保護に関する書面の管理 ⑫情報漏えい事故など緊急事態に対する準備及び対応
本人対応	⑬本人からの開示など（利用目的の通知，開示，内容の訂正，追加又は削除，利用の停止又は消去，第三者提供の停止）の求めへの対応 ⑭苦情対応
その他	⑮規程見直しの手順

*54　JISQ15001を参考にして作成しており，個人情報保護法上最低限必要なラインより上の規程例である。なお，特定事業分野のガイドラインの適用がある事業者は，同ガイドラインの内容を盛り込む必要がある（第2章第2節第1項参照）。また，匿名加工情報を作成・利用する場合には，関連する条項も盛り込む必要がある。

(2) セキュリティとして求められるレベル

近年発生した大規模漏えいには，不正アクセス等によるものも多いところ，技術的安全管理措置の中で，「外部からの不正アクセス等の防止」を満たすため，どの程度のセキュリティが求められるか。

(a) 委員会Q&A

委員会Q&Aによれば，標的型メール攻撃や，その他不正アクセス等による個人データの漏えい等の被害を防止するため，以下の点の注意が必要である（委員会Q&A7-7）。

通則GL8-6に記載された技術的安全管理措置の各項目を遵守すること，それらについて従業者に対して必要な研修・注意喚起を行うことに加え，次のような措置を講ずること。

- 不正アクセス等の被害に遭った場合でも，被害を最小化する仕組み（ネットワークの遮断等）を導入し，適切に運用すること。
- 巧妙化する攻撃の傾向を把握し，適宜必要な対策を従業者に周知すること。
- 個人データを端末に保存する必要がある場合，パスワードの設定又は暗号化により秘匿すること。
- 独立行政法人情報処理推進機構（IPA）等がホームページで公表しているセキュリティ対策等を参考にすること。

(b) 裁判例（東京地判平26・1・23判時2221号71頁）

X（原告）が情報処理システムの企画・開発・保守等を業とするY（被告）との間で，平成21年1月，Xのウェブサイトにおける商品の受注システムの設計，保守等を内容とする委託契約を締結した。しかし，Yが制作したアプリケーションにぜい弱性があり，上記ウェブサイトで商品を注文した顧客のクレジットカード情報が流出した。このため，XがYに上記委託契約の債務不履行に基づく損害の賠償を請求した。

〈判決の要旨〉 裁判所は，以下の各事実をもとに，Yは，データベースから顧客の個人情報が漏えいすることを防止するためのSQLインジェクション対策を施しておく必要があったけれども，そのような対策が実施されていなかったとして，Xの損害賠償請求を認容した。

- 経済産業省は，平成18年2月に「個人情報保護法に基づく個人データの

安全管理措置の徹底に係る注意喚起」と題する文書で，独立行政法人情報処理推進機構（以下「IPA」という）が紹介するSQLインジェクション対策の措置を重点的に実施することを求める旨の注意喚起をしていたこと
- IPAは，平成19年4月，「大企業・中堅企業の情報システムのセキュリティ対策～脅威と対策」と題する文書において，ウェブアプリケーションに対する代表的な攻撃方法としてSQLインジェクション攻撃をあげ，その具体的な対策を明示していたこと

〈解説〉　上記判例からすると，技術的安全管理措置を尽くしたと評価されるには，少なくとも，IPA等が公表しているセキュリティ情報等を基にした対応を実施しておく必要がある。

(c)　IoTについて

IoT推進コンソーシアム，総務省，経済産業省は，IoT機器やシステム，サービスに対してリスクに応じた適切なサイバーセキュリティ対策を検討するための考え方に関するIoTセキュリティガイドラインを作成しており，IoT関連で情報を扱う場合には参考にする必要がある[55]。

■3　中小規模事業者に求められる対応

平成27年改正個人情報保護法では，個人情報を取り扱う事業者について，取扱数に関係なく個人情報保護法の適用対象とされた。もっとも，小規模の事業者の事業が円滑に行われるように配慮することとされ，通則GL 8（講ずべき安全管理措置の内容）では，従業者[56]の数が100人以下の中小規模事業者（5000人分を超える個人情報を取り扱う事業者や，委託を受けて個人情報を取り扱う事業者を除く）に対し，安全管理措置に関する特例的な対応方法が示されている。

委員会Q＆A7－5でも，「安全管理措置を講ずるための具体的な手法については，個人データが漏えい等をした場合に本人が被る権利利益の侵害の大きさを考慮し，事業の規模及び性質，個人データの取扱状況（取り扱う個人データの性質及び量を含む。），個人データを記録した媒体の性質等に起因するリ

---

[55]　IoT推進コンソーシアム，総務省，経済産業省「IoTセキュリティガイドラインver1.0」（平成28年7月）（http://www.soumu.go.jp/main_content/000428393.pdf）。
[56]　従業者には，正社員のみならず，役員，契約社員，アルバイトも含まれる（委員会Q＆A7－2）。

スクに応じて，必要かつ適切な内容とすべきものであるため，中小規模事業者において，必ずしも大企業と同等の安全管理措置を講じなければならないわけではありません。」とされている。

個人情報保護委員会が，小規模事業者が講じなければならない具体的措置に関する，リーフレットを作成し，チェックリストも付されている。詳しくはそちらを参照されたい[*57]。

■4　従業者に対する監督

従業者に対する監督は，個人情報保護法21条で規定が置かれているけれども，安全管理措置（法20条）における人的安全管理措置と事実上重なる。

以下，若干の注意事項を記載する。

(1)　研修内容

研修は，全従業者を対象とした講義形式によるものに限られず，部署ごとに個人データの取扱いに関する責任者からの講話形式，eラーニング形式，標的型メールを疑似体験する形での訓練形式など，様々な形式が考えられる（委員会Q&A7-13）。

(2)　検収の実施回数

適切な内容の研修であれば，年1回程度でも少ないとはいえない（委員会Q&A7-11）。

(3)　守秘義務の設定

人的安全管理措置及び従業者の監督（法21条）の一環として，従業者との雇用契約において守秘義務を定める等の対応を取ることも有効である（委員会Q&A7-12）。

■5　委託先に対する監督

(1)　概　　要

個人情報保護委員会は，平成27年度に事業者が公表した個人情報の漏えい事案合計292件を分析したところ，漏えい元は，「事業者」から直接漏えいした事案が全体の約81％，「委託先」から漏えいした事案が全体の約17％として

[*57]　個人情報保護委員会「はじめての個人情報保護法～シンプルレッスン～」（平成29年6月）。

いる[*58]。

　委託先からの漏洩した場合，委託元の監督が不足していたことを理由に，委託元も責任を問われることがほとんどである。例えば，漏えい等報告義務（第3章第5節第2項■1）については，原則として，委託元が，個人情報保護委員会等への報告に努めることとされている（委員会Q＆A12−9）。このため，再委託先を含め，十分な安全管理がされるよう監督することが必要である。

(2) 委託先の管理に求められる措置

　企業が個人情報の取扱いを委託する場合，取扱いを委託する個人データの内容を踏まえ，個人データが漏えい等をしたときに本人が被る権利利益の侵害の大きさを考慮し，委託する事業の規模及び性質，個人データの取扱状況（取り扱う個人データの性質及び量を含む）等に起因するリスクに応じて，次の(a)～(c)までに掲げる必要かつ適切な措置を講じなければならない（通則GL 3−3−4）。

(a) 適切な委託先の選定

　委託先の選定にあたっては，委託先の安全管理措置が，少なくとも個人情報保護法20条及び通則編GLで委託元に求められるものと同等であることをあらかじめ確認しなければならない。

(b) 委託契約の締結

　委託契約には，当該個人データの取扱いに関する，必要かつ適切な安全管理措置として，委託元，委託先双方が同意した内容とともに，委託先における委託された個人データの取扱状況を委託元が合理的に把握することを盛り込むことが望ましい。

(c) 委託先における個人データ取扱状況の把握

　委託先における委託された個人データの取扱状況を把握するには，定期的に監査を行う等により，委託契約で盛り込んだ内容の実施の程度を調査した上で，委託の内容等の見直しを検討することを含め，適切に評価することが望ましい。また，委託先が再委託を行う場合は，委託を行う場合と同様，委託先が再委託先に対して本条の委託先の監督を適切に果たすこと，再委託先

[*58] 個人情報保護委員会「平成27年度　個人情報の保護に関する法律施行状況の概要」（平成28年10月）による。

が個人情報保護法20条に基づく安全管理措置を講ずることを十分に確認することが望ましい。再委託先が再々委託を行う場合以降も，同様である。

委託契約上で，委託先が再委託をするには委託元の事前同意を要するとして，コントロールを及ぼすことが重要である。

■6　クラウドサービスの利用

クラウドサービスを利用すると，外形的には，企業の管理する個人情報が第三者であるクラウドサービス提供事業者の管理下に移転しているように考えられる。このため，クラウドサービスの利用が，本人の同意が必要な第三者提供（法23条1項）又は委託（法23条5項1号）に該当するのか，その場合に委託をした企業が委託先の監督責任（法22条）を負うのかが問題となっていたけれども，委員会Q＆Aでは，以下のように整理された。

①契約条項によって当該外部事業者がサーバに保存された個人データを取り扱わない旨が定められており，②適切にアクセス制御を行っている場合等当該クラウドサービス提供事業者が，当該個人データを取り扱わないこととなっている場合，クラウドサービスの利用は，本人の同意が必要な第三者提供（法23条1項），又は委託（法23条5項1号）に該当しない。このため，委託元の企業は，法22条に基づきクラウドサービス事業者を監督する義務もない。もっとも，クラウドサービスを利用する事業者は，自ら果たすべき安全管理措置の一環として，適切な安全管理措置を講じる必要がある（委員会Q＆A5－33,34）。

また，後述（第4章第5節【30】）の外国にある第三者への提供（法24条）との関係では，当該サーバの運営事業者が，上記①及び②を満たす場合等当該サーバに保存された個人データを取り扱わないこととなっている場合，外国にある第三者への提供に該当しないとされている（委員会Q＆A9－5）。

第5節 管　　理——どのように管理するか

第2項　漏洩時の対応（平成29年個人情報保護委員会告示第1号など）

■1　個人情報の漏えい等

(1) 概　　要

　安全管理措置が機能しないなどの事情により，漏えい等事案が発覚した場合，企業は，個人情報保護委員会等に対し，速やかにその事業関係及び再発防止策等について報告をするよう努めることとされている。

(a) 漏えい等報告義務の性質

　事業者に課される，「個人データの漏えい等の事案が発生した場合等の対応について」（平成29年委員会告示第1号）に基づく措置は，個人情報保護法で定められた義務ではなく，告示に基づく努力義務である。

　もっとも，大規模な漏えい等事故の場合，通常安全管理義務違反があったと考えられるため，報告をしないときには，個人情報保護委員会等から個人情報保護法40条1項に基づく報告徴収を求められることになる（第3章第8節第1項参照）。また，個人情報保護法とは別に，業法等で事故等発生時における監督当局への報告が義務付けられている場合もあるので，注意が必要である。

(b) 漏えい等報告義務の対象事案

　漏えい等報告の対象事案は，①個人データ（特定個人情報に係るものを除く）の漏えい等，②加工方法等情報（匿名加工情報の加工の方法に関する情報等）の漏えい，③これらのおそれである。

(c) 漏えい等報告義務に基づく報告

　漏えいの報告先は，原則として個人情報保護委員会である。もっとも，認定個人情報保護団体の対象事業者である場合，当該団体に報告し，同団体から個人情報保護委員会に報告することとされている。また，報告徴収・立入検査の権限が委任されている分野の企業は，別途報告先が定められているので，確認が必要である[*59]。

また，報告書の様式については，参考となるものが個人情報保護委員会のホームページで公表されている。

(2) 望ましい対応

個人データの漏えい等（漏えい，滅失又は毀損）の事案が発覚した場合，以下の措置を講ずることが望ましいとされている（前記告示参照）。

①事業者内部における報告，被害の拡大防止

責任ある立場の者に直ちに報告するとともに，漏えい等事案による被害が発覚時よりも拡大しないよう必要な措置を講ずる。あらかじめ，漏洩等事案が発覚した場合の適切かつ迅速な報告連絡態勢を整備し，規程等として明文化しておくことが必要である（第3章第5節第1項■2）。

②事実関係の調査，原因の究明

漏えい等事案の事実関係の調査及び原因の究明に必要な措置を講ずる。

③影響範囲の特定

上記②で把握した事実関係による影響の範囲を特定する。例えば，個人データの漏えいの場合は，漏えいした個人データに係る対象者の数，漏えいした個人データの内容，漏えいした手段，漏えいした原因等を踏まえ，影響の範囲を特定することが考えられる。

④再発防止策の検討・実施

上記②の結果を踏まえ，漏えい等事案の再発防止策の検討及び実施に必要な措置を速やかに講ずる。

⑤影響を受ける可能性のある個人への連絡等

漏えい等事案の内容等に応じて，二次被害の防止，類似事案の発生防止等の観点から，事実関係等について，速やかに個人本人へ連絡し，又は個人本人が容易に知り得る状態に置く（個人本人がアクセスできるホームページへの掲載や専用窓口の設置による対応など）。

⑥事実関係，再発防止策の公表

漏えい等事案の内容等に応じて，二次被害の防止，類似事案の発生防止等の観点から，事実関係及び再発防止策等について，速やかに公表する。

＊59　個人情報保護委員会ホームページ「改正個人情報保護法に基づく権限の委任を行う業種等及び府省庁並びに当該業種等における漏えい等事案発生時の報告先【詳細版】」(https://www.ppc.go.jp/files/pdf/170530_kengeninin_list_detail.pdf)。

なお，漏えい等事案によって本人の権利利益が侵害されておらず，二次被害の防止の観点からも必要はないと認められる場合（漏えい等事案に係る個人データ又は加工方法等情報について，第三者に閲覧されることなく速やかに回収した場合，高度な暗号化等の秘匿化がされている場合，漏えい等をした事業者以外では特定の個人を識別することができない場合であって本人に被害が生じるおそれがない場合など）には，本人への連絡等や公表を省略することも考えられるとされている（委員会Ｑ＆Ａ12-5）。

(3) **注意事項**

大規模な漏えい事案では，ホームページ上での事情説明の実施のほか，直ちに，個人からの問合せに対応する専用窓口の設置，原因の追究や再発防止策を検討する再発防止委員会の設置，情報管理に関する規程の見直しなどを実施するケースが多い。

再発防止の観点からは，ホームページ上での告知，個別の連絡などにより，できる限り早く，個人本人に情報漏えい等が生じたことを知らせる必要がある。例えば，漏えいが疑われる対象にクレジットカード情報などが含まれていれば，同情報が悪用されて，実際に金銭的損害が生じる可能性がある。また，個人情報を参考として，電話やメールにより，特殊詐欺の連絡がなされる可能性もある。

(4) **漏えいの原因**

個人情報保護委員会「平成27年個人情報の保護に関する法律施行状況の概要」（平成28年10月）[60]では，平成27年度中に事業者が公表した個人情報漏えい事案（所管府省で把握したものに限る）のうち，漏えいした個人情報が50001件以上の事案を掲載している。

平成21年度以降公表されている個人情報の保護に関する法律施行状況の概要で，主な個人情報漏えい事案として掲載されている50001人以上の漏えい事案に関し，漏えいの原因を分析した結果は以下のとおりである。

- 平成21年以降，漏えい事案数が減少する傾向はない。
- 漏えいの原因は不正アクセス等（39件），紛失・誤廃棄（33件），職員等による持ち出し等（11件）の順に多い。

---

[60] 参考（https://www.ppc.go.jp/files/pdf/personal_sekougaiyou_27ppc.pdf）。

- 平成24年度以降の原因は不正アクセス・不正ログイン・サイバー攻撃が最も多い。

 上記のうち、職員等による持ち出しに関しては、平成27年改正で、個人情報データベース等を取り扱う事務に従事する者又は従事していた者等が、不正な利益を図る目的で個人情報データベース等を提供し、又は盗用した場合には、1年以下の懲役又は50万円以下の罰金が科される（法83条）との条文が追加され、発生を抑止することが期待される。

(5) EU一般個人データ規則（GDPR）における規定

 国際的にも漏えい報告が重視されており、例えば、EUでは、72時間以内に、監督機関に漏洩に関する通知をすることが法的義務とされている。

EU一般個人データ規則
第33条　個人データ侵害の監督機関への通知
1．個人データの侵害が発生した場合、管理者は、不当な遅滞なしに、可能であれば、侵害に気が付いてから72時間以内に、第55条に従って個人データの侵害を管轄監督機関に通知しなければならない。ただし、個人データの侵害により自然人の権利又は自由に対するリスクが生じ得ない場合を除く。監督機関への通知が72時間以内になされない場合には、遅滞に関する理由と共に通知されなければならない。
第34条　データ主体への個人データ侵害の通知
1．個人データ侵害が自然人の権利及び自由に対して高リスクを引き起こし得る場合、管理者は、不当な遅滞なしにデータ主体に個人データ侵害について通知しなければならない。

■2　プライバシー情報の漏えい

 個人情報に該当しないプライバシー情報の漏えいでも、2次被害が生じる可能性が高いものは、個人に対する通知をすることが有益である。もっとも、個人情報に該当しない場合、情報が漏えいした対象が特定できないため、個人からの自らの情報が漏えいしたのかという問合せに的確に回答することができず、かえって混乱する事態も考えられる。このため、通知内容を事前によく精査する必要がある。

■3 漏えいによる影響

(1) 行政との関係

行政との関係では，情報漏えい等を理由として，個人情報保護委員会から，指導，助言，勧告がされる可能性がある（第3章第8節第1項参照）。

また，個人情報保護法とは別に，監督官庁から，業法に基づく行政指導や，行政処分がなされる可能性もある。

(2) 個人との関係

個人情報が漏洩した場合，安全管理措置を見直すため，即座にサービスを停止しなければならない場合がある。

企業に対する影響が一番大きいのは，個人情報漏えいが生じたことにより信用が低下することである。例えば，ベネッセ大規模漏えい事件（第3章第5節第1項■1(2)参照）では，責任部署の取締役が引責辞任したほか，会員の流出や売上の減少，営業利益減が発生し，その後もビジネスモデルの変更を余儀なくされた。

なお，情報漏えいを理由とする個人からの損害賠償請求等については，第3章第8節第3項参照。

第3項　データ内容の正確性の確保等（法19条）

■1 概　　要

OECD 8原則はデータ内容の原則（Data Quality Principle）で，個人データは，その利用目的に沿ったもので，かつ利用目的に必要な範囲内で正確，完全であり最新のものに保たれなければならない，としている。

この原則を受け，個人情報保護法では，個人データは正確で最新の内容に保ち，利用する必要がなくなったときはデータを消去[*6]するよう努めなければならないとする（法19条）。

■2　個人情報との関係

(1) 対応例
正確で最新の内容に保つための対応例としては、以下のものがあげられる。
- 個人情報データベース等への個人情報の入力時の照合・確認の手続の整備
- 誤り等を発見した場合の訂正等の手続の整備
- 記録事項の更新
- 保存期間の設定　等

(2) 個人データの消去
事業者は、保有する個人データを利用する必要がなくなったとき、すなわち、利用目的が達成されて当該目的との関係で当該個人データを保有する合理的な理由が存在しなくなった場合や、利用目的が達成されなかったものの当該目的の前提となる事業自体が中止となった場合等は、当該個人データを遅滞なく消去するよう努めなければならない（通則GL3-3-1）。

「遅滞なく消去する」ために、業務の遂行上の必要性や引き続き当該個人データを保管した場合の影響等も勘案し、必要以上に長期にわたることがないようにする必要がある。もっとも、事業者のデータ管理のサイクル等実務上の都合に配慮することは認められるとされている（委員会Q＆A4-3）。

［例］キャンペーンの懸賞品送付のために保有していた応募者の個人データについて、懸賞品の発送が終わり、不着対応等のための合理的な期間が経過した場合。

必要がないデータの消去は、漏えい等の対象を減らすという観点から、安全管理措置としても重要であり、明文の規定を設けて管理することが望ましい。

■3　プライバシーとの関係

---

*61 「個人データの消去」とは、当該個人データを個人データとして使えなくすることを意味し、当該データを削除することのほか、当該データから特定の個人を識別できないようにすること等を含む概念とされている（通則GL3-3-1）。

OECD 8原則のデータ内容の原則のほか，米国消費者プライバシー権利章典でも，5条「アクセス及び正確性」で，「消費者は，利用可能な書式で，データの機微性及びデータが不正確であった場合に消費者に生じる逆の結果のリスクについて適切な方法で個人データにアクセスし，訂正する権利を有する。」との規定に対応する事業者の義務として，「事業者は，正確な個人データを維持していることを保障するため合理的な措置を取らなければならない。」との規定が置かれている。

プライバシー情報に関しても，できる限り個人情報と同じ対応をすることが望ましい。

第4項 営業秘密──不正競争防止法

1 概 要[62]

個人情報やプライバシー情報を含むデータが不正競争防止法上の営業秘密に該当する場合，侵害されたとき，同法に基づく差し止め請求や損害賠償請求が可能となり，刑事的保護もされるなど，強い保護が与えられる。このため，データ管理にあたっては，営業秘密の要件を満たすように心がけることが重要である[63]。

(1) 要 件

不正競争防止法上の営業秘密に該当するには，次の3要件を満たす必要がある。

①秘密管理性：秘密として管理されていること

公然と知られていないこと。営業秘密保有企業の秘密管理意思が，秘密管理措置によって従業者等に対して明確に示され，当該秘密管理意思に対する

---

[62] 経済産業省知的財産政策室「営業秘密の保護・活用について」（平成29年6月）（http://www.meti.go.jp/policy/economy/chizai/chiteki/pdf/1706tradesec.pdf）参照。

[63] 前述のように，ベネッセ大規模漏えい事件では，漏えいした者に対し，不正競争防止法上の営業秘密侵害罪が適用されている（第3章第5節第1項■1(2)参考）。

従業員等の認識可能性が確保される必要がある。

②有用性：有用な営業上又は技術上の情報であること

当該情報自体が客観的に事業活動に利用されていたり，利用されることによって，経費の節約，経営効率の改善等に役立つものであること。現実に利用されている必要はない。

- 例：顧客名簿，仕入先担当者リスト等

③非公知性：保有者の管理下以外では一般に入手できないこと

第三者が偶然同じ情報を開発して保有していた場合でも，当該第三者も当該情報を秘密として管理していれば，非公知といえる。これに対し，刊行物等に記載された情報や特許として公開されている情報は，非公知性を満たさない。

(2) 効　果

不正競争防止法による効果としては，次のものがある。

①差止請求（不正競争防止法3条）

②損害賠償請求（同法4条），損害額の推定規定（同法5条）

③信用回復措置請求（同法14条）

④営業秘密侵害罪等（同法21条・22条）の対象となること

このように，不正競争防止法上の営業秘密に該当することにより，侵害した場合のペナルティが強くなるため，侵害を防止する効果が期待される。

■2　営業秘密管理指針等

(1) 営業秘密管理指針

また，経済産業省は，国内外の裁判例等を踏まえて，営業秘密の定義等に関し，「営業秘密管理指針」[64]を示し，考え方を公表している。平成27年1月，同指針は全面改訂され，法的保護を受けるために必要となる最低限の水準の対策を示すものとなった。

同指針では，「①秘密管理性：秘密として管理されていること」を法的保護レベルにするには，営業秘密保有企業の秘密管理意思（特定の情報を秘密として管理しようとする意思）が秘密管理措置によって従業者等に対して明確に示さ

---

[64]　参考（http://www.meti.go.jp/policy/economy/chizai/chiteki/pdf/20150128hontai.pdf）。

れ，当該秘密管理意思に対する従業者等の認識可能性（情報にアクセスした者が秘密であると認識できること）が確保されることが必要とされる（新指針5頁）。

そして，情報に接する従業者等にとり，秘密だとわかる程度の措置が必要となるが，企業の規模，実態等に応じた合理的手段でよいとされる。

措置の例として，紙や電子記録媒体への「マル秘（　）」表示をすること，化体物（金型など）をリスト化すること，秘密保持契約等によって対象を特定することなどがあげられる。

(2) 秘密情報の保護ハンドブック

また，経済産業省は，「秘密情報の保護ハンドブック」[*65]で，次の事項を記載し，秘密情報の漏えいを未然に防止する場合に参考にできる対策例を集めて紹介している。なお，営業秘密より広い範囲を対象とするため，秘密情報という用語が用いられている。

上記ハンドブックでは，情報漏えい対策の流れとして，以下の①〜⑤の順序が示されている。わかりやすい内容にまとめられており，個人情報の安全管理措置を検討する上でも，非常に参考になる。

〔情報漏えい対策の流れ〕

ステップ① 保有する情報の把握・評価及び秘密情報の決定	「どういった情報を保有しているのか」を把握した上，経済的価値，漏えい時の被害（経済的損害，競争力や社会的信用の低下等），競合他社からみた有用性，契約等で他者から預かった情報か否かなどの指標に基づく評価をして，秘密情報を決定する。
ステップ②　秘密情報の分類	
ステップ③ 秘密情報の分類に応じた対策の選択	秘密情報の漏えい要因となる事情を考慮して，以下の5つの「対策の目的」を設定し，対策を検討する。 ・接近の制御 ・持出し困難化 ・視認性の確保 ・秘密情報に対する認識向上 ・信頼関係の維持・向上等

[*65] 参考（http://www.meti.go.jp/policy/economy/chizai/chiteki/pdf/1706blueppt.pdf）。

ステップ④ 秘密情報の取扱い方法等に関するルール化	就業規則、情報管理規程といった社内の規程を策定する。
ステップ⑤ 社内体制の構築	例 取締役を長として、秘密情報の管理の実施についてリーダーシップを取る部門横断的な組織を設置する。

■3 不正競争防止法改正

経済産業省では、次の趣旨から、データ利活用の促進に向けた制度として、不正競争防止法の改正を検討している[*66]。

第四次産業革命において、データは企業の競争力の源泉となり得る。しかし、データの安全・安心な流通が妨げられ、不正利用への懸念が高まれば、データ提供者にとって投資の回収が見込めなくなり、結果としてデータの流通・利活用が進まなくなるおそれがある。そこで、データの創出・収集・分析・管理等への投資やその適正な利活用を促す環境整備の一環として、データの不正利用・不正流通に対する差止請求権の創設等、必要最小限の規律を設ける。

保護客体は、以下(i)〜(iii)の各要件を満たすデータとして、検討されている。

(i) 技術的管理性

データ取得者がデータ提供者の管理意思(契約で想定された者以外の第三者による使用・提供を制限する旨の意思)を認識できる、電磁的アクセス制限手段(ID・パスワード管理、専用回線、データ暗号化、スクランブル化等)により管理(技術的管理)されているデータであること。

(ii) 外部提供性

秘匿して管理する営業秘密と異なり、社外の者やコンソーシアムに属する者等に提供することを想定しているデータであること。

(iii) 有用性違法又は公序良俗に反する内容のデータ

[*66] 産業構造審議会知的財産分科会不正競争防止小委員会「データ利活用の促進に向けた制度について」(平成29年10月25日) (http://www.meti.go.jp/committee/sankoushin/chitekizaisan/fuseikyousou/pdf/006_05_01.pdf)。

違法又は公序良俗に反する内容のデータを保護客体から除外した上で，広い意味で商業的価値が認められること。

「不正競争行為」として位置づける行為態様も，①不正取得類型，②著しい信義則違反類型，③転得者類型について検討されている。

■4　企業の対応

個人情報が，営業秘密としても保護されるように管理することが望ましい。全体が要件を満たすことが難しい場合，顧客名簿など特に重要なものについて優先して，対応をするべきである。

第5項　マイナンバーの取扱い（番号法）

■1　概　　要

2015年5月，行政手続における特定の個人を識別するための番号の利用等に関する法律（平成25年5月31日法律第27号）（以下「番号法」という）が成立，公布された。

番号法の目的は，①行政事務を効率化すること，②国民の利便性を向上させること，③公平・公正な社会を実現することである。

■2　個人情報と特定個人情報の主な違い

(1)　適用関係

番号法は，マイナンバー（個人番号）や特定個人情報（マイナンバーを含む個人情報）の取扱いについて，個人情報保護法の特例を定めた法律である（番号法1条）。このため，マイナンバーは個人情報保護法の適用を受けるが，番号法で個人情報と異なる定めがされている場合は，同法が優先的に適用される。

(2)　マイナンバーと特定個人情報の関係

マイナンバー（個人番号）は，個人情報に該当する。

特定個人情報とは，マイナンバー（個人番号）を含む個人情報である（番号法

2条8項)。

 番号法の規定のうち,マイナンバー(個人番号)を対象としている規定(利用制限,安全管理措置等)は,死者の個人番号にも適用される。

■ 3　具体的な取扱い

(1)　取　　得

　企業は社会保障及び税に関する手続書類の作成事務を処理するために必要がある場合に限って,従業員等にマイナンバー(個人番号)の提供を求められる(番号法20条)。

　※社会保障及び税に関する手続書類:源泉徴収票,支払調書,健康保険・厚生年金保険被保険者資格取得届など。

(2)　利用・提供

　企業は,社会保障及び税に関する手続書類に従業員等の個人番号・特定個人情報を記載して,行政機関等及び健康保険組合等に提出する(個人番号関係事務)。その他,番号法で限定的に定められている場合以外は,マイナンバー(個人番号)・特定個人情報を利用・提供できない(番号法19条)。

(3)　管　　理

保　管	特定個人情報は,社会保障及び税に関する手続書類の作成事務を行う必要がある場合に限り,保管し続けることができる(番号法20条)。 ※　個人番号が記載された書類等のうち所管法令によって一定期間保存が義務付けられているものは,その期間保管することとなる。
安全管理措置	個人番号の漏えい,滅失又は毀損の防止その他の適切な管理のために,必要かつ適切な安全管理措置を講じなければならない(番号法12条)。また,従業者に対する必要かつ適切な安全監督も行わなければならない。 取扱規程等の策定:特定個人情報等の具体的な取扱いを定める取扱規程等を策定しなければならない。等。
廃　棄	社会保障及び税に関する手続書類の作成事務を処理する必要がなくなった場合で,所管法令において定められている保存期間を経過した場合には,個人番号をできるだけ速やかに廃棄又は削除しなけれ

委　託	ばならない（番号法20条）。 委託者は，委託先において，番号法に基づき委託者自らが果たすべき安全管理措置と同等の措置が講じられるよう必要かつ適切な監督を行わなければならない（番号法11条）。委託先が再委託する場合は，最初の委託者の許諾を得た場合に限り，再委託をすることができる（番号法10条）。※再々委託以降も同様である。 契約内容として，秘密保持義務，事業所内からの特定個人情報の持出しの禁止，特定個人情報の目的外利用の禁止，再委託における条件，漏えい事案等が発生した場合の委託先の責任，委託契約終了後の特定個人情報の返却又は廃棄，従業者に対する監督・教育，契約内容の遵守状況について報告を求める規定等を盛り込まなければならない。 委託者は，委託先だけではなく，再委託先・再々委託先に対しても間接的に監督義務を負う（番号法10条）。

■4　個人情報と特定個人情報の取扱いに関する主な違い

	個人情報 （条文は個人情報保護法）	特定個人情報 （条文は番号法）
利用目的の範囲	事業者が自由に決められる（15条）	税，社会保障，災害対策のみ（9条）
不要となった情報の取扱い	遅滞なく消去するよう努める（19条）	所管法令で定められている保存期間を経過した場合，できるだけ速やかに廃棄又は削除（20条）
第三者提供ができる場合	原則として，本人の同意があれば可能（23条）	番号法19条各号に該当する場合のみ，第三者提供できる（19条）
第三者提供時における記録作成等の要否	原則記録作成等が必要（25条・26条）	不要（そもそも第三者提供のできる場合が，限定されているため）

委　託	再委託に関する法律上の制限はない（委託契約で特約を置くことは可能）。	委託を受けた者が再委託を行うには，当初の委託元の許諾が必要（10条）
安全管理措置	個人データの漏えい，滅失又はき損の防止その他の個人データの安全管理のために必要かつ適切な措置（20条）	個人番号の漏えい，滅失又は毀損の防止その他の個人番号・特定個人情報の安全管理のために必要かつ適切な措置（12条） ※固有の観点からの措置の例 ・取扱い規程等に基づく運用状況を確認するため，システムログ又は利用実績を記録 ・削除・廃棄等の作業を委託する場合，委託先が確実に削除又は廃棄したことについて，証明書等により確認
漏えい等が発生した場合の対応	報告（努力義務）	一定の場合には個人情報保護委員会への報告が法律上の義務（29条の4）

第6節

第三者提供
―― 自社外に提供する場合

　OECD 8原則では，目的明確化の原則（概要：収集目的を明確にし，データ利用は収集目的に合致するべき）と，利用制限の原則（概要：データ主体の同意がある場合，法律の規定による場合以外は目的以外に利用使用してはならない）がある。これらを受け，個人情報保護法でも，企業外の第三者に個人情報を提供する場合，原則として，本人の同意を必要としている。

　もっとも，本人の同意がなくても，法律の定めがある場合などの例外事由に該当する場合，オプトアウト手続による場合には，自社外の第三者に提供することができる。また，委託，共同利用などの場合,「第三者」への提供にあたらないとされている。

〈企業Aを中心とした概念図〉

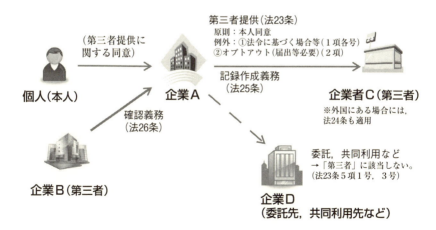

平成27年改正個人情報保護法により，第三者提供する事業者には記録作成義務が，第三者提供を受ける事業者には確認義務がそれぞれ課されることとなった。

なお，外国にある第三者への提供に関する個人情報保護法24条については，後述する（第4章第5節【30】参照）。

第1項　同意取得の原則（適用除外の場合）（法23条1項）

個人情報を第三者[*67]に提供するには，原則としてあらかじめ本人の同意を得ること（オプトイン）が必要である（法23条1項）。

個人情報保護法23条1項で，同意を得る対象は個人データを第三者に提供することであり，どのような個人データを提供するのか，その提供先を明示することは必要とされていない。もっとも，同項の趣旨からすると，想定される提供先の範囲や属性を示すことが望ましい（委員会Q&A5-9）。

■ 1　第三者提供の例外（法23条1項各号）

以下のいずれかの場合には，例外的に本人の同意がなくても第三者への提供が可能とされている（法23条1項各号）。

	例
①法令に基づく場合（1号）	・警察から刑事訴訟法197条2項に基づく捜査関係事項照会があった場合。 ・裁判所の文書提出命令に応じる場合（民事訴訟法220条）。 ・所得税法225条1項等による税務署長に対する支払調書等の提出の場合。 ・弁護士会から，弁護士法23条の2に基づく所要の弁護士会照会があった場合。

[*67]　親子兄弟会社間，グループ会社間，フランチャイズ組織の本部と加盟店の間，同業者間におけるすべての個人データ提供が，第三者提供に該当する（通則GL，委員会Q&A5-1）。

第6節　第三者提供——自社外に提供する場合

	・児童虐待に関わる通告（児童虐待の防止等に関する法律6条1項）の場合。 ・株主より株主名簿の閲覧を求められて（会社法125条2頁），株主名簿を開示すること（委員会Q＆A5-15）。
②人の生命，身体又は財産の保護に必要であり，かつ，本人の同意を得ることが困難な場合（2号）	・災害や事故等の緊急時に患者に関する情報を医師に伝える場合。 ・災害時における被災者情報の家族・自治体等への提供。 ・製品に重大な欠陥があるような緊急時に，メーカーから家電販売店に対して，顧客情報の提供依頼があった場合（委員会Q＆A5-19）。 ・デパートの中で迷子になった幼少児の保護者を探して当該幼少児の安全を確保する必要がある場合に，その名前をアナウンスする場合（委員会Q＆A5-5）。 ・介護施設の入居者の家族から，当該入居者に関する情報の提供の依頼があった場合で，当該入居者の生命，身体又は財産の保護のために必要があり，当該入居者の同意を得ることが困難であるとき（委員会Q＆A5-10）。 ・訴訟代理人の弁護士・裁判所に，訴訟の相手方に係る個人データを含む証拠等を提出する場合（委員会Q＆A10-3）。
③公衆衛生・児童の健全な育成に特に必要であり，かつ，本人の同意を得ることが困難な場合（3号）	・児童生徒の不登校に関する情報や，児童虐待防止を目的として児童や保護者に関する情報を児童相談所，市町村，警察，学校，病院等で共有する場合。 ・地域がん登録事業において，地方公共団体から医療機関に対して，がんの診療情報の提供依頼があった場合。
④国の機関等へ協力する必要があり，かつ，本人の同意を得るとその事務の遂行に支障を及ぼすおそれがある場合（4号）	・国や地方公共団体の統計調査等への回答。 ・税務署等から事業者に対して，任意の顧客情報の提供依頼があった場合。

■2　提供元基準説

　鉄道会社が，鉄道系ICカードの乗降履歴を第三者に提供した事例（Suica事案，第4章第2節【7】■1(1)参照）では，乗降履歴は，提供元である鉄道会社には特定個人を識別できる個人情報に該当したが，提供先である第三者には特定個人を識別できない情報であった。このため，個人情報保護法23条1項の「個人情報」該当性について，提供する事業者を基準とするか（提供元基準説）か，提供される第三者を基準とするか（提供先基準説）が問題となった。

　個人情報保護委員会の作成した，「個人情報の保護に関する法律についてのガイドライン（通則編）（案）」に関する意見募集結果[*68]では，ある情報を第三者に提供する場合，当該情報が「他の情報と容易に照合することができ，それにより特定の個人を識別することができることとなる」かどうかは，当該情報の提供元である事業者において「他の情報と容易に照合することができ，それにより特定の個人を識別することができることとなる」かどうかで判断するとされており，提供元が基準となるとの解釈が示されている[*69]。

第2項　オプトアウト（法23条2項）

■1　規　　定

　個人本人の求めに応じ，当該本人が識別される個人データの第三者への提供を停止するなど次の①〜③のすべての手続（オプトアウト手続）を行う場合，同意取得の例外として，本人の同意を得ることなく第三者に個人データを提供することができる。もっとも，要配慮個人情報を提供する場合には適用で

[*68] 参考（https://www.ppc.go.jp/files/pdf/2811_bessi2-1.pdf）。
[*69] もっとも，提供先を基準にすると個人情報となる場合（例：A社（会員情報を所有していない）が取得したCookie情報を，B社（会員情報をCookie情報と紐付けしている）に提供する場合），全く保護をしなくてよいのか，疑問がある。個人情報保護法上の第三者提供には該当しないとしても，個人本人との関係では，第三者提供に準じた扱いをすることが望ましい。

きない(法23条2項)。

① 本人の求めに応じて,その本人の個人データについて,第三者への提供を停止するとしていること
② 本人の求めを受け付ける方法等をあらかじめ本人に通知,又は継続的にホームページに掲載するなど,本人が容易に知ることができる状態に置くこと
③ 本人に通知等した事項を個人情報保護委員会に届け出ること

■2 趣　　旨

　大量の個人データを広く一般に提供するデータベース事業を念頭に置いた規定である[*70]。すべての本人の同意を得た上で提供することは現実的に困難であるが,個人の便益を増大させ社会経済の発展に資する。もっとも,本人に重大な権利利益の侵害をもたらすおそれのある分野,業種は,第三者提供に際して事前の本人同意を求める個人情報保護法23条1項に立ち戻るなどの施策や運用が図られることが望ましい。

■3 委員会による公開

　委員会は,届け出のあった事項(上記■1③)を公表するとされており,本人は,委員会のウェブサイト[*71]で,オプトアウトを行っている事業者や,第三者提供されている個人データ項目などを確認して,当該第三者提供の停止を求めることができる。

第3項　委託,事業承継,共同利用（法23条5項各号）

■1 概　　要

[*70] 園部逸夫編『個人情報保護法の解説〔改訂版〕』(ぎょうせい,2005) 150頁。
[*71] 個人情報保護委員会ホームページ上「オプトアウト届出書検索」で公開 (https://www.ppc.go.jp/personal/preparation/optout/publication/)。

委託，事業承継，共同利用に該当する場合，第三者提供に該当しない（法23条5項各号）。委託，事業承継，共同利用の場合，個人データの提供先は提供元の企業と別主体であり，形式的には第三者に該当し得るけれども，本人との関係では提供主体である企業と一体として取り扱うことに合理性があり，第三者に該当しないとされる。

■2　委　託

利用目的の達成に必要な範囲内で，個人データの取扱いに関する業務の全部又は一部を委託することに伴い，当該個人データが提供される場合，当該提供先は第三者に該当しない（法23条5項1号）。

「個人データの取扱いの委託」とは，契約の形態・種類を問わず，企業が他の者に個人データの取扱いを行わせることをいう（通則GL 3 - 3 - 4）。

〈具体例〉
① 個人データの入力（本人からの取得を含む），編集，分析，出力等の処理を委託する場合
② 百貨店が，注文を受けた商品の発送のために，宅配業者に個人データ（相手の氏名，住所，連絡先）を提供する場合。なお，宅配業者に発送の委託をする場合でも，当該宅配送業者との間で特に中身の個人データの取扱いについて合意があった場合等を除き，当該個人データに関する取扱いの委託をしているものではないと解されている（委員会Q＆A 5 -26）
③ 情報システム（機器を含む）の保守サービスを提供する事業者が，サービス内容の全部又は一部として，情報システム内の個人データを取り扱う場合（個人データを用いて情報システムの不具合を再現させて検証する場合，個人データをキーワードとして情報を抽出する場合など）（委員会Q＆A 5 -35）

委託は個人本人からは第三者提供との違いはわかりづらいため，企業は法的に委託であるか第三者提供となるのかは，制度設計の段階からよく検討し，個人本人への通知・公表又は明示の際には意識して対応する必要がある。

委託先の監督については，第3章第5節第1項■5を参照されたい。

■3　事業承継

合併，分社化，事業譲渡等で事業が承継されることに伴い，当該事業に係

る個人データが提供される場合，当該提供先は第三者に該当しない（法23条5項2号）。なお，事業の承継後も，個人データが当該事業の承継により提供される前の利用目的の範囲内で利用しなければならない（法16条2項）。

また，事業の承継のための契約を締結するより前の交渉段階で，相手会社から自社の調査を受け，自社の個人データを相手会社へ提供する場合も個人情報保護法23条5項2号に該当するが，相手会社に安全管理措置を遵守させるために必要な契約を締結しなければならない。

　事例1）合併又は分社化により，新会社に個人データを提供する場合
　事例2）事業譲渡により，譲渡先企業に個人データを提供する場合

■4　共同利用

(1)　概　要

特定の者との間で共同して利用される個人データを当該特定の者に提供する場合で，次の①〜⑤までの情報を，提供にあたりあらかじめ本人に通知し，又は本人が容易に知り得る状態に置いているとき，当該提供先は，第三者に該当しない（法23条5項3号）。この場合，本人から見て，共同して利用する者を当該個人データを当初提供した事業者と一体のものとして取り扱う合理性があると考えられるためである。

①共同利用をする旨	
②共同して利用される個人データの項目	事例1）氏名，住所，電話番号，年齢 事例2）氏名，商品購入履歴
③共同して利用する者の範囲	本人がどの事業者まで将来利用されるか判断できる程度[*72]に明確にする必要がある。必ずしも事業者の名称等を個別にすべて列挙する必要はない。
④利用する者の利用目的	共同して利用する個人データの利用目的をすべて，

[*72]　「本人がどの事業者まで将来利用されるか判断できる程度」とは，個別具体的に判断される。例えば，「当社の子会社及び関連会社」といった表記の場合，当該子会社及び関連会社のすべてがホームページ上で公表されている場合等が考えられる（委員会Q&A5-28）。

	本人に通知し,又は本人が容易に知り得る状態に置いていなければならない。なお,利用目的が個人データの項目によって異なる場合には,当該個人データの項目ごとに利用目的を区別して記載することが望ましい(通則GL 3 - 4 - 3)。
⑤当該個人データの管理について責任を有する者の氏名又は名称	「責任を有する者」とは,共同して利用するすべての事業者の中で,第一次的に苦情の受付・処理,開示・訂正等を行う権限を有する者をいう。内部の担当責任者をいうものではない。

【共同利用に該当する事例】

事例1) グループ企業で総合的なサービスを提供するために取得時の利用目的の範囲内で情報を共同利用する場合

事例2) 親子兄弟会社の間で取得時の利用目的の範囲内で個人データを共同利用する場合

事例3) 使用者と労働組合又は労働者の過半数を代表する者との間で取得時の利用目的の範囲内で従業者の個人データを共同利用する場合

(2) 委託との違い

　共同利用か委託かは,個人データの取扱いの形態によって判断され,共同利用者の範囲に委託先事業者が含まれる場合でも,委託先との関係は,共同利用となるわけではなく,委託元は委託先の監督義務を免れない(通則GL 3 - 4 - 3)。

第4項　情報の流通方法によるメリット,デメリット

第6節　第三者提供──自社外に提供する場合

　上記のように，企業が保有している個人データが第三者に流通する（本項で「流通」とは，委託等も含め，外形的に見て取得した企業以外が個人情報を取り扱えるようにする行為を意味している）場合，様々な方法があり得る。では，各方法にどのようなメリット，デメリットがあるか。

〈情報の流通方法と分析〉

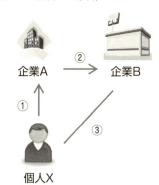

個人データを第三者へ移転する場合の手法
情報の流れが，個人X→企業A→企業Bであることを前提

〈概略表〉

	取得者	Bの利用	①の関係（AからXに利用目的の通知・公表があることが前提）	②の関係	記録義務（法26）確認義務（法25）	③の関係
Aが取得し，Bに第三者提供（同意取得）	A	可	Aが，Xから第三者に提供することの同意を取得。	第三者提供	A記録義務あり。B確認義務あり。	XはBに対して，開示請求等が可能。
Aが取得し，Bに第三者提供（オプトアウト）	A	可	Aが，オプトアウトに必要な手続を実施。	第三者提供	A記録義務あり。B確認義務あり。	XはBに対して，開示請求等が可能。
Aが取得し，Bに委託	A	不可	Aのみ（通常，Xは委託されていることを知り得ない。）	委託（Aは，Bに対する監督責任あり。）	A，Bともに，記録義務，確認義務なし。	直接の関係はない。開示請求等が可能な場合もある。
Aが取得，匿名加工情報としてBに提供	A	可（匿名加工情報）	Aは匿名加工情報に含まれる情報の項目等を公表。	匿名加工情報の取扱規律（第3章第4節第2項■3）	A，Bともに，記録義務，確認義務なし。	なし
AがB名義で取得（取得の委託）	B（Aは情報の利用不可）	可	Bのみ（通常，XはAが取得の事実行為を知り得ない。）	Bが，A業務委託。監督責任あり。	A，Bともに，記録義務，確認義務なし。	XはBに対して，開示請求等が可能。なお，Aに対しては，開示請求は不可能。
A，Bが共同利用	A，B	可（共同利用）	AがXから共同利用についての同意を取得。	共同利用	A，Bともに，記録義務，確認義務なし。	XはA，Bのうち，「責任を有する者」に対し，開示請求等が可能。
A，Bがそれぞれ単独取得	A，B	可	A，BがXから同意取得（Aに取得の委託可）。	直接の関係なし。なお，AB間での連携は不可。	A，Bともに，記録義務，確認義務なし。	XはBに対して，開示請求等が可能。

〈検討におけるポイント〉

- 個人情報の取得者は誰か（Xが取得者として認識するのは誰か）。

- Bは単独で利用できるか。
- ①X・A間にどのような関係があるか（利用目的の通知・公表以外）。
- ②A・B間にどのような関係があるか。
- A・B間で，記録義務，確認義務などが適用されるか。
- ③X・B間にどのような関係があるか。

第5項　記録作成義務（法25条）

1　概　　要

(1)　趣　　旨

2014（平成26）年に発生したベネッセ大規模漏えい事件（第3章第5節第1項 1(2)）では，名簿事業者（いわゆる名簿屋）を介在し，違法に入手された個人データが社会に流通していることが報道され[*73]，問題として広く認識された。これを受け，平成27年個人情報保護法改正では，個人データの適正な第三者提供を確保するためのトレーサビリティ（traceability）規定が設けられた。

トレーサビリティは一体として機能することから，ここで，提供者の記録作成義務（法25条）と受領者の確認義務（法26条）（第3章第3節第4項参照）の双方について説明する。

仮に個人データが不正に流通した場合，個人情報保護委員会が企業に対して報告徴収・立入検査を行い（法40条），記録を検査し，個人データの流通経路を事後的に特定できるようにする必要がある。したがって，企業が第三者に個人データを提供する場合又は第三者から個人データの提供を受ける場合には，当該第三者の氏名等の記録を作成・保存しなければならないとされた（法25条・26条）。

すなわち，企業が第三者から個人データの提供を受ける場合，違法に入手

[*73] 報道では，6次先まで流通したとのこと。

された個人データが流通することを抑止するため，企業に対し，当該第三者が当該個人データを取得した経緯等を確認する義務を課している（法26条）。

また，企業は，個人データを第三者に提供したときは，提供年月日，受領者の氏名等を記録し，一定期間保存しなければならない（法25条）。

(2) 基本的な記録事項

基本的な記録事項は，以下のとおりである。

提供した場合 （法25条）	「いつ・誰の・どのような情報を・誰に」提供したか。
提供を受けた場合 （法26条）	「いつ・誰の・どのような情報を・誰から」提供されたか。 「相手方の取得経緯」

■ 2 例外規定

〈確認・記録義務の例外規定〉

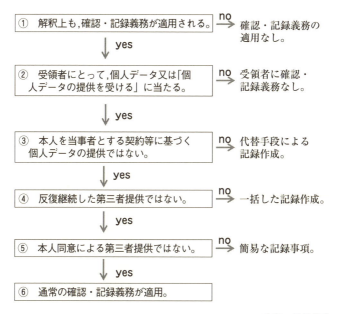

確認・記録義務 GL 参照

①解釈上，確認・記録義務が課されない場合（上記図①でNo）
- 本人による提供と整理できる場合（例：SNSでの個人の投稿）
- 本人に代わって提供していると整理できる場合（例：銀行振込）
- 本人側への提供と整理できる場合（例：同席している家族への提供）

②「個人データ」に該当しないと整理できる場合（上記図②でNo）

例：名刺1枚のコピー

③本人との契約等に基づいて提供した場合（上記図③でNo）

→契約書で記録に代替できる。

④反復継続して提供する場合（上記図④でNo）

→包括的な記録で足りる。

⑤記録事項として，第三者提供について本人同意がある場合（上記図⑤でNo）

→提供年月日の記録は不要である。

■ 3　記録の保存期間

原則3年（一括して記録を作成する方法」により記録を作成した場合は最後に当該記録に係る個人データの提供を行った日から起算して3年）だが，本人に対する物品等の提供に関連し，本人同意のもとで第三者提供した場合は1年（規則14条・18条）。

第 7 節

本人対応
——本人から事業者への請求に対する対応

　OECD 8原則には,「公開の原則」(データ収集の実施方針等を公開し, データの存在, 利用目的, 管理者等を明示するべき) と「個人参加の原則」(自己に関するデータの所在及び内容を確認させ, 又は異議申立てを保証するべき) が規定されている。

　これを受け, 個人情報保護法では, 個人からの請求に対する対応が必要とされている (法27条〜34条)。苦情処理・紛争解決に関する個人情報保護法上の努力義務 (法35条) も, 個人本人に対する対応を定めるものである。

　さらに, 個人による自己情報のコントロールは, 上記の個人情報保護法の対応に比べ, 一段と進んで検討されている。これは, 個人情報, プライバシー情報を含むデータは, 元来個人にコントロール権があり, 企業は個人の許諾を得て利用していると考えられるためである。

　自己情報のコントロールを進める考え方として, まず, パーソナルデータエコシステム (本節第3項) の考え方があり, 各論で述べるパーソナルデータストア, 情報銀行 (第4章第4節【26】) に関する検討も進んでいる。また, 個人の求めによりデータ移転を容易にする考え方として, データポータビリティ (本節第4項) がある。また, インターネット上における自己の情報をコントロールする観点からは, 忘れられる権利 (本節第5項) がある。

第1項　本人からの請求に対する対応 (法27条〜34条)

〈本人対応関係図〉

個人（本人）
※開示請求権等に基づく訴訟を提起する場合には、事前請求が必要（法34条）

① 保有個人データに関する事項の公表（法27条）

② 開示請求（法28条）
訂正，追加，削除請求（法29条）
利用停止，消去請求（法30条）

③ 請求への対応（法28条〜30条）
措置を取らない場合の理由説明（法31条）

企業
開示請求等に応じる手続の決定（法32条）
手数料の決定（法33条）

1 概　　要

　企業は保有個人データの利用目的や企業の名称等を継続的にホームページへ掲載するなど本人が知ることができる状態に置き，個人本人の求めに応じて，その本人の保有個人データの利用目的を通知しなければならない（法27条）。

　個人本人は，企業に対して，自分の個人情報の開示を請求できる。企業は，その個人情報が保有個人データである場合には，第三者の利益を害する等の一定の場合を除き，原則として個人本人からの開示請求に応じる必要がある（法28条）。

　企業は，個人本人からの請求に応じて，保有個人データの内容に誤りがある場合には，訂正・削除をする必要がある（法29条）。

　企業は，個人情報保護法16条，17条，23条1項，24条の義務に違反している場合には，保有個人データの利用の停止・消去等をする必要がある（法30条）。

　企業が，上記27条〜30条による個人本人からの請求に応じない決定をしたときは，個人本人にその理由を説明するよう努める（法31条）。

　これらに必要な手続は，手数料を含め，基本的には，各企業において定めることができる（32条・33条）。

　また，平成27年改正で，個人本人の開示，訂正，利用停止等の求めが，裁

判上も行使できる請求権であることが明確化されたこと（法28条〜30条）との関係で，個人本人の訴え提起前に企業に事前の請求を行うこととされた（法34条）。

なお，一時的に保有しているにすぎない個人情報（＝取得時から半年以内に消去するもの）[*74]や，他の事業者からデータ編集作業のみを委託されて取り扱っているだけの個人情報（＝開示等の権限がないもの）は，保有個人情報に該当せず，対応は不要である（第2章第2節第3項■2参照）。

■2　保有個人データに関する事項の公表等（法27条1項）

保有個人データに関する事項の公表等は，利用目的の公表などと同じく，すべての事業者に対応が求められる。

具体的には，次の①〜⑤を，「本人が知り得る状態」に置く必要がある。方法には，ホームページでの公表，事業所での掲示等がある。問合せ窓口を設け，以下の事項に関する問合せに対して，口頭又は文書で遅滞なく答えられる体制を構築しておくことでも足りる（法27条1項，委員会Q＆A6－1）。

①事業者の名称
②利用目的
③請求手続
④苦情申出先
⑤（認定個人情報保護団体に加入している場合）加入している認定個人情報保護団体の名称・苦情申出先

第2項　苦情処理・紛争解決（法35条）

企業は，個人情報の取扱いに関する苦情について適切かつ迅速な処理に努めなければならない（法35条）。

[*74] 利用規約で，6ヵ月を経過した場合には個人情報を破棄し，新たに取得するといった文言にしていても，実際に破棄をしていないのであれば，保有個人情報に該当する。

必要な体制の整備としては,苦情処理の担当者を定めること,苦情受付窓口を設置すること,苦情処理手順を策定することなどが考えられる。

企業は,PDCAサイクルをまわし,継続的な改善を行うことが望ましい。

第3項　パーソナルデータエコシステム

■1　概　　要[*75]

パーソナルデータエコシステム（Personal Data Ecosystem：PDE）とは,個人,企業や組織が,新たなツール,技術を用い,データ主体である個人が自身のパーソナルデータの管理を行うことにより,パーソナルデータを活用する仕組みをいう。

2010年代に入り,パーソナルデータ・バイ・デザインを提唱したカブキアン教授が発表した。

プライバシーを保護しつつ,個人の同意を得た上でデータの利活用を図るためには,個人の積極的なデータ活用への参画が必要となる。各個人が本人のデータを電子的に保有し,自分の利益を高めるようにそのデータを自律的に流通させられれば,利活用の面でもリスク管理やコストの面でも大きなメリットが生まれる。企業の枠を超えた個人データの収集（名寄せ）が困難という課題の解決にもつながる。

このため,個人が膨大な量の情報を,管理・利活用することは困難があるけれども,銀行にお金を預けるように,自らの情報を信頼できる者（情報銀行）に預け,当該者が適切に管理・活用して個人にメリットを還元する仕組みが考えられる。

[*75] 本項の記載にあたり,以下資料を参考にしている。
①東京大学・集めないビッグデータコンソーシアム「平成27年度集めないビッグデータコンソーシアム成果報告書―パーソナルデータエコシステムの実現―」（https://www.ducr.u-tokyo.ac.jp/content/400060390.pdf）。②経済産業省商務流通保安グループ「流通・物流分野における情報の利活用等に関する研究会調査報告書」（平成28年5月）。

パーソナルデータの動きを支援，管理するシステム例としては，以下のものがあげられる[*76]。

① パーソナルデータストア（Personal Data Store：PDS）
　（第4章第4節【26】参照）
② 意味的データ交換（semanticdata exchange）
③ トラストフレームワーク（trust frame work）
④ 個人 ID とデータポータビリティ
⑤ 参照によるパーソナルデータ使用
⑥ 説明責任のある仮名化
⑦ 新技術やリンクコントラクトによる匿名化の強化

2　海外での取組例

アメリカとイギリスでは，2010年代になり，政府主導で，消費者の権限を強化して，情報の付加価値を作り出していく政策を推進している。

(1)　アメリカ：スマートディスクロージャー　（Smart Disclosure）

(a)　概要

アメリカのオバマ政権は，2011年7月以降，①個人が自分たちの個人データに安全にアクセスできるようにすること，②民間企業に，かかる個人データの分析に使用するサービスの開発を促すことを目的とした，「スマートディスクロージャー」を進めた。

主な取組みは，以下の3つである。

(b)　ブルーボタン（Blue Button）

退役軍人や高齢者等が，連邦政府機関（退役軍人省，保健福祉省）のサイトから Blue Button をクリックして，自己の医療データをダウンロードできるようにする制度である（詳細は第4章第1節【4】■5(2)参照）。

(c)　グリーンボタン（Green Button）

アメリカ政府の働きかけに電力会社が協力して，2012年，グリーンボタン（Green Button）と呼ばれる制度を導入している。（詳細は，第4章第2節【9】■2(2)参照）。

[*76]　詳しい内容は，前掲（*74①）参照。

(d) マイデータ・イニシアティブ（My Data Initiative）

学生やその両親が，教育機関等のサイトから自己の教育データや学資援助データをダウンロードできる。

教育データ等を用いて「個人学習プロファイルの作成」や，データを第三者企業とシェアし，最適な学習サービス，進学先選択の情報を得ることが可能である。また，学資援助データを第三者企業とシェアし，「スカラシップの検索」，「進学先の選択」，「学資ローン」等のためのサービスを受けられる。

人が読むことができるデータと，コンピューター用のデータの両方でダウンロードすることが可能である。

(2) 英国：midata

2011年4月，イギリス政府のビジネスイノベーション・職業技能省が始めた，個人が，民間企業が保有する個人データをリアルタイムに，機械判読可能な利用しやすい形式で安全に提供を受け，当該データを用いることで他の事業者からより良いサービスを受けられるようにする政府主導のシステムである。個人が自己のデータを取得，第三者に提供して活用し，他の企業からアドバイス等を受け，各企業の提供サービスを比較等することで，自らにとってより良いサービスを選択できるようにすることを目的とする。

エネルギー，銀行，携帯電話，クレジットの4分野が対象とされている。

第4項　データポータビリティ

■1　概　　要[77]

データポータビリティとは，個人が，企業に提供した，個人本人に関するデータについて，共通化されたフォーマットで電子的に自らのデータのコピーをデータ管理者から取得できるとともに，自らのデータをあるアプリ

---

[77] 経済産業省商務情報政策局・産業構造審議会情報経済小委員会分散戦略WG（第7回）事務局資料「オープンなデータ流通構造に向けた環境整備」（平成28年8月29日）（http://www.meti.go.jp/committee/sankoushin/shojo/johokeizai/bunsan_senryaku_wg/pdf/007_02_00.pdf）。

ケーションから別のアプリケーションに移転させることができる権利をいう。

個人が自己のデータを主体的に管理できるようにするには，企業の保有するデータを本人が取得し，その指示により，他の企業に移動できるようにすることが必要である。このため，データポータビリティは，パーソナルデータストア，情報銀行などデータエコシステムの実現に必要となる。

企業による囲い込みの解消や，データ利活用により新サービスを生み出す観点からも重要である。

■2 検 討

EU一般データ保護規則20条1項で，データポータビリティの権利に関する規定が置かれている。

「データ主体は，当該データ主体が管理者に提供した当該データ主体に関する個人データについて，構造化され，一般的に利用され機械可読性のある形式で受け取る権利があり，当該データを，個人データが提供された管理者の妨害なしに，他の管理者に移行する権利がある。」

もっとも，同権利が行使できるのは，①取扱いがデータ主体の同意に基づくか，データ主体が当事者となっている契約の履行のために取扱いが必要な場合，又は契約の締結前のデータ主体の求めに応じて手続を履践するために取扱いが必要な場合で，かつ②取扱いが自動化された手法で実行されている場合に限定されている。

また，個人データを直接的に管理者から他の管理者に移行させる権利が認められるのは，技術的に実行可能な場合に限られている（EU一般データ保護規則20条2項）。

■3 企業における検討

我が国におけるデータポータビリティ制度導入の選択肢として，以下のものがあると提言されている[*78]。

[*78] 産業競争力懇談会COCN「IoT時代におけるプライバシーとイノベーションの両立」（2015年度プロジェクト最終報告）（2016年3月3日）79〜80頁（http://www.cocn.jp/thema84-L.pdf）。

①個人情報保護法の改正等により,EU データ保護規則のような個人データ全般のポータビリティを導入する。
　——例外要件などは緻密に検討する必要
　——グローバル・プラットフォームへの対応を行うための「実効的な」域外適用強化の可否
②英国 midata や米国 Green Button のような,代替性の低い重要データを保有する特定分野への適用
③補助金や税制等を通じたインセンティブ型導入

　データポータビリティについては,これから,実証実験などで,自律的に検討がされていく段階である。また,データポータビリティを実現するには,企業間で情報の規格を統一化していく必要があるところ,検討は既に着手されている(第4章第4節【26】■4(3)参照)。

第5項　忘れられる権利

■1　概　　要

　インターネット上に掲載された情報でプライバシー侵害が生じている場合,プロバイダー責任制限法などを利用して,サーバー上の記載を削除し,プライバシー侵害を停止することができる。

　しかし,既に情報が拡散している場合,弁護士に依頼して複数の裁判手続を行い,1つ1つの情報を消すことは,時間的・金銭的コストが高い。また,仮に情報を削除しても,違うホームページなどに再度掲載された場合,再度削除する手続が必要となるため,実効的な解決を図ることができない。

　インターネット上の情報に到達する方法として,検索エンジンで検索することが一般的であるため,人目に触れさせず,プライバシー情報を拡散させないという目的を達成するには,Google に代表される検索エンジンを用いても検索結果に表示されないようにすることが最も実効的である[*79]。

　このような考え方に基づき,忘れられる権利の検討が進められてきた。

第7節　本人対応——本人から事業者への請求に対する対応

■ 2　EUにおける動き

(1)　グーグルスペイン社事件先行判決

　スペイン人男性が，Googleの検索エンジンに自分の名前を入れて検索したところ，男性の債務超過に伴う不動産強制競売に関する情報を含む1998年の新聞記事が表示された。男性は，2010年，既に競売に関する問題は解決してから期間が経過していることを理由に，Google社（スペイン，アメリカ）を相手方として，検索結果の削除を求めた。

　スペインの裁判所から意見照会を受けたEU司法裁判所は，2014年5月13日，データ主体は，一定の場合，検索事業者に対して，検索リストから自己に関する過去の情報の削除を求めることができるとする先行判決を下した。

(2)　「第29条作業部会」によるガイドラインの発表

　EU加盟国当局及び欧州委員会からなる諮問機関「第29条作業部会」は，主要検索事業者からのヒアリング等を踏まえて法的検討を行い，2014年11月26日，グーグルスペイン社事件の先行判決の解釈指針と加盟国当局の対応指針を示したガイドラインを発表した。

- 検索事業者は「データ管理者」と見なされ，その結果，データ主体（個人）による「違法情報の消去を求める権利」に服する（ただし，「知る権利」との利益衡量を行う）。
- 検索事業者により削除を拒否された個人に対する加盟国当局の対応について，共通の基準となる考え方として，人名に基づく検索結果か，公共人か，未成年者か，検索結果は正確か，データ主体に関連しているか，センシティブ情報か，最新の情報か，偏見が生じているか，リスクを生じているか，データ公開の意図は何か，リンク元サイトに報道目的があるか，リンク元サイトに公開の義務があるか，刑事犯罪に関連しているか，などを列挙。

(3)　EU一般データ保護規則

　EU一般データ保護規則17条で，消去の権利（忘れられる権利）が規定されて

---

*79　ホームページ自体を削除するものではないので，直接ホームページのURLを打ち込んだ場合には，ホームページを閲覧することが可能である。

179

いる。

> 17条　消去の権利（忘れられる権利）
> Article 17 Right to erasure（'right to be forgotten'）
> データ主体は当該データ主体に関する個人データについて管理者に不当に遅滞することなく消去させる権利を持つものとする。管理者は、次に掲げる根拠のいずれかが適用される場合、個人データを不当に遅滞することなく消去する義務を負うものとする。
> （以下略）

「次に掲げる根拠」としては、①個人データが収集等された目的に関して、当該個人データがもはや必要ない場合、②データ主体が同意に基づく取扱いの同意を撤回し、かつ取扱いに関して他の法的根拠がない場合、③データ主体が個人データの取扱いについて異議を申し立て、かつ取扱いに優先する法的根拠がない場合（第3章第4節第4項■2）等が挙げられている。

■3　日本の判例での取扱い

日本でも、さいたま地決平27・12・22判時2282号78頁が、「忘れられる権利」に言及した上で、検索結果の削除を求める仮処分命令を認可したため、日本でも忘れられる権利が注目された。

もっとも、東京高決平28・7・12判タ1429号112頁は「忘れられる権利」に言及しないで仮処分決定を取り消し、最高裁も、同様に「忘れられる権利」に言及しないで抗告を棄却した（前掲最決平29・1・31（第2章第3節第1項■4(3)(g)）参照）。

同判決で、最高裁は、一般的なプライバシー侵害の枠組みで対応すれば足り、プライバシー権とは別の権利として忘れられる権利を想定する必要はないと解している。

第 8 節　その他

第1項　国による監督（法40条〜42条等）

〈実効性担保の仕組〉

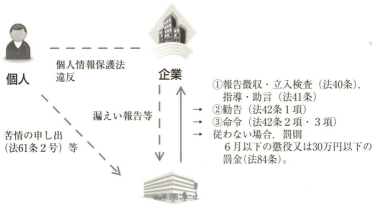

■1　国による監督

　個人情報保護委員会は，個人情報，匿名加工情報の適正な取扱いに向けた取組みを行っており，個人情報保護法に違反する，又は違反するおそれがある場合，必要に応じて報告を求め，立入検査を行うことができる。さらに，

実態に応じて，必要な指導・助言や勧告・命令を行うことができる（法40条〜42条）。

個人情報保護委員会の命令に従わなければ，罰則の適用もあり得る。具体的には，企業が，国からの命令に違反した場合，6月以下の懲役又は30万円以下の罰金が，虚偽の報告をした場合等には30万円以下の罰金がそれぞれ科される（法84条・85条）。

上記のほか，プライバシー侵害があったとき，業法等に基づき，監督官庁から行政指導や行政処分を受けることもあり得る。

〈執行の流れ〉

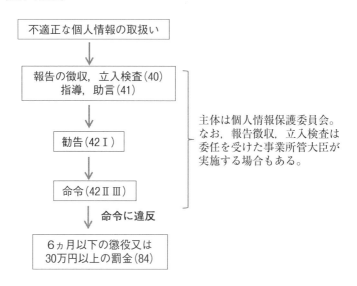

2　委　任

個人情報保護委員会は，効果的かつ効率的に個人情報等の適正な取扱いを確保するため，事業所管大臣が有する専門的知見を特に活用する必要がある場合等に，報告徴収及び立入検査の権限（法40条1項）を事業所管大臣に委任することができる（法44条1項）。

〈本書に関連する主な委任例[80]〉

事業所管大臣	委任事務の範囲
内閣総理大臣（金融庁）	金融庁所管業者
総務大臣	電気通信業，放送業，郵便事業，信書便事業　等
法務大臣	債権管理回収業　等
経済産業大臣	包括信用購入あっせん業，個別信用購入あっせん業，前払式割賦販売業　等

■ 3　執行状況

　個人情報取扱事業者に対する主務大臣による権限行使は，平成17年度から平成27年度までの11年間で，8件の勧告，320件の報告の徴収及び3件の助言が行われた。報告の徴収を行った件数について各年度を比較すると，全体として平成17年度の法施行以降，減少している[81]。

　上記のほか，事業所管大臣から，個人情報保護法違反の事案に関し，業法等に基づく行政指導などを受けることがあり，実際には業法等に基づく行政指導が多くなされていた。

─ コラム○個人情報保護法の執行 ──────────────
　改正個人情報保護法の全面施行以前，事業所管大臣は，個人情報保護法に基づく処分よりは，業法に基づく行政処分，行政指導で主に対処をしていた。企業の多くは，行政指導が世間に公表されることで，コンプライアンスがされていない会社であるという評価を受けたり，いわゆる炎上を避けるため，個人情報保護法

＊80　詳細は，以下個人情報保護委員会ホームページ参照（https://www.ppc.go.jp/files/pdf/kengen_inin_nituite.pdf）。
＊81　個人情報保護委員会「平成27年度個人情報の保護に関する法律施行状況の概要」（平成28年10月），「第3章　法施行後11年間（平成17年度～平成27年度）の施行状況の傾向，2．個人情報取扱事業者に対する主務大臣による権限行使の傾向」（https://www.ppc.go.jp/files/pdf/personal_sekougaiyou_27ppc.pdf）。

を遵守していた側面もある。なお，当然ながら，すべての企業が適切な運営をしているかを予防的に監督することは困難であり，個人情報の漏えいなどの問題が生じない限り，企業による自主規制に近い状態と評価できる。

個人情報保護委員会は今後執行を充実させていくと予想されるところ，従前の事業所管大臣による行政指導を参考に，公表などの制度を活用することも有益と考えられる。また，国民生活センターのように，相談事例，対応事例を事例集のような形で，ホームーページ上に掲載することも考えられる。

第2項　適用除外（法76条）

1　概　　要

憲法が保障する基本的人権への配慮から，下記の主体が，下記目的で個人情報を取り扱う場合，個人情報保護法第4章「個人情報取扱事業者の義務等」は適用されない（法76条1項）。

①報道機関が報道の用に供する目的
②著述を業として行う者が著述の用に供する目的
③学術研究機関等が学術研究の用に供する目的
④宗教団体が宗教活動の用に供する目的
⑤政治団体が政治活動の用に供する目的

また，これらの者に個人情報を提供する行為には，個人情報保護委員会はその権限を行使しないとされている（法43条2項）。

もっとも，個人情報保護法76条1項で適用除外にあたる場合でも，安全管理措置等を講じ，当該措置を講じる努力義務があるため（法76条3項），注意が必要である。

2　学術研究目的の共同研究

大学等の学術研究機関と民間企業や私立病院等が，学術研究目的の研究を共同で行う場合どのような注意が必要か。

1つの主体とみなすことができる共同研究が，学術研究の用に供する目的で個人情報等を取り扱う場合，個人情報保護法76条1項により，同法第4章の規定は適用されない。したがって，上記の1つの主体とみなすことができる共同研究に属する者と認められる場合には，学術研究の目的に個人情報等を利用する限りにおいて，同法第4章の規定は適用されない。もっとも，当該共同研究の目的が営利事業への転用に置かれているなど，必ずしも学術研究の用に供する目的で取り扱っているとはみなされない場合，法76条1項3号の適用除外にはあたらず，同法第4章の規定が適用される（委員会Q&A8－4）。

■3　プライバシー権との関係

プライバシー権との関係では，プライバシー権に関し，■1の①，②に関連する判例が多いことから明らかなように，■1の①から⑤に該当する場合でも，プライバシー保護の対象になる。なお，当該目的は，プライバシー侵害の有無について，個別に判断する際の判断要素の1つとして扱われている。

第3項　プライバシー侵害の効果

■1　概　　要

個人情報の漏えい等が発生した場合，一般に，個人は企業に対し，プライバシー（人格権）侵害を理由とする不法行為に基づく請求権を有することとなる（第2章第4節第2項■2参照）。

■2　侵害により生じる効果

(1) 損害賠償請求

民法709条など，民法上の不法行為としての請求が通常である[*82]。

後述のように，これまで認められている判例では1件1件の損害額は，数

千円から数万円が一般的であるけれども，プライバシー侵害では，被侵害者を集め，集団訴訟を提起することも考えられる。例えば2014年のベネッセ大規模漏えい事件（第3章第5節第1項■1(2)）に関する訴訟では，原告側の発表では，1万人以上が原告として参加しているようである。漏えい事件では，得られる利益に比べ，裁判費用などコストが高く，これまであまり裁判になることはなかったけれども，今後は増加していく可能性がある[*83]。なお，消費者裁判手続特例法（消費者の財産的被害の集団的な回復のための民事の裁判手続の特例に関する法律（平成25年法律第96号））では，慰謝料（精神的損害）は請求できる損害の範囲から除かれている。

不法行為の時効は，被害者又はその法定代理人が損害及び加害者を知った時から3年間である（民法724条）。

(2) 差止め

事前告知があった場合や事業者が自主的に終了しない場合に，プライバシーを侵害される可能性がある者又は侵害されている者が差止めをすることが考えられる。もっとも，企業による情報収集の場合，同意をしない，オプトアウトするなどの対応が可能であり，表現行為に関連する場合に比べ，事後的な対応が可能であり，差止めが問題となるケースは限定される。

(3) 謝罪広告

情報の収集，利用や第三者提供により，社会的信用などが大きく損なわれる事態は通常想定されず，謝罪広告が認められるのは，特殊な事案といえる。

■3 判　例

判例は，慰謝料を5000円から数万円とするものが多い。

(a) 判例1

宇治市がその管理する住民基本台帳のデータを使用して，検診システムを

[*82] 漏えいした個人情報を提供した際に，締結したサービス利用契約との関係で，債務不履行責任（民法415条）による請求が可能な場合もあり得る。この場合，時効は権利を行使できる時から10年間となる。

[*83] アメリカでは，消費者のプライバシー保護を担う行政機関である連邦取引委員会（FTC）は，企業に不公正な行為等（FTC法5条）があった場合，企業を相手に審判手続を開始し，審決を行うことが可能である（第4章第5節【29】■3(2)参照）。企業は，審決に不服があるとき，連邦控訴裁判所に審決取消請求訴訟を提起でき，法廷での争いとなることも多い。

第8節 その他

開発する業務を民間事業者に委託したところ，再々委託先のアルバイト従業員が，同データを不正にコピーして名簿販売業者に販売し，さらに同事業者から転売されたことなどに関し，宇治市民（被控訴人ら）が宇治市（控訴人）に対して，プライバシー侵害による損害賠償を請求した事案（大阪高判平13・12・25判例地方自治265号11頁〔宇治市住民基本台帳データ漏えい事件〕）。

〈判旨〉「プライバシーの権利が侵害された程度・結果は，それほど大きいものとは認められないこと，控訴人が本件データの回収等に努め，また市民に対する説明を行い，今後の防止策を講じたことを含め，本件に現れた一切の事情を考慮すると，被控訴人らの慰謝料としては，1人あたり1万円と認めるのが相当である。」とし，更に被控訴人1人あたり5000円の弁護士費用を認めた。

〈解説〉 本件漏洩事件発生当時，住民基本台帳のデータは，誰でも閲覧することができたが，現在は原則非公開とされており，同様の問題が発生したときには損害額は当時より大きく評価されると考えられる。

(b) 判例2

私立大学が，中国国家主席の講演会に参加する者の氏名，学籍番号，住所及び電話番号を記載した名簿の写しを，参加者に無断で，警視庁の警備を目的とした要請に応じて提出したことについて，損害賠償請求がなされた事案（前掲最判平15・9・12〔早稲田大学名簿提出事件〕（第2章第3節第1項■4(3)(e)）差戻し後の東京高判平16・3・23判時1855号104頁）。

〈判旨〉「本件個人情報の開示自体には本件講演会の警備等の正当な理由があり，開示された個人情報も秘匿されるべき必要性が必ずしも高いものとはいえないものであった」こと，「控訴人らは，本件講演会の参加申込みをした時点において江主席の講演を妨害する目的をもっていた」ことなどを理由に，慰謝料を1人あたり5000円とし，弁護士費用相当の損害賠償金は認めなかった。

(c) 判例3

インターネット接続等の総合電気通信サービスの顧客情報として保有処理されていた原告らの①住所，②氏名，③電話番号，④メールアドレス，⑤ヤフーID，⑥ヤフーメールアドレス，⑦申込日が外部に漏えいしたことにつき，損害賠償請求がなされた事案（大阪地判平18・5・19判タ1230号227頁〔Yahoo!

BB顧客情報漏えい事件〕)。

〈判旨〉 同サービスを提供していた被告に，外部からの不正アクセスを防止するための相当な措置を講ずべき注意義務を怠った過失があるとして，原告らの不法行為に基づく損害賠償請求として，原告1人あたり，慰謝料5000円・弁護士費用1000円を認容した。なお，被告は，漏えい発生後，上記サービスの全会員に500円の金券を交付していた。

(d) **判例4**

エステティックサロンを経営する事業者の管理するサイトに読者が書き込んで送信した氏名，住所，職業，電話番号，電子メールアドレス，希望コースがわかるファイル名等が流出し，電子掲示板に上記個人情報の内容が転送され，迷惑メールやダイレクトメールが送られるなどしたことについて，プライバシー侵害として損害賠償請求がなされた事案（東京高判平19・8・28判タ1264号299頁〔TBC個人情報漏えい事件〕)。

〈判旨〉 原告1人あたり，慰謝料3万円，弁護士費用5000円を認容。流出した情報の要保護性が高かったことや迷惑メールが送られるなど，原告に実際に被害が生じていることから，慰謝料額が比較的高額になったと評価できる。

(e) **判例5**

原告が，被告に対して，被告が運営するインターネット上の電話帳サイトであり，過去にNTTが発行した紙媒体の電話帳の情報に基づき，個人の氏名，住所及び電話番号を掲載し，インターネットを通じてその情報を検索できるようにされている「ネットの電話帳」に，自己の氏名，住所及び電話番号が掲載されていることなどによるプライバシー侵害があるとして，損害賠償の他，自己の情報の削除等を請求した事案（京都地判平29・4・25（平成27年(ワ)第2640号）裁判所ホームページ）。

〈判旨〉 慰謝料5万円と弁護士費用5000円の限度で損害賠償を命じ，「ネットの電話帳」からの原告の情報の削除も認めた。

なお，原告は，被告が同訴訟等の裁判関係書類をウェブサイトに掲載したため，そのことに対する損害賠償請求，同書類に記載された原告の氏名，住所，電話番号，郵便番号の記載を削除するように求めていた。これに対し，判決は，慰謝料5万円と弁護士費用5000円の支払，原告の住所，電話番号，

郵便番号の記載の削除は認めたけれども，名前の削除は認めなかった。

第4項　個人情報保護制度の今後の見通し

　総論の最後に，今後の個人情報保護制度の動向として，考えられるところを述べる。今後の改正で，企業の実務に影響が出ないようにするためにも，今後の動向も見据えておくことは重要である。

■1　これまでの流れ

　日本での今後の個人情報保護制度を検討するにあたっては，①通信技術などの発展による情報集約化の進展と，②多国間とのデータ流通との関係という2点を軸に進められてきたことを意識する必要がある（第2章第1節参照）[84]。

　まず，個人情報保護法制定（平成15年）の際は，①情報通信技術の進展による個人情報保護の必要性の高まりと，②EUにおける個人データ保護指令の制定の影響を受けた。

　次に，平成27年個人情報保護法改正では，①通信技術やIoT，バイオメトリクスなどの技術進展や，②国際的なデータ流通が進む中でグローバル化に対応することが，改正にあたっての問題点とされた（第2章第1節第5項）。

■2　今後の動向

　では，今後，日本の個人情報保護制度はどのように改正されていくのか。
　まず，①情報集約化の進展に関し，今後IoT，AIがさらに発展し，情報集約の核となる要素が増えた場合，「個人情報」の保護範囲の拡大やプロファイ

---

[84]　個人情報保護法附則（平成27年9月9日法律第65号）12条3項に，以下の規定がある。「政府は，前項に定める事項のほか，この法律の施行後3年ごとに，個人情報の保護に関する国際的動向，情報通信技術の進展，それに伴う個人情報を活用した新たな産業の創出及び発展の状況等を勘案し，新個人情報保護法の施行の状況について検討を加え，必要があると認めるときは，その結果に基づいて所要の措置を講ずるものとする。」

リングの制限など,個人情報保護法の適用範囲がより広くなる可能性がある。

すなわち,平成27年改正では,クレジットカード番号,携帯電話番号,クッキー,MACアドレスなどが,個人識別符号に含まれるか検討がされたが,結論としては含まれないとされた(第2章第2節第3項■1)。しかし,これらは,一般的にプライバシーとしての要保護性が高いと考えられ(第2章第3節第2項■1参照),将来的に個人情報に組み込まれる可能性もある。

また,②国際的なデータ流通の発展に伴い,今後,諸外国の規定変更などに合わせて,改正がされる可能性がある。例えば,EUから十分性認定を得るために個人情報保護法施行規則などの変更が必要になる可能性がある。また,十分性認定を得た後でも,EU一般データ保護規則に十分性認定の定期的な見直しに関する仕組みの提供を必要とする旨の規定が含まれており(45条3項),EUから修正を求められる可能性もある。

■3　企業の対応

前述のように,平成27年改正個人情報保護法附則12条3項は,個人情報保護法は,施行後3年ごとに1度,必要があると認めるときはその結果に基づいて所要の措置を講ずるものとしており,早ければ平成32年に改正される可能性もある。企業は,法改正で過去に集めたデータを利用できなくなり,最悪の場合には,サービスを中止せざるを得なくなる事態が生じないようにすることが重要であり,現行法を遵守するだけでなく,今後の法改正まで見据えて規約等を検討しておく必要がある。

各 論

第4章

情報の利活用・管理に関する具体的検討

〔検討における観点〕
　利活用・管理における検討事項は様々あり，1つの観点からの検討では十分でない場合がある。そこで，これまで，総論（第1章～第3章）で検討してきた視点に基づき，各論（第4章）については，以下の観点に分けて説明していく。
- 誰が（事業主体（1節）），
- どのような情報を（情報の種類（2節）），
- どのように，①取得・利用（取得・利用方法（3節）），②提供（情報の提供方法（4節））し，③提供先はどこか（国際的なデータ流通（5節））。

　また，要配慮個人情報の影響やカメラ撮影による情報利活用など，新たな検討が必要な従業員情報の取扱い（6節）も説明する。

第 1 節

事業主体

　平成28年3月31日時点では，事業等を所管する各府省により，27分野，38本のガイドラインが策定されていた。中でも，経済産業省が策定していた「個人情報の保護に関する法律についての経済産業分野を対象とするガイドライン」は，対象となる事業者の範囲が広範であり，個人情報保護法に関する解釈の際にも広く参考にされていた。

　さらに，情報通信分野，金融関連分野，医療関連分野などの特定事業分野[*1]では，それぞれの業法や保護する権利との関係から，個別のガイドライン（特定分野ガイドライン）が作成され，ガイドライン（通則編）等への上乗せ，横出しにあたる規定が置かれている（第2章第2節第1項参照）。

【1】電気通信事業者

 電気通信事業者が注意すべき事項は何か？

 電気通信事業は，通信の秘密と直接の関わりがあり，公共性が極めて高い上に，プライバシー保護が必要な情報を取り扱うことも多

[*1] これらの分野は，個人情報の保護に関する法律案に対する附帯決議でも個別に対応が必要とされていた（平成15年4月25日衆議院個人情報の保護に関する特別委員会）。
　「医療，金融・信用，情報通信等，国民から高いレベルでの個人情報の保護が求められている分野について，特に適正な取扱いの厳格な実施を確保する必要がある個人情報を保護するための個別法を早急に検討すること。」

い。このため,電気通信事業分野では,通信の秘密に属する事項その他の個人情報の適切な取扱いに関する具体的な指針として,電気通信事業における個人情報保護に関するガイドライン（平成29年総務省告示第152号）（以下「電気通信GL」という）が定められている。

電気通信GLは,通則GLとの関係では,上乗せ・横出しとなる内容を含むけれども,個人情報委員会が策定した通則GLの内容を溶け込ませる形で事実上引用しており,電気通信GLだけを確認すれば足りる。

電気通信GLの対象となる電気通信事業者とは,電気通信事業法（昭和59年法律第86号）2条4号に定める電気通信事業を行う者をいう（電気通信GL 3条1号）とされ,電気通信事業法2条5号における「電気通信事業者」に比べ,電気通信事業を営むことの登録・届出が要件とされない点で該当範囲が広くなっている。主として,固定回線事業者,携帯電話事業者,MVNO事業者,インターネットサービスプロバイダー（ISP）,Wi-Fi事業者が含まれる。個別の事業者が電気通信事業者に該当するかは,詳しくは,電気通信事業者参入マニュアル[*2]を参照する必要がある。

なお,電気通信事業法の適用除外にあたり,登録・届出が必要ない場合（同法164条1項）でも,同法3条に規定する「検閲の禁止」及び同法4条に規定する「通信の秘密の保護」は適用されるため（同法164条3項）,注意が必要である。

電気通信事業者は通信の秘密と直接関わるため,電気通信GLでは,通常の個人情報保護の適切な取扱いに加え,通信の秘密に関する事項も規定する（電気通信GL 3章各種情報の取扱い）。

特に,GPS等の位置情報の取扱い（第4章第2節【5】参照）やアプリケーションにより情報を取得する際の注意点（第4章第3節【15】参照）は,電気通信事業者以外にも参考になる。

■1　通信の秘密[*3]

(1) 概　　要

[*2] 総務省「電気通信事業参入マニュアル〔追補版〕（第2版）」（平成29年6月23日）〈http://www.soumu.go.jp/main_content/000477428.pdf〉。
[*3] 全般について,多賀谷他『電気通信事業法逐条解説』（情報通信振興会,2008）を参照。

(a) 憲法

国と国民の関係を定める憲法は、21条2項後段で「通信の秘密は、これを侵してはならない」と規定し、国が国民の通信の秘密を侵すことを禁じている。通信の秘密は、表現の自由の保障の一環としての意味とともに、プライバシー保護の意味も持つと解されている。

(b) 電気通信事業法

憲法21条2項を受け、電気通信事業法4条1項は、電気通信事業者と通信当事者の間における通信の秘密について、「電気通信事業者の取扱中に係る通信の秘密は、侵してはならない」と規定している。これは、通信が人間の社会生活にとって必要不可欠なコミュニケーションの手段であるため、憲法21条2項の規定を受けて思想表現の自由の保障を実効あらしめるとともに個人の私生活の自由を保護し、個人生活の安寧（プライバシーの保護）を保障するものである。

(c) 電気通信事業法の罰則

電気通信事業法では、通信の秘密を侵した者は、2年以下の懲役又は100万円以下の罰金に処するとされている（同法179条1項）。さらに、電気通信事業に従事する者が通信の秘密を侵した場合には、3年以下の懲役又は200万円以下の罰金に刑が加重されている（同条2項）。

侵害をすると直ちに刑罰が科される点で、原則として、指導及び助言（法41条）、勧告（法42条1項）、命令（同条2項・3項）という段階を経た上で、命令違反がある場合に刑罰を科す個人情報保護事業者の義務違反の場合（法84条）に比べて（第3章第8節第1項参照）、厳しい規定である。

(2) 保護対象

(a) 電気通信事業者の取扱中に係る通信

「取扱中に係る通信」とは、発信者が通信を発した時点から受信者がその通信を受ける時点までの間をいい、電気通信事業者の管理支配下にある状態のものを指す。情報の伝達行為が終了した後も、その情報は保護の対象となる。

(b) 「秘密」

通信の秘密の「秘密」とは、一般に知られていない事実であり、他人に知られていないことにつき本人が相当の利益を有すると認められる事実をい

う。電話や電子メール等の特定者間の通信は、秘密性が推定される。これに対し、電子掲示板やホームページに掲載される情報など、不特定者に向けて表示されることを目的とした通信の内容は、原則として本条の保護の対象外となる[*4]。

通信の秘密の範囲には、①通信内容の他に、②知られることによって通信の意味内容が推知されるような事項すべて（通信の日時、場所、通信当事者の氏名、住所・居所、電話番号などの当事者の識別符号、通信回数等）が含まれると解されている。

通信の秘密は、個々の通信を保護するものであり、主体が法人等情報であっても保護の対象となる点で、個人情報よりも対象範囲が広い。もっとも、個々の通信とは無関係の契約者の住所・氏名などが保護対象とはならない点で、個人情報の保護対象より狭い。

〈個人情報保護法、通信の秘密の保護対象[*5]〉

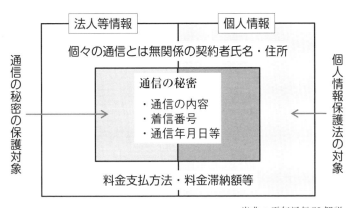

出典：電気通信GL解説

[*4] 多賀谷他・前掲注（[*117]）38頁。
[*5] 電気通信GL解説から。

(3) 通信の秘密の侵害と違法性阻却事由

(a) 通信の秘密の侵害

秘密を「侵す」に該当する態様は，①知得（積極的に通信の秘密を知ろうとする意思のもとで知り得る状態に置くこと），②窃用（発信者又は受信者の意思に反して利用すること），③漏えい（他人が知り得る状態に置くこと）の3つに区分できる。なお，上記の①知得や②窃用には，機械的・自動的に特定の条件に合致する通信を検知し，当該通信を通信当事者の意思に反して利用する場合のように，機械的・自動的に処理される仕組みも該当し得るとされる。

①知得　　②窃用，③漏えい
　　↓　　　　　↓
通信当事者　→　第三者　→　他人

(b) 通信当事者の有効な同意

一般に通信当事者の有効な同意がある場合，当事者の同意があり，そもそも，通信の秘密を侵害しない，又は，侵害しても違法性が阻却されると解されている。もっとも，相手方にとっては通信当事者限りで秘密とすべき通信もあり得るので，一方の通信当事者の承諾では違法性が阻却されない場合もあるとされている[*6]。

そして，通信の秘密保護の観点から，原則として通信当事者の個別具体的かつ明確な同意が必要とされる（電気通信 GL 解説 2-13 参照）[*7]。

(c) 違法性阻却事由

通信の秘密を侵害した場合，原則として違法性が認められる。もっとも，刑法の法理を参考として，以下の違法性阻却事由がある場合，例外的に違法性が阻却されるとされている[*8]。

[*6]　多賀谷他・前掲注（*117）39頁。
[*7]　位置情報プライバシーレポート（第4章第2節【5】参照）では，通信の秘密についての同意に関し，①約款は当事者の同意が推定可能な事項を定める性質であり，通信の秘密の利益を放棄させる内容はその性質にはなじまないこと，②事前の包括同意は将来の事実に対する予測に基づくため対象・範囲が不明確となることから，一般に，契約約款等に基づく事前の包括同意では有効な同意とは解されないとしている。

(ア) 正当行為に該当する場合
(イ) 正当防衛に該当する場合
(ウ) 緊急避難に該当する場合

(ア) 正当行為に該当する場合

刑法35条で,「法令又は正当な業務による行為は,罰しない」とされる。

一般に,法令に基づく行為の例として,裁判官の発布した令状に従って,通信履歴を捜査機関に提供する場合があげられる。また,正当業務行為の例としては,医師による外科手術があげられる。

通信の秘密に関し,正当業務行為と認められると整理されている事例には,以下のものがある。

①電気通信事業者が,課金・料金請求目的で顧客の通信履歴を利用する行為

②インターネットサービスプロバイダー(ISP)が,ルータで通信のヘッダ情報を用いて経路を制御する行為等の通信事業を維持・継続する上で必要な行為

③ネットワークの安定的な運用に必要な措置であって,目的の正当性や行為の必要性,手段の相当性から相当と認められる行為(大量通信に対する帯域制御等)

(イ) 正当防衛に該当する場合

刑法36条1項で,「急迫不正の侵害に対して,自己又は他人の権利を防衛するため,やむを得ずにした行為は,罰しない」とされる。

正当防衛に該当すると整理されている事例として,通信網あるいは通信事業者のサーバーに対する攻撃があった場合やワームの伝染,迷惑メールや壊れたパケット等の大量送信に対する遮断措置があげられる。

(ウ) 緊急避難に該当する場合

---

*8 刑法では,①刑法などの構成要件に該当して,②違法(客観的に処罰に値するだけの悪い行為であること)で,③有責な行為が犯罪とされている。このため,①構成要件に該当しても,②違法性がない場合には犯罪とはならない。

刑法37条1項で，「自己又は他人の生命，身体，自由又は財産に対する現在の危難を避けるため，やむを得ずにした行為は，これによって生じた害が避けようとした害の程度を超えなかった場合に限り，罰しない」とされる[*9]。

緊急避難に該当すると整理されている事例として，以下のものがある。
① 人命保護の観点から緊急に対応する必要のある電子掲示板等での自殺予告事案について，ISP が警察機関に発信者情報を開示する場合
② ウェブ上において流通し得る状態に置かれた段階で児童の権利等に重大かつ深刻な法益侵害の蓋然性があるといえる児童ポルノに対するブロッキングを行う場合

上記(ア)～(ウ)に該当し，違法性が阻却されるかは，事案の具体的事情に応じた個別の判断となる。このため，実施を検討しているサービスが通信の秘密を侵害し，電気通信事業法179条の構成要件に該当する可能性がある場合，専門家に相談する必要がある。判断が難しい場合は，監督官庁である総務省に相談することが望ましい。

■2　注意すべき事項

電気通信 GL には，通信の秘密を中心とした，業法上必要となる規律などが規定されている。以下では，通則 GL との関係で，上乗せ，横出しにあたる規定を説明する。通信の秘密に関しては，個人情報の取扱いとの相違による注意的な記載事項も多い。

(1) プライバシーポリシーの公表

企業がプライバシーポリシーを策定することを努力義務としている（電気通信 GL14条1項）。アプリケーションに係るプライバシーポリシーの策定も努力義務としている（同条2項，第4章第3節【15】参照）。

(2) 個人情報の取得の限定，オプトアウトによる第三者提供の禁止

個人情報の取得を電気通信サービスの提供に必要な場合に限定し，センシティブ情報の取得を原則禁止している（電気通信 GL 4条）。

(3) 通信の秘密に係る個人情報に関する取扱上の注意事項

[*9] 緊急避難が成立するには，正当防衛の成立要件に加え，補充性（他に方法がない場合にのみ許されること），法益権衡性（その行為により生じた害がその避けようとした害の程度を超えないこと）が必要とされている。

通信の秘密に該当する事項については，通信当事者の同意がある場合，裁判官の発付した令状に従う場合，正当防衛又は緊急避難に該当する場合その他の違法性阻却事由がある場合を除き，取得，保存，利用及び第三者提供が許されていない（電気通信事業法4条）。このため，以下の注意事項が置かれている。

(i) 電気通信事業者は，利用者の同意がある場合その他の違法性阻却事由がある場合を除いては，通信の秘密に係る個人情報を取得してはならない（電気通信GL 7条3項）。

(ii) 通信の秘密に係る個人情報に関し，本人の同意[*10]などの違法性阻却事由がある場合を除き利用が禁止されている（電気通信GL 5条4項）。

(iii) 電気通信事業者は，利用者の同意がある場合その他の違法性阻却事由がある場合を除いては，通信の秘密に係る個人情報を第三者に提供してはならない（電気通信GL15条8項）。このため，オプトアウトによる第三者提供はできない。

なお，電気通信事業法28条では，同法2条5号に定める電気通信事業者に対し，通信の秘密の漏えいが生じた場合の総務大臣への報告義務が定められている。

(4) 保存期間

原則として保存期間を設定し，期間経過後等に消去する努力義務を課している。ただし，通信の秘密に係る個人情報の場合，利用者の同意がある場合その他の違法性阻却事由がある場合を除いて保存できず，保存が許される場合でも，利用目的達成後は速やかに消去しなければならない（電気通信GL10条）。

(5) 個人情報保護管理者の配置

電気通信事業者の個人情報の取扱いに関する責任者（個人情報保護管理者）の配置に関する努力義務が課されている（電気通信GL13条）。

(6) 各種情報の取扱い

第3章では，各種情報の取扱いを規定する。位置情報を除き，詳細は電気

[*10] 通信の秘密の保護の観点から，原則として通信当事者の個別具体的かつ明確な同意が必要である（第4章第1節【1】■1(3)(b)参照）。

通信 GL 解説を参照されたい。
- 通信履歴（電気通信 GL32条　通信の秘密関連）
- 利用明細（電気通信 GL33条　通信の秘密関連）
- 発信者情報（電気通信 GL34条　通信の秘密関連）
- 位置情報（電気通信 GL35条　第4章第2節【5】参照，通信の秘密も関連）
- 不払い者等情報（電気通信 GL36条）
- 迷惑メール等送信に係る加入者情報（電気通信 GL37条）
- 電話番号情報（電気通信 GL38条）

【2】放送受信者等の個人情報を取り扱う事業者

 放送受信者等の個人情報を取り扱う事業者が注意すべき事項は何か？

■1　概　　　要

　放送法（昭和25年法律第132号）は，放送を公共の福祉に適合するように規律し，その健全な発達を図ることを目的とする。放送の果たすべき役割を踏まえ，放送分野特有の事情に即し，具体的な指針として「放送受信者等の個人情報保護に関するガイドライン」（平成29年総務省告示第159号）（以下「放送 GL」という）が示されている。

　情報利活用からの観点で主な特徴として，視聴履歴[*11]に関する規定があげられるため，以下説明する。

■2　視聴履歴の取扱い

(1)　概　　　要

　放送事業者等は，本人が認識することなく「個人の趣味・嗜好等に関わる

---

*11　視聴履歴とは，放送受信者等の個人情報であり，特定の日時において視聴する放送番組を特定することができるものをいうが，当該特定の日時の一ごとに個人情報を提供する本人の意図が明らかなものは除かれている。（放送 GL 3条5号）。

視聴に係る情報」を取得できることから問題が生じるおそれがあり，特に慎重な取扱いを要する。このため，視聴履歴の取扱いについて，以下の規定が置かれている。

(2) プロファイリングとの関係

放送受信者等の視聴履歴を蓄積して取得される個人情報は多様かつ膨大になり得る。分析（一種のプロファイリング）をすることで，幅広い趣味・嗜好等について高い確度で推知し，プライバシー権を侵害する可能性や要配慮個人情報の取得につながるおそれがあるため，視聴履歴は非常にプライバシー性が高い情報となり得る。このため，視聴履歴を取り扱うにあたり，要配慮個人情報を推知し，又は第三者に推知させないよう注意しなければならないとされる（放送GL34条）。さらに，同GL解説（7-1）では，注意義務違反に該当する事例として，視聴履歴の取扱いに関し，要配慮個人情報の推知を禁じる規律の整備等の安全管理措置を講じないことがあげられている。

〈思想・信条の推知が問題になり得る例[*12]〉

問題なし	問題あり
「〇〇教」の教義を解説する番組を視聴するニーズがあるという分析結果をデータベースに格納し，サービスに活用する。	視聴履歴単体，又は他の情報との組み合わせにより「〇〇教徒」と推知した結果をデータベースに格納する。
「国際問題」をテーマとする政治討論番組を好んで視聴するという分析結果をデータベースに格納し，サービスに活用する。	視聴履歴単体，又は他の情報との組み合わせにより「〇〇党を支持」と推知し，データベースに格納する。

[*12] 参考（http://www.soumu.go.jp/main_content/000485368.pdf）。
　以下の委員会Q&Aとの関係を考えると，プロファイリングしてラベル付けすることは問題であるが，視聴履歴として特定の番組を見た事実自体を記録することは問題ない。
　Q1-24 「〇△教に関する本を購入した」という購買履歴の情報や，特定の政党が発行する新聞や機関誌等を購読しているという情報は，要配慮個人情報に該当しますか。
　A1-24 当該情報だけでは，それが個人的な信条であるのか，単に情報の収集や教養を目的としたものであるのか判断することが困難であり，「信条」を推知させる情報にすぎないため，当該情報のみでは要配慮個人情報には該当しないと解されます。

「メンタルヘルス」をテーマとする健康情報番組を視聴するニーズがあるという分析結果をデータベースに格納し，サービスに活用する。	「鬱病」など特定の疾患の病名を推知し，データベースに格納する。（病歴の推知が問題になり得る例）

(3) 利用目的制限

　視聴履歴は利用目的が制限されており，あらかじめ本人の同意を得ない場合，①料金の支払い，②統計作成及び③匿名加工情報作成の目的以外での利用は禁止されている（放送 GL35条1項）。そして，本人の視聴履歴の取扱いに関する同意が，事実上放送の受信の要件とされないよう，不同意者に対する受信の拒否等の禁止（同条2項）が置かれている。

　テレビ受信機は世帯で共有されている場合も多く，放送受信者等が同意しても，世帯の他の構成員の意思に反する場合も想定されるため，視聴履歴取得等のオプトアウトの規定も置かれている（放送 GL35条3項）。

(4) プライバシーの関係

　放送受信者等及びその世帯構成員のプライバシー保護の観点から，非特定視聴履歴[*13]も，その取得を停止できることが望ましいとされている（放送 GL解説35条3項）。

　また，放送分野の個人情報保護に関する放送セキュリティセンターの認定団体指針では，特定個人の識別リスクの観点から，次の事項を講じることとされる。

　①非特定視聴履歴は，視聴履歴を有する事業者等に対して提供される場合，特定の個人が識別されてしまう可能性があることに留意すること。
　②視聴履歴を有する事業者等において，あらかじめ非特定視聴履歴の取得を通じた個人情報の取得に同意を得ていない限り，非特定視聴履歴を取得し，特定の個人を識別又は容易に照合できる状態にすることは，個人情報の不適正な取得となり，削除が必要となるので留意すること。

[*13] 特定の日時において視聴する放送番組を特定することができる情報であっても，特定の放送受信者等を識別することができず，かつ，他の情報と容易に照合することにより特定の個人を識別することができないもの。

【3】 金融，信用，債権管理事業者

 金融，信用，債権管理事業者が注意すべき事項は何か？

■1 概　　要

　金融関連分野について，個人情報保護委員会と，①金融庁（金融分野における個人情報保護に関するガイドライン（以下「金融 GL」という）），②経済産業省（信用分野における個人情報保護に関するガイドライン（以下「信用 GL」という）），③法務省（債権管理回収業分野における個人情報保護に関するガイドライン（以下「債権管理回収 GL」という）が，それぞれの連名による告示として，ガイドラインを策定している（以下各 GL を合わせて「金融関連分野 GL」という）。

　金融関連分野 GL では，通則 GL を基礎に，行政の継続性等の観点から，原則として従前の各分野ガイドラインの規制水準を維持する各分野固有の「格別の措置」が盛り込まれた。金融関連分野は関連性が高いため，現行の金融関連分野 GL の規定の表現見直しなどにあたり，規定の整合性に配慮がなされている。

■2　金融関連 GL の特徴

(1) 「機微（センシティブ）情報」について

　金融関連分野 GL では，現行の各分野ガイドラインにおける機微（センシティブ）情報と，法改正により新設された要配慮個人情報を合わせ，新たな機微情報を定義した（金融 GL 5 条，信用 GL Ⅱ 2⑵，債権管理回収 GL 第 4）。

　金融関連分野 GL では，要配慮個人情報の他に，①労働組合への加盟，②門地，③本籍地，④保険医療，⑤性生活を機微（センシティブ）情報とし，取得，利用，第三者提供をできる場合を限定している。

(2) 「本人に通知」について

　金融関連分野 GL では，個人情報保護法18条 1 項及び23条 5 項 3 号に定める通知は，原則として書面によることとしている（金融 GL 6 条等，信用 GL Ⅱ 2

(3) 「本人の同意」について

金融関連分野GLでは，個人情報保護法16条，23条及び24条に定める本人の同意を得る場合，原則として書面によることとしている（金融GL 4条，信用GL Ⅱ1(3)，債権管理回収GL第2の5）。

また，事業者があらかじめ作成された同意書面を用いる場合には，文字の大きさ及び文章の表現を変えること等により，個人情報の取扱いに関する条項が他と明確に区別され，本人に理解されることが望ましい，又は，あらかじめ作成された同意書面に確認欄を設け本人がチェックを行うこと等，本人の意思が明確に反映できる方法により確認を行うことが望ましいとしている（金融GL 4条，信用GL Ⅱ1(3)）。

(4) 「オプトアウト」について

金融関連分野GLでは，個人の支払能力に関する情報を個人信用情報機関へ提供するにあたり，オプトアウトを用いないこととしている（金融GL11条3，信用GL Ⅱ2(5)②，債権管理回収GL第7の3）。

■3　金融GLの概要

金融分野では，GL本体の他に，安全管理措置等に関する実務指針[14]や，金融分野Q＆Aが策定されており，遵守する必要がある。

特に，上記実務指針では，安全管理措置に関する具体的な義務規定が置かれており，各種事業者向けの監督指針に記載されている顧客等に関する情報管理等と併せて，遵守することが必要である。

---

[14]「金融分野における個人情報保護に関するガイドラインの安全管理措置等についての実務指針」（平成29年2月28日個人情報保護委員会・金融庁告示第2号（平成29年5月30日施行））。

【4】医療・介護関係事業者

 医療・介護関係事業者が注意すべき事項は何か？

 ■1 概　　要

　最初に，医療・介護関係事業者は，民間事業者，国の行政機関，独立行政法人，地方公共団体などのいずれに当たるかにより，適用される法律が異なるため，注意が必要である[*15]。

対　　象	適用される法律
民間事業者（私立大学・学会，私立病院等）	個人情報保護法
国の行政機関，国立研究所　等	行政機関個人情報保護法
独立行政法人，国立大学　等	独立行政法人等個人情報保護法
地方公共団体，公立大学，公立研究機関，公立医療機関　等	各地方公共団体の個人情報保護条例

　民間事業者の場合，特定分野におけるガイドラインの位置づけで，「医療・介護関係事業者における個人情報の適切な取扱いのためのガイダンス」が規定されている。
　さらに，人を対象とする医学系研究に関し，どの法律が適用されるかとは関係なく，各種の研究倫理指針が適用される[*16]。例えば，人間の尊厳及び人

[*15] 各地方公共団体で個人情報保護条例を個別に規定しており，個人情報保護法制の2000個問題と呼ばれる。鈴木正朝＝湯淺墾道「個人情報保護法制2000個問題について」（情報法制研究所，平成28年11月）（http://www8.cao.go.jp/kisei-kaikaku/suishin/meeting/wg/toushi/20161115/161115toushi01.pdf）参照。

権が守られ,研究の適正な推進が図られるようにすることを目的として,「人を対象とする医学系研究に関する倫理指針」が定められている。

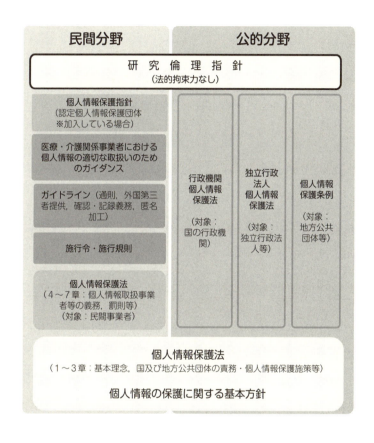

以下では,民間事業者に該当することを前提に説明する。

---

*16 ヒトゲノム・遺伝子解析研究に関する倫理指針,遺伝子治療等臨床研究に関する指針のほか,様々な指針がある。詳しくは,厚生労働省ホームページ「研究に関する指針について」を参照されたい(http://www.mhlw.go.jp/stf/seisakunitsuite/bunya/hokabunya/kenkyujigyou/i-kenkyu/index.html)。

■2 ガイダンス，研究倫理指針

(1) 医療・介護関係事業者における個人情報の適切な取扱いのためのガイダンス

(a) **概要**

医療介護の現場又は医療保険事務の現場の実務に当てはめた際の詳細な留意点・事例をまとめて，医療関連分野の留意事項や分野特有の具体的事例を列挙したガイダンスが，個人情報保護委員会と厚生労働省との連名による通知として，取りまとめられている。取りまとめにあたっては，行政の継続性等の観点から，医療・介護の現場や医療保険事務の現場に混乱や支障が生じないよう配慮されている。

平成27年個人情報保護法改正を受け，主に以下の変更がされている。

(b) **従前の考えを維持したもの**

(ｱ)　「個人情報の匿名化」

学術研究目的等のために認められてきた「個人情報の匿名化」について，個人情報から氏名，生年月日，住所，個人識別符号等，個人を識別する情報を取り除くことで，特定の個人を識別できないようにすることと定義し，匿名加工情報との違いを明確にした。

「匿名化」は，主に，患者の症例を学会発表したり，学会誌で報告したりする場合に利用される。ただし，症例や事例により，十分に匿名化することが困難な場合は，本人同意を得なければならないとされている。

(ｲ)　黙示の同意（第三者提供時の本人同意）

患者への医療の提供に必要であり，個人情報の利用目的として院内掲示等により明示されている場合は黙示の同意があるとされている。

例：他の病院，診療所，助産所，薬局，介護サービス事業者等との連携等

(c) **法改正に伴い新たに必要となる規定を盛り込んだもの**

(ｱ)　要配慮個人情報の取得時における本人同意の在り方

- 患者による受診の申し出の行為をもって，当該医療機関が患者の要配慮個人情報を含めた個人情報を取得することについて本人の同意があったものと解する旨を記載した。
- 要配慮個人情報の取得の例外に当たる事例を記載した。

例：急病その他の事態が生じたときに，本人の病歴等を医師等が家族から聴取する場合

(イ) 外国にある第三者への提供（第4章第5節【30】）にあたっての留意事項

外国にある事業者に個人データの取扱いを委託する場合，個人情報保護法第4章第1節の規定の趣旨に沿った内容の契約が締結されていれば差し支えない旨を記載した。

(ウ) 記録義務が適用されない具体的事例を記載

適用される場合の記録作成方法，記録事項及び保存期間等についても具体的に記載している。

(エ) 確認・記録義務が適用されない留意事項を記載

適用される場合の確認方法，記録の作成方法，記録事項及び保存期間等も記載している。

(d) **安全管理に関するガイドライン**

医療情報システムの導入及びそれに伴う外部保存を行う場合の取扱いは，「医療情報システムの安全管理に関するガイドライン〔第5版〕[*17]」によることとされている。

(2) **人を対象とする医学系研究に関する倫理指針**[*18]

個人情報保護法との関係では，個人情報等に関する規定が置かれているほか，インフォームド・コンセントの規定も重要である。

インフォームド・コンセント等に関する規定では，研究対象者に生じる負担・リスクに応じ，文書又は口頭による説明・同意等，インフォームド・コンセントの手続が整理されている。また，未成年者等を研究対象者とする場合，親権者等のインフォームド・コンセントに加え，研究対象者本人にも理解力に応じたわかりやすい説明を行い，研究についての賛意（インフォームド・アセント）を得るよう努めることとされている。

個人情報等に関する規定では，特定の個人を識別することができる死者の

[*17] 参考（http://www.mhlw.go.jp/file/05-Shingikai-12601000-Seisakutoukatsukan-Sanjikanshitsu_Shakaihoshoutantou/0000166260.pdf）。

[*18] 文部科学省・厚生労働省・経済産業省「個人情報保護法等の改正に伴う研究倫理指針の見直しについて」（平成29年2月15日）（http://www.kantei.go.jp/jp/singi/kenkouiryou/genome/dai7/siryou5_1.pdf）。

情報について，研究者等及び研究機関の長の責務規定を充実させている。また，研究対象者の個人情報に限らず，研究の実施に伴って取得される個人情報等を広く対象としている。

■ 3　次世代医療基盤法[*19]

(1)　概　　要

匿名加工された医療情報の安心・適正な利活用を通じて，健康・医療に関する先端的研究開発及び新産業創出を促進し，健康長寿社会の形成に資することを目的として，2017年4月，「医療分野の研究開発に資するための匿名加工医療情報に関する法律」(以下「次世代医療基盤法」という)が成立し，5月12日に公布された。交付日から起算して，1年を超えない範囲内で政令で定める日から施行される。

(2)　ポイント

医療情報[*20]は，要配慮個人情報に該当し，本人の同意（オプトイン）がない限り第三者提供できない(法23条2項)。もっとも，医療機関が自ら加工することは困難であり，個別に加工する技術を有する事業者に委任することは煩頊であり，現実的ではない。そこで，一定の条件を満した場合，オプトアウトで医療情報を提供できるようにした。

(3)　主な規定

(ｱ)　認定匿名加工医療情報作成事業者（認定事業者）の認定

高い情報セキュリティを確保し，十分な匿名加工技術を有するなどの一定

[*19] 宍戸常寿「シンポジウム『医学研究における個人情報保護のあり方と指針改正』について」NBL1103号。日置巴美「健康・医療情報の活用と個人情報保護法制その他の関係法令(1)」NBL1098号。長谷悠太「医療ビッグデータの利活用に向けた法整備―次世代医療基盤法の成立―」（立法と調査2017. 8 No.391参議院常任委員会調査室・特別調査室）参照（http://www.sangiin.go.jp/japanese/annai/chousa/rippou_chousa/backnumber/2017pdf/20170801003.pdf）。
[*20] 医療情報とは，特定の個人の病歴その他の当該個人の心身の状態に関する情報であって，当該心身の状態を理由とする当該個人又はその子孫に対する不当な差別，偏見その他の不利益が生じないようにその取扱いに特に配慮を要するものとして政令で定める記述等……が含まれる個人に関する情報のうち，特定の個人を識別することができるもの又は個人識別符号が含まれるものをいう（次世代医療基盤法2条1項）。

　また，匿名加工医療情報とは，①特定の個人を識別することができないように医療情報を加工して得られる個人に関する情報であって，②当該医療情報を復元することができないようにしたものをいう（同条3項）。

〈想定されている情報の流れ〉

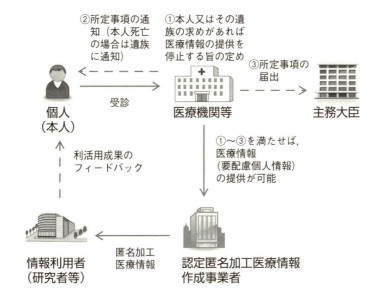

の基準を満たし，医療情報等の管理や利活用のための匿名化を適正かつ確実に行うことができる者を認定する仕組みを設けている（次世代医療基盤法8条以下）。

(イ) 医療情報等の取扱いに関する規制等

医療機関等は，あらかじめ本人に通知し，本人が提供を拒否しない場合，認定事業者に対し，医療情報を提供できることとしている（次世代医療基盤法30条）（医療機関等から認定事業者への医療情報の提供は任意である）。

■4　医療介護データプラットフォーム

厚生労働省は，2017年1月に，「データヘルス時代の質の高い医療の実現に向けた有識者検討会報告書」[*21]を取りまとめた。

---

*21　参考（http://www.mhlw.go.jp/file/05-Shingikai-12401000-Hokenkyoku-Soumuka/0000148300.pdf）。

第4章　情報の利活用・管理に関する具体的検討

保険医療データプラットフォームにつき，以下の提言がされている。

①保健医療データプラットフォームの構築・運営・管理に関する事項

個人の健康・医療・介護に関するヒストリーを，ビッグデータとして分析することを可能とし，医療の質を更に向上させるため，健康・医療・介護のデータを連結するための保健医療データプラットフォームを構築していくべきである。

②保険者のデータヘルス支援に関する事項

レセプトデータ等の有用なデータベースは，国民一人一人の健康寿命の延伸に向けた医療・介護サービスの効率的な提供に資するものであり，早々に活用方策を検討し，実行に移していくべきである。

また，同報告書では，ビッグデータ活用推進による具体的な取組みとして，基本的に2020年以降における以下の実施が提案されている。

(1) 保健医療データプラットフォームに関する事業
　　①ビッグデータの管理等
　　②第三者へのデータ提供の充実等
　　③都道府県等によるビッグデータ活用の支援
　　④研究者等によるビッグデータ活用の支援
(2) 個人の健康管理に資する情報の一元的な管理（PHR：Personal Health Record）
(3) 保険者のデータヘルス支援に関する事業（現行の社会保険診療報酬支払基金・国民健康保険中央会等が取り扱うレセプトデータ等の活用）
(4) セキュリティ対策の徹底

■5　医療データの利用に関するアメリカでの取組み

(1) HIPAA

アメリカでは，1996年に医療保険の相互運用性と責任に関する法律（Health Insurance Portability and Accountability Act：HIPAA）が制定され，2003年からプライバシールールが施行されている。

特定の「カバーされた組織」による個人の医療データの利用と開示をターゲットとし，自分の利用データの使用を個人が理解し，コントロールしやすくするための基準を認定している。HIPAAの核心となるのは，「必要最小

限」の使用と開示である。連邦議会と保健福祉省は医療データの保護を定期的に見直している。

　対象事業者は，健康情報を利用・提供するにあたって，原則として，対象となる個人から一定の条件を満たす書面上の許可を得なければならず，利用及び提供は許可の範囲内に制限される。もっとも，①氏名や住所といった識別項目（全16項目）を取り除き，②対象事業者において，当該情報が対象者を特定するために利用されることを認識していないという条件を満たす場合には，利用及び提供が可能である。利用・提供が許される場合でも，取扱いは必要最小限とする必要がある。

(2)　ブルーボタン

　退役軍人や高齢者等が，連邦政府機関（退役軍人省，保健福祉省）のサイトから Blue Button をクリックすることで，自己の医療データをダウンロードできるようにする制度である（第3章第7節第3項参照）。

　個人が自分の医療データに安全にアクセスすることを可能としており，個人は，医療データを医療機関に提供して医療サービスを受けたり，健康アプリ等で活用することができる。電子カルテシステムが進展したことで，取組みが可能になったものである。

　2014年段階で，自らのデジタル医療情報を入手している個人は延べ1億5000万人に達している。

第 2 節

情報の種類

【5】位置情報

 位置情報を取り扱う際の注意点は何か？

 ■1 概　　要

(1) 位置情報の定義

　位置情報とは，広義では，位置に関するプライバシー情報をいう。

　広義の位置情報の対象範囲は広く，住所が含まれることは当然として，誰がどこにいたか，例えば，自ら撮影してSNSに掲載した写真や，交通機関の乗降履歴，店舗で購買した際のレシートも含まれる。乗用車の移動履歴も，完全な自動運転が実現していない現時点ではすべてが人の動きを表すものであり，位置情報に該当する。

　ターゲティング広告などへの利活用を考えると，誰が現在どこにいるかという情報は極めて価値が高い。例えば，店舗のそばを通りかかるときに，クーポンチケットを配ることができるし，購買履歴など他の情報と組み合わせれば，クーポンの対象を前日夜にインターネットで調べていた商品など，その人が現在興味を持つものに絞ることも可能である。

　以下では，近年利活用の検討が進んでいる，スマートフォンなどの通信端末から取得される位置情報（狭義）を想定して検討する。カメラ，交通機関や自動車，購買履歴などから取得される位置情報などは，各事項の中で検討す

る。

(2) **位置情報（狭義）の特徴**
(a) **個人特定性が高いこと**

通信端末の位置情報の特徴として，同情報だけで特定人の位置を把握することが可能であること，情報を蓄積することで個人が特定される可能性が高まることがある。例えば，1人の1ヵ月間のGPS位置情報を取得した場合，通常，平日午前10時から午後6時までに長く滞在する場所は勤務先・通学先であること，午前2時に滞在していることが多い場所は自宅であることが強く推定される。

準天頂衛星の利用が進み，GPS位置情報の精度が上がって数センチメートル単位の誤差しかなくなり，個人情報を結びつける際の共通の符号として利用されるようになれば，GPS位置情報が特定の個人を識別することが可能な情報にあたり，単体で個人情報に該当する可能性もある。

なお，スマートフォンなどの通信端末の位置情報は，厳密には機器の位置情報であるけれども，個人が身の回りに常時携帯することから，個人の存在する位置として扱うことが実態に即している。最高裁判所の判例（第4章第2節【5】■2(4)参照）も，自動車の位置情報につき，利用する個人が特定されている場合には，個人の存在する位置と捉えている。

(b) **他の情報との結びつけが容易であること**

スマートフォンやタブレットなど通信端末から取得される位置情報は，見守りサービスやターゲティング，人流測定など様々な用途に利活用することが可能である。特に，スマートフォンの位置情報は，契約者情報や購買履歴など，スマートフォンからアクセスされる情報と結びついている，又は結びつけることが容易である。

日本では，位置情報単体では個人情報にならないが[*22]，通信事業者が取得する場合は，契約者情報などと紐づいていることが一般的である。さらに，企業が，住所，勤務先などを契約者情報として保有していれば，仮に位置情報と顧客情報を紐づけていなくとも，蓄積したGPS位置情報と組み合わせ

[*22] なお，EU一般データ保護規則では，位置情報は，単体で個人情報として扱われている（第2章第3節第3項■3参照）。

ることで容易に照合することが可能（第2章第2節第3項■1(3)）と評価される場合もあり得る。

(3) 電気通信事業者が取得する位置情報の種類

(a) 概要

電気通信事業者が取得する位置情報は，主として，①基地局に係る位置情報，②GPS位置情報，③Wi-Fi位置情報の3つに分類できる。

そして，基地局に係る位置情報は，(i)個々の通信の際に利用されるもの，(ii)位置登録情報に分類でき，Wi-Fi位置情報は(iii)外部との通信の際に把握される位置情報と，(iv)アクセスポイントと設置者間の通信に基づく位置情報に分類できる。

それぞれの位置情報で，精度，取得される経緯や通信の秘密への該当性，他の識別情報との結びつき，個人情報への該当性が異なる。概要は表〈位置情報の種類と特徴〉のようになる。

それぞれの位置情報に関する法律上の主な相違点として，①通信の秘密への該当性が異なること，②個人情報への該当性が異なることの2点がある。

基地局にかかる位置情報，Wi-Fi位置情報のうち，通信の際に把握されるものは，通信の構成要素となり，通信の秘密に該当する。これに対し，同じ基地局にかかる位置情報，Wi-Fi位置情報でも，通信の際に把握されるものに該当しなければ，通信の秘密には該当しない。また，GPS位置情報は，通信とは関係がないため，通信の秘密には該当しない。

一方，個人情報保護法との関係では，基地局にかかる位置情報は，携帯電話事業者の契約者情報に紐づいて把握されており，同事業者との関係では必ず個人情報となる。しかし，それ以外の位置情報は，必ずしも契約者情報等に紐づいて把握されておらず，それだけでは個人情報にあたらないが，他の個人情報と紐づいて把握されている場合や他の個人情報と容易照合性がある場合に，個人情報となる。

(b) サービス例

電気通信事業者が取得する位置情報を利用し，実際に現在提供されているサービス例として，以下のものがある。

① NTTドコモ：モバイル空間統計[*23]

位置登録情報を利用し，携帯電話の台数を集計して，ドコモの普及率を加

第2節　情報の種類

〈位置情報の種類と特徴[24]〉

	基地局に係る位置情報		GPS 位置情報	Wi-Fi位置情報	
	個々の通信の際に利用される基地局の位置情報	位置登録情報		端末利用者がアクセスポイントから外部と通信を行うことで把握される位置情報	端末利用者とアクセスポイント設置者間の通信に基づく位置情報
概要	個々の通信の際に把握される利用者の基地局に係る位置情報	移動体端末が着信等を行うために，移動体端末がどの基地局のエリア内に所在するかを明らかにするため，自動的に取得される位置情報	携帯端末のGPS機能により端末の具体的所在地を示す情報。利用者がGPS位置情報を取得するアプリなどを利用する際に取得される。	端末が特定のアクセスポイントと接続し，外部と通信を行うことにより，把握可能な位置情報	端末がアクセスポイントと接続し，外部と通信を行う前提として，端末がMACアドレス等をアクセスポイントに送信することにより把握可能な位置情報
精度	基地局単位（数十メートル〜）		緯度経度情報（数メートル〜）（準天頂衛星が本格運用されると（数センチメートル〜））	アクセスポイント単位（数メートル〜）	
取得の経緯	通信時に取得される。	通信の前提として取得される。	通信とは関係がない。	通信時に取得される。	通信の前提として取得される。
通信の秘密への該当性	該当する（通信の構成要素である）	該当しない	該当しない	該当する（通信の構成要素である）	該当しない
他の識別情報との結びつき	携帯電話事業者の契約者情報と紐づく。		GPS位置情報を取得するアプリなどが取得する他の情報と紐づく。	MACアドレスと紐づく。	
個人情報への該当性	該当する（携帯電話事業者の契約者情報と紐づくため）		該当しない（他の個人情報と紐づく場合，個人情報に該当する）		

総務省資料を基に作成

*23　モバイル空間統計ホームページ（http://www.dcm-im.com/service/area_marketing/mobile_spatial_statistics/），ガイドラインも公開している（https://www.nttdocomo.co.jp/corporate/disclosure/mobile_spatial_statistics/guideline/index.html）。

味することで人口を推計するサービス。

②ゼンリンデータコム：混雑統計[*25]

ドコモ地図ナビのアプリケーション利用者から許諾を得て蓄積した，数十万人分のGPS位置情報を分析プログラムで統計処理して「人の流れデータ」とするサービス。性別・年齢等の属性との関連は利用していない。

③KDDI・コロプラ：Location Trends[*26]

KDDIがauスマートフォンユーザーから位置情報取得の同意を得て，個人が特定できないように加工した位置情報データ（通信の秘密に該当するものを含む）及び属性情報（性別・年齢層）等を用いて，特定の場所に，いつ，どこから，どのような属性の人が，どれくらいの頻度で訪れているかなどを分析するサービス。

(4) **法規制の概要**

位置情報について，通信の秘密に該当するか，個人情報に該当するか，プライバシー情報のみに該当するかにより法的な取扱いが異なるので，注意が必要である。

	取　得	利　用	第三者提供
①通信の秘密に該当する位置情報	利用者の個別具体的かつ明確な同意がある場合その他の違法性阻却事由がある場合を除いては，取得してはならない（電気通信GL7条3項，同解説）。	利用者の個別具体的かつ明確な同意がある場合その他の違法性阻却事由がある場合を除き，利用は禁止されている（電気通信GL5条4項）。	利用者の個別具体的かつ明確な同意がある場合その他の違法性阻却事由がある場合を除いては，第三者提供は禁止されている（電気通信GL15条8項）。包括同意による第三者提供を可能とするには，「十分な匿名化」をした上で，一定の要件を満たすことが必要（匿名加工情報にして

[*24] 位置情報プライバシーレポートを加工。
[*25] 混雑統計ホームページ（http://www.zenrin-datacom.net/business/congestion/）。
[*26] Location Trendsホームページ（http://www.location-trends.com/service/）。

			取り扱うことは不可)。
②個人情報に該当する位置情報	原則として，利用目的の通知又は公表が必要。	通知又は公表した利用目的の範囲内での利用。	原則，本人同意（包括同意含む）が必要。匿名加工情報にすれば，本人同意がなくとも提供可能。
③プライバシー情報に該当する位置情報（すべての位置情報）	通信の秘密に該当しない位置情報の場合でも，利用者の同意がある場合又は電気通信役務の提供に係る正当業務行為その他の違法性阻却事由に該当する場合に限り取得することが強く求められる（電気通信GL解説5-4-1）。	他人への提供その他の利用については，利用者の同意がある場合又は違法性阻却事由がある場合に限定することが強く求められる（電気通信GL解説5-4-2）。	不当な権利侵害を防止するために必要な措置を講ずることが適当（電気通信GL解説5-4-3）。もっとも，契約者情報又は高精度の位置情報を利用する場合は，「十分な匿名化」に準じた水準まで加工することが望ましい。

　なお，上記表の①〜③の複数に該当する場合はそれぞれが重ねて適用される（③はすべての位置情報に適用される）。また，通信の秘密に該当する場合の取扱いは，第4章第1節【1】■1も参照。

■2　位置情報を取得する際における注意点

(1)　**通信の秘密に該当する位置情報**

　通信の秘密に該当する位置情報は，利用者の個別具体的かつ明確な同意がある場合その他の違法性阻却事由がある場合を除き，取得してはならないとされている（電気通信GL7条3項，同解説2-13）。

(2)　**個人情報に該当する位置情報**

　個人情報に該当する位置情報は，個人情報保護法の規律に従い，取得時に，利用目的の通知・公表又は明示が必要となる（法18条）。

(3) プライバシー情報に該当する位置情報

また、通信の秘密に該当しない位置情報の場合も、「ある人がどこに所在するかということはプライバシーの中でも特に保護の必要性が高い上に、通信とも密接に関係する事項であるから、強く保護することが適当である。そのため、通信の秘密に該当しない位置情報の場合においても、利用者の同意がある場合又は電気通信役務の提供に係る正当業務行為その他の違法性阻却事由に該当する場合に限り取得することが強く求められる」とされている（電気通信GL解説5－4－1）。

(4) 最高裁判所大法廷判決

最〔大〕判平成29年3月15日（刑集71巻3号13頁）は、警察によるGPS位置情報の無断取得はプライバシーを侵害し、違法とした（第2章第3節第1項■4(3)(h)参照）。

同判例の判示のうち、GPS捜査がプライバシー侵害に該当するかを検討した部分は、以下のとおりである。

「GPS捜査は、対象車両の時々刻々の位置情報を検索し、把握すべく行われるものであるが、その性質上、公道上のもののみならず、個人のプライバシーが強く保護されるべき場所や空間に関わるものも含めて、対象車両及びその使用者の所在と移動状況を逐一把握することを可能にする。このような捜査手法は、個人の行動を継続的、網羅的に把握することを必然的に伴うから、個人のプライバシーを侵害し得るものであり、また、そのような侵害を可能とする機器を個人の所持品に秘かに装着することによって行う点において、公道上の所在を肉眼で把握したりカメラで撮影したりするような手法とは異なり、公権力による私的領域への侵入を伴うものというべきである。」

上記判例を参考にすると、企業によるGPS利用もプライバシー侵害となる。もっとも、GPS捜査のように特定少数の対象の個別の動きを把握するために監視目的で取得する場合と、特定ではあっても多数の対象の位置情報を商業上の利用目的で利用する場合とでは、プライバシー侵害の程度は大きく異なると考えられる。

また、同判例を前提とすると、プライバシー侵害として問題となるリスクを下げるには、GPS捜査のような監視目的のものとは利用目的が異なることを規約などで明確化し、対象となる個人にも十分に周知しておくべきであ

る。

■3　位置情報を利用・第三者提供する際における注意点は何か？

(1)　通信の秘密に該当する位置情報について

(a)　原則

　通信の秘密に該当する位置情報を利活用するには，原則として個別かつ明確な同意が必要である（第4章第1節【1】■1(3)(b)参照）[*27]。このため，サービス利用規約の中で他の条項と一緒に同意を取るなどの方法で，包括的な同意（包括同意）を取得しても，同意があったことにはならない。

(b)　「十分な匿名化」

(ア)　概要

　位置情報プライバシーレポート[*28]で，「十分な匿名化」をした上で，一定の要件を満たした場合には，包括同意による場合であっても，利活用をすることが可能であるとされており，電気通信GLでも明文化されている。

　上記の「十分な匿名化」とは，一定の加工方法等の組合せにより，その時点での技術水準では再特定化・再識別化が不可能又は極めて困難といえる程度に加工することをいう（位置情報プライバシーレポート38頁）。なお，匿名加工情報に係る作成の方法に関する基準（法36条1項）（第3章第4節第2項参照）とは異なる[*29]。

(イ)　電気通信GL解説5-4-2

　以下，正確な理解のため，電気通信GL解説5-4-2の文章を引用する

[*27]　位置情報プライバシーレポートは，位置情報における個別かつ明確な同意について，位置情報の取扱いについての同意であることを本人が認識した上で画面上でのクリックなどにより行う「個別」の同意であり，かつ，画面上でのクリックや文書による同意など外部的に同意の事実が「明確」な同意を意味し，必ずしも位置情報の取得の「都度」同意を取得することまでを求めるものではない，としている。

[*28]　総務省緊急時等における位置情報の取扱いに関する検討会報告書「位置情報プライバシーレポート～位置情報に関するプライバシーの適切な保護と社会的利活用の両立に向けて～」（平成26年7月）（http://www.soumu.go.jp/main_content/000434727.pdf）。位置情報プライバシーレポートの概要については，藤波恒一「位置情報に関するプライバシーの適切な保護と社会的利活用の両立」Jurist 1484号82頁を参照されたい。

[*29]　「十分な匿名化」に求められる加工の程度については，株式会社野村総合研究所「位置情報に関するプライバシーの適切な保護と社会的活用の両立に向けた調査研究　報告書」（平成29年3月）（http://www.soumu.go.jp/main_content/000492789.pdf）を参照。

(①〜④及び下線部筆者)。

「通信の秘密に該当する位置情報について，匿名化して他人への提供その他の利用を行う場合には，通信の秘密の保護の観点から，当該位置情報と個別の通信とを紐付けることができないよう①十分な匿名化を行わなければならず，かつ②匿名化して他人への提供その他の利用を行うことについてあらかじめ利用者の同意を得る必要がある。この場合，原則として個別具体的かつ明確な同意がなければ有効な同意があるとはいえないが，③契約約款の内容等が利用者に対して十分に周知され，事後的にも利用者が随時に不利益なく同意内容を変更し，以後は位置情報を匿名化して利用しないよう求めることができることから利用者が不測の不利益を被る危険を回避できるといえる場合であって，④匿名化の対象とされる情報の範囲，加工の手法・管理運用体制の適切さなどを考慮すると通常の利用者であれば匿名化しての利用等を許諾すると想定できるときは，契約約款等に基づく事前の包括同意であっても有効な同意があると考えられる。」

　(ウ)　要件

　上記から，要件は以下の①〜④となる[*30]。

①「十分な匿名化」を行うこと

②匿名化して他人への提供その他の利用を行うことについてあらかじめ利用者の同意を得ること

③契約約款の内容等が利用者に対して十分に周知され，事後的にも利用者が随時に不利益なく同意内容を変更し，以後は位置情報を匿名化して利用しないよう求めることができることから利用者が不測の不利益を被る危険を回避できるといえること

④匿名化の対象とされる情報の範囲，加工の手法・管理運用体制の適切さなどを考慮すると通常の利用者であれば匿名化しての利用等を許諾すると想定できること

＊30　総務省の実施した，平成28年度位置情報に関するプライバシーの適切な保護と社会的活用の両立に向けた調査研究で「十分な匿名化」に関するルールに盛り込まれるべき内容として，以下の整理がされている（http://www.soumu.go.jp/main_content/000492794.pdf）。
　1　趣旨，2　用語の定義，3　適用範囲，4　「十分な匿名化」に係る取扱い（4−1　「十分な匿名化」による加工，4−2　安全管理措置，4−3　通知及び同意・選択，4−4　オプトアウト，4−5　プライバシー影響評価（PIA）），5　ルールの見直し。

(エ) 効果

効果として，契約約款等に基づく事前の包括同意であっても，利用者の有効な同意があるとして扱うことが可能となる。

なお，個人情報に該当する位置情報を，匿名加工情報として利用するには，上記の要件の他に，加工も含めた匿名加工情報に関する規律も満たす必要があるので，注意が必要である。

また，通信の秘密に該当する位置情報に，匿名加工情報とする加工を行うことで，「十分な匿名化」をしなくとも，包括同意で利用できるかが問題となるが，①通信の秘密に該当する情報の利用には，原則として有効な同意が必要とされていること，②個人だけでなく，個別の通信を特定されないレベルでの加工が求められ，匿名加工情報よりも厳しい匿名化が事実上必要となることから，包括同意による利用はできない。

(2) 個人情報に該当する位置情報

個人情報に該当する位置情報は，個人情報保護法の規律に従い，利用目的として通知又は公表した範囲での利用となり，第三者提供についても，原則として本人の同意が必要となる。

なお，匿名加工情報を作成する場合における注意点は，第4章第2節【5】5参照。

(3) プライバシー情報に該当する位置情報

(a) 概要

プライバシー情報にしか該当しない場合も，位置情報はプライバシーの中でも特に保護の必要性が高いこと，通信とも密接に関係する事項であることから，強く保護する必要がある。このため，他人への提供その他の利用については，利用者の同意を得る場合又は違法性阻却事由がある場合に限定することが強く求められる（電気通信GL解説5-4-1）。

(b) 必要な措置

電気通信GL35条3項は，位置情報サービスを自ら提供し，又は第三者と提携の上で提供するにあたっては，その社会的有用性と通信の秘密又はプライバシー保護とのバランスを考慮して，電気通信事業者は，利用者の権利が不当に侵害されないよう必要な措置を講ずることが適当であるとする。

「必要な措置」の具体的内容として，①利用者の意思に基づいて位置情報の

提供を行うこと，②位置情報の提供について利用者の認識・予見可能性を確保すること，③位置情報について適切な取扱いを行うこと，④第三者と提携の上でサービスを提供する場合は，提携に関する契約に係る約款等の記載により利用者のプライバシー保護に配慮をすることなどが考えられる（電気通信 GL 解説 5 - 4 - 3）。また，移動体端末を物体に設置して，その物体の所在地の情報を把握するような場合も上記に準じた必要な措置を講ずることが適当であるとされている。

事　項	「必要な措置」の具体的内容
①利用者の意思に基づいて位置情報の提供を行うこと（同意取得）	・同意取得は移動体端末の操作や書面による確認などの方法により明確に行うべきであること。 ・すべての包括的な内容の同意を得ることは適当でなく，位置情報を提供する者の範囲を特定しておくなどすることが望ましい。 ・利用者からの同意取得を事前に行う場合，原則として撤回できるようにしておくこと。
②位置情報の提供について利用者の認識・予見可能性を確保すること	・画面表示や移動体端末の鳴動等の方法により，位置情報が提供されることを認識できるようにすること。 ・合理的な期間，利用者が履歴を確認できるようにすること。 ・利用者が誤って位置情報を送出することを防止するため，提供されるサービスや移動体端末の機能等について，十分な周知・注意喚起を行うこと。
③位置情報について適切な取扱いを行うこと	・権限を有しない者が移動体端末の位置情報の確認ができないよう，暗証番号の設定，アクセス端末の限定等の措置をとること。 ・他の電気通信事業者等が位置情報サービスを提供する場合等において，自社の管理する基地局情報が他者に不当に利用されることのないよう，基地局情報の管理について規程を設けること。
④第三者と提携の上でサービスを提供する場合について	・提携に関する契約に係る約款等において，第三者において上記のようなプライバシー保護措置が確保されることを担保すること。 ・利用者のプライバシーが不当に侵害されていると判断される場合には，位置情報の提供を停止できるようにしておくこと。

(4) 見守りサービス

　位置情報を提供する主要なサービスとして，通信端末を利用した見守りサービスがあげられる。

　利用する位置情報の種類によって，通信の秘密に関する規律，個人情報に関する規律，プライバシーに関する規律（複数が重畳的に適用される場合もある）を遵守する必要がある。以下では，プライバシーに関する規律として，一般に問題になると考えられるところを，電気通信GL35条3項の「必要な措置」との関連で記載する。

　見守りサービスで，家族から位置情報を取得されるのは，基本的に，高齢者や子どもであるけれども，契約者は家族であることが多く，見守りサービスの提供により，高齢者や子どものプライバシーが侵害されないように注意する必要がある。

　具体的には，対象者の同意を得ていることを客観的に確認することが必要であり，対象者が位置情報を取得されていることも認識できるようにする必要がある。親であれば，法律的には未成年の子どもの同意は不要とも考えられるが，例えば子どもが中学生の場合に同意が不要か，高校生の場合はどうかは議論があり得る。本人が確認できるようにすれば，家族以外の者に見守りサービスが悪用されて，ストーカー行為などに利用される事態も避けることができる。

　電気通信GL35条3項の規定は，電気通信事業者以外の位置情報を利活用する企業一般にも有用であるので，広く参考にされることが望ましい。

┌─ コラム○宅配サービスと位置情報の利活用 ─┐

　宅配サービスは慢性的に人員が不足している。問題の1つが，在宅しないことによる再配達率が高く，何度も訪問しなければならないことといわれている。解決案として，位置情報を取得するアプリケーションの利用や位置情報を利用している事業者との提携が考えられる。具体的には，発送先の人の位置情報を取得し，在宅しているか否かを調べるサービスの導入である。もちろん，位置情報ではなく，スマートホームのHEMS情報を利用することも可能である。

　普及には発送先にポイント制を導入することも重要だが，発送先が加入している場合には発送元の送料を下げる（通常は1000円のところ，発送先が位置情報サービスを利用していれば，800円で発送できる）などの方法により，導入することも有用と考えられる。

　もっとも，上記サービスが社会に定着するには，位置情報が悪用されないよう，情報の全体は中枢で厳重に管理しなければならない。対象となる荷物がある場合で，かつ配達できる場合にのみ，周辺にいる配達員に在宅情報が送られるという，必要最小限の情報しか流通しないシステムの構築が，重要である。

　将来的には，AIが位置情報や過去のデータなどから在宅状況を予想し，配達の大まかな順序を決め，在宅している家に配達を指示するシステムが導入できれば，抜本的な改善を期待できる。

■ 4　Wi-Fiプローブ情報を利用する際における注意点

(1)　概　　要

(a)　Wi-Fiプローブ情報の特徴

　Wi-Fiプローブ情報とは，位置情報の基となるプローブリクエスト及び接続要求（Wi-Fi端末がアクセスポイントに接続するために送信する信号）の情報（下記図①～③）をいう[*31]。

[*31] インターネット接続後の情報（図④）情報は通信の秘密に該当するため，同情報と分離して管理できていることが，Wi-Fiプローブ情報利用の前提となる。

〈Wi-Fiプローブ情報の概念図〉

A　端末利用者とアクセスポイント設置者との間の通信
　（図中①〜③までの通信）

B　端末利用者がアクセスポイントから外部と行う通信（図中④の通信）

総務省「位置情報プライバシーレポート」51頁の図を参考に作成

　通信端末のWi-Fi機能をオンにしていると、概念図記載のように、インターネットの通信契約がなくとも、Wi-Fiプローブ情報が、アクセスポイントから収集される。Wi-Fiのアクセスポイントの範囲は数十メートルであり、三角測量などを実施しなくとも、数十メートルの精度で、MACアドレス（ネットワーク上で各端末を識別するために、ネットワーク機器のハードウェアに一意に割り当てられる物理アドレス）が取得される。アクセスポイントが密集している地点では、三角測量により正確な位置を把握することが可能である。

　アメリカのスーパーでは、Wi-Fiアクセスポイントを設置して、顧客のMACアドレスを収集し、来店の頻度などの調査に利用している事例もある。

(b)　**法的性質**

　MACアドレスは、現在は単体では個人情報として扱われていないが、実質的な個人識別性を有するものとして、将来的に、個人情報保護法上保護される情報として取り扱われる可能性がある。なお、MACアドレスと契約者情報を紐づけている場合、当然に個人情報に該当する。

　端末利用者がアクセスポイントから外部と通信を行うことで把握される位置情報は、個々の通信と関係し、通信の秘密に該当する位置情報として取り

(2) 利用における注意

(a) 概要

プライバシー保護の観点からは，カメラ画像におけるプライバシー情報の利活用の扱い（属性情報の利用　第4章第2節【6】■4参照）が参考になる。もっとも，撮影によるカメラ画像取得の場合に比べると，単体では個人情報に該当しない，利用する機器の変更により集積が中断されるなどの特徴がある。

(b) 利用の周知

MACアドレスを利用する場合，個人情報に該当しなくとも，集めていることを対象者に周知することが望ましい（第3章第3節第1項■2参照）。

アクセスポイント設置場所付近での看板・ポスター等での周知にあたっては，アクセスポイントを設置しているエリアオーナーとの協力が必要である。また，電気通信事業者とそれ以外の事業者複数が連携して提供するようなサービスでは，連携する事業者も，適切な同意取得や説明・表示を行う必要がある。

■5　匿名加工情報を作成する上での注意点は何か？

(1) 概　　要

位置情報の匿名加工情報を作成することは可能であるけれども，冒頭に記載した位置情報の特徴に十分に注意する必要がある。交通機関の乗降履歴の匿名加工情報（第4章第2節【7】■4参照），自動車のプローブ情報の匿名加工情報（第4章第2節【8】■3参照）は位置情報の匿名加工情報の一種でもあり，それらも参照されたい。

(2) 配慮すべき要素

配慮すべき要素は，総務省平成28年度実証実験[*32]で検討の上，データ通信協会の個人情報保護指針3－8－2－5で次のように明示されている。

電気通信事業者が取り扱う位置情報は，そのプライバシー保護の必要性の高さ及び通信との密接な関係性に鑑み，強く保護することが適当である。そのため，通信の秘密に該当しない位置情報を用いた匿名加工情報を作成する

---

*32　前掲注（*141）記載の実証実験参照。

際は，位置情報特有の性質に対処するため，次の(i)～(ix)に掲げる評価指標による特定の個人が識別されるリスクを定性的に評価し，総合的に判断して，同リスクが十分に低減するよう努めなければならない。なお，必ずしも(i)～(ix)のすべての評価要素を満たす加工を求めるものではない。

事　項	配慮内容	対処の例
(i)付帯情報	付帯情報によっては，個人を特定する可能性が高まることに配慮して選定・加工することが望ましい。	性別であっても，対象とする集団に男女の大きな偏りのあることが想定される場合は，付帯情報として用いない又は配慮して加工する。
(ii)場所の特性	・対象とする位置情報に，自宅，通勤・通学地が含まれる場合は，配慮して加工することが望ましい。 ・対象とする位置情報に，要配慮個人情報に関わる場所が含まれている場合は，配慮して加工することが望ましい。	明らかに自宅，通勤・通学先がわかる場合は，これらを除くことが望ましい。 ・特定の疾患を対象とする病院に滞留していることが明らかなレコードを，加工対象から除外する。
(iii)集団の規模	特定の学校・職場や稀少な趣味嗜好等を持つ集団を対象とした場合，集団の規模によっては，特定の個人を識別する可能性が高まるため，集団の規模に配慮して加工することが望ましい。	特定の趣味嗜好の集団を取り扱う場合，十分な対象者数が得られることを確認する。
(iv)取得時期の特性	特定のイベントや事件のあった日，時期と一致する可能性がある場合，他の情報を参照することによって，特定の個人を識別する可能性が高まるため，取得時期の特性に配慮して加工することが望ましい。	・大規模集客施設において，特定の宗教のイベントが開催されていることが明らかな場合は，当該期間及び当該施設に該当するレコードを，加工対象から除外する。
(v)位置の精度	高い位置精度の情報は，特定の個人を識別する可能性が高いため，適切に精度を低減することが望ましい。人口密	位置精度数メートルの緯度・経度情報を，適切な大きさのメッシュ単位の位置情報に変

	度の低いエリアを対象とする場合は，特に配慮することが望ましい。	換する。
(vi)移動履歴の期間・範囲	移動履歴の期間は長くなったり，特定の時間帯を対象としたりする場合は，次のa)～c)に係るリスクが高くなるため，これらに配慮して加工することが望ましい。 a) パターン性——定期的に通っている場所，滞留している場所がわかることにより，自宅，通勤・通学地などが推測されて，特定の個人の識別性が高まる。 b) 場所の特性——上記(ii)参照。 c) 識別性——履歴の一意性が高まる。その一意性をもって，直ちに個人を特定することができないとしても，一定の配慮をすることが望ましい。	a)～c)を踏まえ，移動履歴の期間を短くして提供する。同一の事業者に提供する場合は，履歴の期間が重ならないように提供する等の配慮をし，各期間の履歴が結びつかないようにする。
(vii)時間の精度・間隔	時間の精度が高まったり，データを取得する際の時間間隔が短くなったりすると，特定の個人を識別する可能性が高まる。また，詳細な時刻情報は位置情報とセットになることで，異なるデータセット間における共通の識別子として機能し得る。このため，適切に時間の精度を低減したり，間隔を開けたりすることが望ましい。	秒単位で取得された時間の精度を，15分単位にまるめる。
(viii)対象者数	・加工対象とするデータセットに含まれる対象者数が少ないと，特定の個人を識別する可能性が高まることに配慮して加工することが望ましい。 ・同一の個人が複数台の携帯端末を所持している場合のあることを想定して，携帯端末台数よりも対象者数が小さくなる可能性のあることに留意	データを対象者数でカウントして，適切な規模の対象者数を確保する。

	することが望ましい。	
(ix)データ提供までの期間	データを取得してから，匿名加工情報として提供するまでの期間が短い場合は，他の情報を参照することによって，特定の個人を識別する可能性が高まることに配慮して加工することが望ましい。	位置情報を取得してから匿名加工情報として提供するまでの期間を，3ヵ月以上確保する。

【6】カメラ画像

 顔認識技術を用いてカメラ画像を取り扱う際の注意点は何か？

 ■1　概　　要

　職場近くのコンビニエンスストアで，ふと見上げると，数十のビデオカメラがいたる所に設置されていた。駅の構内のほか，商店街にも多数のビデオカメラが設置されている。これらのビデオカメラの中に，防犯目的以外で利用されるものがあることをはっきりと認識していない人も多いかもしれない。

　また，平成29年10月，顔認証技術を活用して日本人の出帰国手続を合理化する目的で，羽田空港に顔認証ゲートが導入され，日本人の帰国手続に運用されている。

　顔認識技術や情報通信技術をはじめとした各種技術の向上により，カメラ画像の利活用に対する期待は高まっている。もっとも，被撮影者のプライバシー侵害が生じる危険があるほか，消費者にはデータ利活用などへの漠然とした不安もある。実際に，2014年には，独立行政法人が，大規模複合施設でビデオカメラを設置し，人流統計情報を作成する実証実験を計画したが，市民の懸念などを理由に実施が延期される事態も発生している[*33]。このよう

に，カメラ画像の利活用にあたっては，個人情報保護，プライバシー保護などと調和するよう，取得・利用・第三者提供などの各場面で十分に注意する必要がある。

IoT推進コンソーシアム[*34]，総務省及び経済産業省は，平成29年1月に，カメラ画像の特徴を踏まえつつ利活用の促進を図るため，事業者が，被撮影者とそのプライバシーを保護し，適切なコミュニケーションをとるにあたっての配慮事項を整理した「カメラ画像利活用ガイドブックver1.0」[*35]（以下「ガイドブック」という）を作成した。

■ 2　カメラ画像の性質

(1) 概　　要

本書でカメラ画像とは，一定の目的をもって設置されているカメラ（ビデオカメラを含む）によって撮影された，個人の特定につながる可能性のある画像（動画も含む）をいう。

カメラ画像の利活用は，撮影による取得，利用，第三者提供などのそれぞれの場面につき，個人情報，肖像権（第2章第3節第1項■4(4)参照），プライバシーそれぞれの保護を検討する必要がある。また，パブリック空間を撮影する場合，設置場所の自治体で設置等に関する条例[*36]を定めている場合もあり，注意を要する。

(2) 性　　質

カメラ画像は，顧客満足度の向上等に利用できることから利活用のニーズ

[*33] 2013年11月，情報通信研究機構（NICT）は，JR大阪駅を中心とする大規模複合施設である大阪ステーションシティで，災害発生時の安全対策等を目的として，①施設内にビデオカメラを設置し，通行人の顔画像を含む映像データを取得，②特徴量情報を生成し，③同情報を用いて人流統計情報を作成する実証実験を，2014年4月から行うことを発表した。しかし，新聞などでプライバシー侵害を懸念する記事が掲載されたことなどから，NICTは，同年3月，プライバシー侵害に関する市民の懸念が寄せられたことを理由に，実証実験の実施を延期することを表明した。
[*34] IoT・ビッグデータ・人工知能時代に対応し，企業・業種の枠を超えて産学官で利活用を促進するため設立された組織。総務省，経済産業省などが協力している（http://www.iotac.jp/）。
[*35] 参考（http://www.meti.go.jp/press/2016/01/20170131002/20170131002-1.pdf）。
[*36] 例えば，「横浜市防犯カメラの設置及び運用に関するガイドライン」では，①管理責任者を指定すること，②撮影区域を必要な範囲に限定すること，③見やすい場所に防犯カメラを設置していることを表示すること，④保存期間が終了した画像データは直ちに消去することなどが定められている。

は高いが，個人情報・プライバシー保護との関係では次の特徴がある。
- 被撮影者が個人情報の取得に同意（黙示の同意を含む）しているとは限らない状況で，個人情報の取得が行われる。
- 被撮影者がカメラ本体を見ただけでは，カメラで取得された情報の利用範囲を把握できない。
- 被撮影者が意図した範囲を超えた情報の取得が行われ，被撮影者の想像しなかった情報が後日開示等されてしまう可能性がある。
- 解析・プロファイリング技術の進歩により，カメラ画像を取得した事業者も取得時点では予想していなかった情報が，後日明らかになる可能性がある。

このため，事業者は，ビデオカメラによる撮影にあたっての事前告知等，被撮影者とのコミュニケーションに課題があることで，カメラ画像の利活用を躊躇している。さらに，データの利用目的がわからない等の被撮影者の不安を払拭することが重要である。

■ 3　個人情報保護法との関係

最初に，カメラ画像の個人情報保護法上での取扱いについて，検討する[37]。

(1) 取得の場面

顔画像が含まれるカメラ画像から，特定の個人を識別できる場合には，個人情報（法2条1項1号）に該当し[38]，カメラ画像の取得は，個人情報の取得に該当する。

このことから，被撮影者に対する通知又は公表の義務があるが（法18条），前述のように，ビデオカメラ本体を目視しただけでは，ビデオカメラで取得された情報の利用目的（マーケティング目的などであること）は不明であり，情報の取得者及び利用目的について，通知・公表が必要となる[39]。

---

[37] 委員会Q&A1-11〜13, 38も参考にしていただきたい。
[38] 顔画像が含まれる可能性が低い場合，例えば，頭上から垂直に撮影する場合など，個人情報に該当するかが問題になり得るが，頭上を見た際などに顔が写る可能性を否定できないことなどからすると，個人情報の取得に該当する前提で取り扱うことを考えるべきであろう。これに対し，解像度が非常に低く，シルエットしか写らない場合には，個人情報の取得にあたらないと解される。

第4章　情報の利活用・管理に関する具体的検討

　もっとも，カメラの設置場所によっては，ポスターなどを貼ることが困難であり，貼っても文言を読むことができないという事態も想定される。このため，業界の取組みとして，防犯カメラマーク，マーケティングカメラマークなどを作り，マーケティング目的のビデオカメラであることが一目でわかるように周知していく取組みが有益である。

(2)　利用の場面

　個人情報に該当するカメラ画像を特徴量に変換してデータベース化したものは，個人データに該当し，個人情報保護法上の利用に関する規律が適用される[*40]。

　個人情報に該当するカメラ画像を特徴量に変換した場合は，通常は個人情報保護法施行令1条1号ロ及び同施行規則2条の基準を満たして個人識別符号（第2章第2節第3項■1(2)参照）に当たり，単体で個人情報となる。また，特徴量に変換したデータを個人データベースにすると，個人データとなる。

ガイドブック参照（以下，本節で引用する図表についてはすべて同様）

　なお，特徴量データを作成せずに，カウントデータ（カメラ画像から形状認識技術等を基に人の形を判別し，その数量を計測したデータ）を作成する場合，そもそも，顔部分等人物の特徴に類するデータを識別しないことから，個人情報データベースには該当しない。

[*39]　防犯目的の場合は，これまで，個人情報保護法18条4項4号「取得の状況からみて利用目的が明らかであると認められる場合」に該当するとして，通知・公表は不要と解されている。これに対し，1つのカメラをマーケティング目的にも利用する場合には，防犯及びマーケティング両方の目的について，通知又は公表が必要になる。

[*40]　カメラ画像を特徴量に変換した場合でなくても，特定の個人に係る映像情報について検索ができる場合には，個人情報データベース等に該当する（Q&A1-38参照）。

〈カウントデータの考え方〉

また、前述のように、取得時点では撮影側も予想しない情報が、解析・プロファイリング技術の進歩により後日明らかになる可能性がある。例えば、記念撮影の際にピースサインをすると、指紋が取得される可能性があるとの報道がされていたが、将来、顔画像などについても、健康状態の分析など、現時点では予測できない用途で利用される可能性もある。

(3) 第三者提供の場面

特徴量に変換したデータを個人データベース化したものを第三者提供する場合、原則として本人同意が必要となる（法23条1項）けれども、撮影されるすべての人から同意を取得することは通常困難である。

もっとも、①申し出た個人の特徴量を新たに取得・提供されないようにするためには、本人の特徴量を企業で保有し続けざるを得ないこと、②顔画像の特徴量は不変性があるところ、オプトアウトを求める前に第三者提供がなされて記録が集積されると生活状況などが明らかになり、本人に重大な侵害をもたらす可能性があること、③同一人物であれば、異なる画像であっても間違いなく同じ特徴量になるといえなければ、オプトアウトできないケースが出てくることからすると、オプトアウトによる提供（法23条2項）（第3章第6節第2項）は、基本的に同規定の趣旨にそぐわないと考えられる。

このことからすると、現時点では、第三者提供制限の適用が除外される場合（法23条1項各号）や第三者に該当しない場合（同条5項）[*41]を除き、被撮影者から第三者提供同意を得ていない特徴量データ自体を提供することは、特別の事情が無い限り難しいと考えられる。

[*41] 他の事業者と共同利用すること（法23条5項3号）は可能であるが、どのようにすれば共同利用の要件を満たすのかは検討が必要である。

もっとも，①カメラ画像を特徴量データに加工した後，さらに②属性データ（例：性別，年代）や動線データ（人流データ）に加工して（この時点で特徴量データは破棄），成果物を個人情報データベースに該当しないと扱うことは可能である。この場合，容易照合性をなくすための手段や，漏えいが生じることを防止するための安全管理措置として，元となったカメラ画像も削除することが重要である。

〈属性データの考え方〉

〈動線データ（特徴量データは保持しない）の考え方〉

(4) 本人対応の場面

個人データに該当するカメラ画像データベースを6ヵ月を超えて保有する場合，通常保有個人データに該当し，本人への対応に関する規律（法27条以下）が適用される。この場合，本人からの開示請求等に対応するため，膨大なデータの中から，本人に該当する保有個人データを検索することは事業者に大きな負担であるし，オプトアウトによる第三者への提供停止と同様，完璧に対応することは技術的に困難と考えられる。もっとも，開示が困難（法28条2項ただし書）などと一律に回答した場合には，消費者からの不信を招くリス

クが高い。

■ 4 プライバシーとの関係

次に，マーケティング等の商用目的に利用する場合において，事業者が利活用するにあたり，被撮影者とそのプライバシーを保護し，適切なコミュニケーションをとるにあたっての配慮事項を，事業者によるユースケースを基に整理する。なお，カメラ画像を加工することにより，取得の場面を除き，個人情報保護法上の規律が適用されなくなることを前提としている。また，下記(1)の基本的な考え方は，(2)で説明するビジネス利用を目的とした5つの検討事例を前提としている。

(1) **プライバシー侵害のリスクを低くするための基本的な考え方**
(a) **制度設計**[*42]
(ア) リスク分析の適切な実施
- 情報の漏えいや不用意な伝播，利用目的外の利用を防ぐため，取得したカメラ画像・当該カメラ画像から生成又は抽出等したデータについて，取得項目・利用範囲・アクセス権・保持期間・処理方法等を適切に定めること。
- 処理後のデータによる個人の再特定のリスクにつき，あらかじめ分析を行うこと。
- データが記録・保存される機器やサーバ群及びネットワーク上の各所における責任主体を定めること。
- カメラ画像の利活用に伴って生じるリスク分析を，事前同意の取得が困難である等の機器特有の状況に十分に鑑みて実施すること[*43]。

(イ) 説明体制の構築及び一元的な連絡先の設置
- カメラ設置場所周辺で勤労する従業員等に対する教育を実施する等，被撮影者が一貫した説明を受けられるようにすること。
- 利用の運用実施主体を明確に定め，相談や質問・苦情等を受け付けることのできる一元的な連絡先を設置すること。

---

*42 プライバシー・バイ・デザイン（第3章第2節第1項）を踏まえて，制度設計段階から検討をしている。
*43 プライバシー影響評価（第3章第2節第2項）の考え方を参考にしている。

- 外国人利用者が多い施設の場合,多言語(英語,中国語,韓国語など)による表示をすることが有益。

(b) **事前告知時**(既設のカメラに,新たな利用目的を追加して撮影する場合にも適用)[*44]

- 十分な期間をもって事前告知を行うこと。
- 撮影対象場所におけるポスターの掲示やパンフレットの配布等及び自社ホームページ上でのリリース等を実施すること。

  ※被撮影者が,十分に知ることができることが重要。

(c) **取得時**

(ア) 通知・公表の実施

- 撮影される者に対して,通知・公表をすること(顔画像などが含まれる場合,個人情報の取得に該当し,法18条1項に従う必要がある)。
- 撮影対象場所におけるポスターの掲示やパンフレットの配布等及び自社ホームページ上でのリリース等を実施すること(ポスターにホームページ上のアドレスをQRコード化したものを掲載するなど)。

(イ) 公表内容 (例:下記(2)**検討事例**(a)(イ)の事例)

〈ご案内〉

○○○　××店では,お客様の店舗内での行動例を分析するため,カメラ映像を利用しております。これにより,商品の見つけやすさ,品揃えを改善し,商品棚の欠品を防ぎ,より一層のお客様満足度の向上に役立てております。

　カメラで撮影された映像は保存せず,お客様の特徴を示すデータを即時に抽出し,店舗内での位置や棚前での行動を座標値として取得しております。この座標値から,お客様の店舗内での移動・滞留状況及び棚から手に取られた商品の分析を行っております。

　特徴を示すデータは座標値を取得すると同時に破棄しており,お客様の行動履歴を推定するデータには,個人を特定する情報を含んでおります。

　なお,データは当社グループのみで利用し,他社へ提供することはございません。

[*44] 取得の前段階として,事前告知を行うことが望ましい。制度設計の一環と捉えることも可能である。

> ※注釈
> - 映像から取得・加工・推定・分析しているデータ
>   ［取得］お客様の顔を含む全身画像
>   ［加工］顔を含む全身画像から生成するお客様の特徴を示すデータ
>   ［推定］性別，年代
>   ［分析］店舗内での移動・滞留状況，お客様が手に取られた商品
> - 詳細は以下のホームページでご覧いただけます。
>   URL:http://www.○○○○○○

(d) **取扱時**（安全管理措置）

(ア) 画像の破棄

　利活用に必要となるデータを生成又は抽出等した後，元となるカメラ画像は速やかに破棄すること。

(イ) 処理方法の明確化

(ウ) 処理データの保存

　処理後のデータを保存する場合，処理にあたっては，保存後のデータを用いた個人の特定が不可能となるような方法を用いること。

(e) **管理時**

(ア) 適切な安全管理措置

　カメラ画像から生成又は抽出等したデータに対して適切な安全管理措置及びセキュリティ対策を行うこと。

(イ) 第三者提供時の適切な契約締結

　カメラ画像から生成又は抽出等したデータを第三者へ提供する場合，当該第三者との間で，データの利用条件や内容について定めた契約を締結すること。

(ウ) 契約変更時の事前告知

　第三者との契約条件（データの内容や利用条件等）に変更が生じ，被撮影者に通知したデータの利用条件に変更が生じた場合には，十分な期間をもって事前告知を行うこと。

(2) **検討事例**

　以下，ガイドブックで検討されている5つの事例の主なポイントを説明す

る。なお,配慮事項の対応例については,ガイドブック及び同概要版[*45]で詳しい記載があるので,詳細はそちらを参考にしていただきたい。

(a) **特定空間（店舗等）に設置されたカメラ**

(ア) 入出の時点で,画像を取得し,特徴量データを抽出して人物属性を推定した後,速やかに撮影画像と特徴量データを破棄する事例。

〈利活用方法〉

- 店舗内設置カメラやセンサーを用い,来店者の人物属性（年齢・性別）を推定し,レジ混雑状況等を予測。
- レジ待ち時間の短縮やオペレーション（従業員配置等）の効率化に活用。

(イ) 空間内を人物等が移動する画像を取得し,座標値を得て,動線データを生成した後,速やかに撮影画像と特徴量データを破棄する事例。なお,人物属性と組み合わせることも可能である。

〈利活用方法〉

- 店舗内設置カメラやセンサーを用い,来店者の行動履歴（店舗内の移動状況や棚前での行動）を取得・分析。
- 品揃えの充実やマーチャンダイジング（店内レイアウト変更等）に活用。

(b) **公共空間に向けたカメラ**

(ア) 通行する人・車等を識別し,それぞれをカウントした後,速やかに撮影画像を破棄する事例。

〈利活用方法〉

- 通行する人・車等を形状認識し,通行者の人数を計測。
- 歩行者・自転車・車の量や方向等のデータを取り出し,出店計画等に活用する。

(イ) 街中の看板・交通標識,及び道路の混み具合を識別し,これらの情報を抽出した後,速やかに撮影画像を破棄する事例。

〈利活用方法〉

- タクシーのダッシュボードにカメラを設置し,街中の構造物や道路概況を取得・分析。
- 地図作成事業者が（人海戦術でやっている）地図データ更新のための事前調

[*45] 参考（http://www.meti.go.jp/press/2016/01/20170131002/20170131002-3.pdf）。

査等に活用。
　なお，通行人の顔や表札の文字は読み取らないよう，解像度が低いカメラを使用。
〈配慮事項の対応例〉（基本的な考え方以外のもの）
（ⅰ）　外から見ても，外向き撮影をしていることがわかるよう，車両外観にその旨を表示。
（ⅱ）　タクシー運行会社のホームページ上に以下の内容を掲載。
　　　目的：地図情報の更新，データ提供先（地図会社），対象車両台数，主要な走行範囲
（ⅲ）　人物が写り込んだ場合には，アイコン化を実施した上で，第三者に提供。
（ⅳ）　データ提供先と，地図データ作成目的以外に利用しない契約を締結。
（c）　**準公共空間（駅改札等）に設置されたカメラ**
　通行する人物を撮影し，アイコン化処理の後，速やかに撮影画像を破棄する事例。
〈利活用方法〉
- 画像解析により人の居場所や動静をアイコン化し，駅の混雑情報や入場規制等を配信。
- 乗客自らによる列車運行支障時の迂回や代替交通手段等の行動選択の一助とする。

（ⅰ）　事前に被撮影者（沿線顧客）に対するアンケートを実施。
（ⅱ）　人物形状を置き換えたアイコンを，無人の背景画像と重ね合わせることにより，処理をしないままデータを配信することが生じないシステムとした。
（ⅲ）　データの利活用は，自社グループ内に限定し，データの公開先は自社製アプリケーションとした。

(3) 企業における対応

　プライバシー侵害が問題となる事例については，個別事例に応じた具体的な対応が必要である。利活用を推進するためには，一定の基準として，業界団体などによる一定のルールやガイドラインを作成するとともに，利活用事例を集積していくことが有益である。

■ 5 肖像権との関係

(1) 肖像権とカメラ画像

肖像権とは，本人の承諾なしに，みだりにその容ぼう・姿態を撮影されない権利をいう（第2章第3節第1項■4(4)参照）。

カメラで顔画像を取得すると，当然ながら容ぼうを撮影することになるので，肖像権を侵害することとなる。このため，肖像権侵害との関係を検討する必要がある。

本書では，前述のように，肖像権をプライバシー権に含まれる概念と解しているところ，以下のように判断要素が明確にされており，参考になる。

(2) 最高裁判例

前掲最判平17・11・10（第2章第3節第1項■4(4)参照）

〈判決の要旨〉

「ある者の容ぼう等をその承諾なく撮影することが不法行為法上違法となるかどうかは，被撮影者の社会的地位，撮影された被撮影者の活動内容，撮影の場所，撮影の目的，撮影の態様，撮影の必要性等を総合考慮して，被撮影者の上記人格的利益の侵害が社会生活上受忍の限度を超えるものといえるかどうかを判断して決すべき。」

(3) 検　　討

本書で前提とする，ビジネス利用を目的としてカメラ画像を利用する場合，撮影後直ちに特徴量に変換し，元データは消去することを前提としており，画像自体の公表は想定されていない。このように，特徴量に変換されると，肖像権の場合も議論がプライバシー侵害の場合と一緒になる。

肖像権は，容ぼうを写されることに特徴があるところ，少なくとも，企業におけるマーケティングなどへの利活用を前提とし，表現行為に関わらない場合であれば，プライバシー権と同様に取扱ってよいのではないか[46]。

---

[46] 「映像センサー使用大規模実証実験検討委員会」が作成した調査報告書でも，「肖像権とは，人の画像（写真・絵画等）や彫像に表出される人格を保護法益とする権利であるから，画像から抽出された情報であっても，特徴量情報のように，人格が表出されていないものについては，肖像権の問題ではなく，プライバシー権の問題と考えるべきである」との指摘がある。

■6 検討状況

　大阪でのNICTの事例を受け，NICTが設置した「映像センサー使用大規模実証実験検討委員会」が，2014年10月に調査報告書を公表した[*47]。
　同報告書では，肖像権，プライバシー権侵害の有無や，個人情報該当性などを検討した中で，実証実験が信頼を得るためにとるべき措置として，次の事項が提案されており，参考になる。
①実験手順や実施状況等を定期的に確認し公表すること
②個人識別のリスクを市民に対して事前に説明すること
③撮影を回避する手段を設けること
　　一例として，撮影を拒否したい利用者が実験の実施されていないエリアを選んで通行できるようにする。
④映像センサーの存在と稼働の有無を，利用者に一目瞭然にすること
　　カメラに実験名称を記した看板を下げるなどとして本実証実験用であることを明らかにし，また，稼働していない期間にはカメラにカバーを覆い被せるなどして稼働していないことが一目でわかるようにする。
⑤人流統計情報の提供に際しては，委託契約又は共同研究契約を締結すること
⑥安全管理措置を徹底すること
⑦本実証事件に関して適切な広報を行うこと

■7 判　例

　カメラ画像に関する判例を，以下紹介する。
(1) 判 例 1
　コンビニエンスストアの経営者が，同店舗外での犯罪について捜査している警察官に，客が買物をした際の容ぼう，姿態を店内に設置されていたビデオカメラで撮影した映像を録画したビデオテープを提出した行為が，違法な肖像権，プライバシー権侵害に該当するかが問題となった事案。
　(a)　名古屋地判平16・7・16判時1874号107頁

[*47] 参考（https://www.nict.go.jp/nrh/iinkai/report.pdf）。

〈判決の要旨〉 商店が防犯カメラによって店内を撮影し，その映像をビデオテープに録画して一定期間保管することが許されるかは，「その目的の相当性，必要性，方法の相当性等を考慮した上で，客の有する権利を侵害する違法なものであるかどうかを検討する必要がある」。結論として違法性を否定。

(b)　名古屋高判平17・3・30（平成16年(ネ)第763号）

〈判決の要旨〉 原判決の防犯カメラによる撮影に関する部分について引用。

コンビニにおける防犯ビデオカメラによる店内の撮影，録画は，本件コンビニ内で発生する可能性のある万引き及び強盗等の犯罪並びに事故に対処する目的で行われるものであって，店内で発生した万引き，強盗等の犯罪や事故の捜査のために上記保管に係るビデオテープを警察に提供することは，違法となるものではない。「これに対して，……本件コンビニ内で発生した万引き，強盗等の犯罪や事故の捜査とは別の犯罪や事故の捜査のためにこれが提供された場合には，もはやその行為を本件コンビニにおける防犯ビデオカメラによる店内の撮影，録画の目的に含まれるものと見ることはできず，当該ビデオテープに写っている客の肖像権やプライバシー権に対する侵害の違法性が問題になってくる。」

「ビデオテープの提供行為が当該ビデオテープに写っている客の肖像権やプライバシー権を侵害する違法なものとされるかどうかは，これが警察に提供されることになった経緯や当該ビデオテープに録画された客の行動等の具体的事情から個別的に判断されることになる。」結論として，違法性を否定。

〈解説〉 名古屋高裁の判決が，防犯カメラ映像の利用を「本件コンビニ内で発生する可能性のある万引き及び強盗等の犯罪並びに事故に対処する目的」に限定したのは，利用目的として狭いと考えられる。平成17年の判決であり，現在同様の事件が発生した際に，同じ論旨となるかは疑問がある。

(2)　判　例　2

居室やベランダが公道上から撮影され，インターネット上にストリートビューサービスで公開されたことがプライバシー侵害となるかが問題となった事案（福岡高判平24・7・13判時2234号44頁）。

〈判決の要旨〉

(a) **撮影行為**

「当該撮影行為が違法となるか否かの判断においては，被撮影者の私生活上の平穏の利益の侵害が，社会生活上受忍の限度を超えるものといえるかどうかが判断基準とされるべきである。」「本件画像は，本件居室やベランダの様子を特段に撮影対象としたものではなく，公道から周囲全体を撮影した際に画像に写り込んだものであるところ，本件居室のベランダは公道から奥にあり，画像全体に占めるベランダの画像の割合は小さく，そこに掛けられている物については判然としないのであるから，一般人を基準とした場合には，この画像を撮影されたことにより私生活の平穏が侵害されたとは認められないといわざるを得ない。一般に公道において写真・画像を撮影する際には，周囲の様々な物が写ってしまうため，私的事項が写真・画像に写り込むことも十分あり得るところであるが，そのことも一定程度は社会的に容認されていると解される。……被撮影者の受忍限度の範囲内であるといわなければならない。」

(b) **公表行為**

「撮影された本件画像の公表行為の違法性については，その物を公表されない法的利益とこれを公表する理由とを比較衡量して判断すべき」。「本件画像においてはベランダに掛けられた物が何であるのか判然としないのであり，本件画像に不当に注意を向けさせるような方法で公表されたものではなく，公表された本件画像からは，控訴人のプライバシーとしての権利又は法的に保護すべき利益の侵害があったとは認められない。……本件公表行為についても不法行為は成立しない。」

〈解説〉 同判決は，ストリートビューサービスを営業行為として捉えている。不法行為の成立につき，撮影行為については社会生活上受忍の限度を超えるか否か（前掲最判平17・11・10（第2章第3節第1項■4(4)参照）），公表行為については公表されない法的利益とこれを公表する理由とを比較衡量（前掲最判平15・3・14（第2章第3節第1項■4(3)参照））して判断しており，本書の考える判断基準と同様と評価できる。

(3) **判例3**

被告が私道や原告ら宅出入口付近も撮影対象に含むカメラを設置したことが，プライバシー侵害にあたるかが問題になった事案（東京地判平27・11・5判

タ1425号318頁)。

〈判決の要旨〉「本件カメラ1の撮影が，常に行われており，原告らの外出や帰宅等という日常生活が常に把握されるという原告らのプライバシー侵害としては看過できない結果となっていること，他方，被告は，本件カメラ1の設置について，被告所有建物の1階居室の南側窓とその窓付近を撮影して防犯を図るものであるとするが，窓の防犯対策としては，二重鍵を設置するなどのその他の代替手段がないわけではないこと，その他上記の種々の事情を考慮すると，本件カメラ1の設置及びこれによる撮影に伴う原告らのプライバシーの侵害は社会生活上受忍すべき限度を超えているというべきである。」「原告らは，被告に対し，プライバシーの権利に基づく妨害排除請求として，本件カメラ1の撤去を求めることができる。」なお，他に設置されていた3件のカメラは，その撮影範囲，防犯目的があること，原告らに対する監視目的が含まれているとまで認められないことから，社会生活上受忍すべき限度は超えていないとされた。

〈解説〉 ビジネス利用を目的とした撮影ではないけれども，カメラの撮影範囲，撮影目的を詳しく認定した上で判断にいたっており，参考になる。また，原告らの主張に肖像権侵害がないためか，判示で肖像権侵害に言及するけれども独立した検討はなく，プライバシー侵害の枠組みで検討している。

■ 8　万引き対策における防犯カメラ利用の注意点は何か？

(1) 個人情報との関係

報道によると，万引き被害により，年間数千億円の損害が生じているといわれ，対策として，防犯カメラが広く利用されている。

防犯カメラで得られた画像を企業内で利用することは問題ないが，同一業種内他店舗間で共有したり，商店街内で共有することは可能か。

基本的には，これまで述べてきた個人情報保護法との関係，肖像権・プライバシー権との関係と同様である。もっとも，万引き行為すなわち窃盗罪（刑法235条）の被害の事実に関する情報に該当することが明らかであれば，一般的に以下の取扱いが可能と考えられる[*48]。

[*48] 当然ながら，えん罪による人権侵害が生じないよう，厳重かつ慎重な配慮が必要である。

①個人情報保護法16条3項2号「人の……財産の保護のために必要がある場合であって，本人の同意を得ることが困難であるとき」にあたる[49]。
②個人情報保護法23条1項2号「人の……財産の保護のために必要がある場合であって，本人の同意を得ることが困難であるとき」にあたる。

また，万引き行為を撮影した画像が要配慮個人情報に該当するかに関し，単に防犯カメラの映像等で，犯罪行為が疑われる映像が映ったのみでは，犯罪の経歴にも刑事事件に関する手続が行われたことにも当たらないため，要配慮個人情報に該当しないとされている（委員会Ｑ＆Ａ１-28）。

なお，利用目的に関して，対象者と示談交渉をする際などを利用して，第三者提供について本人の同意を得る努力も必要である。

(2) プライバシーとの関係

プライバシー保護との関係では，次のような取組みが有益である。
- 万引きがあった場合には，関連犯罪防止のために，第三者提供又は共同利用する可能性があることを事前に公表する。
- 取り扱う情報は必要最小限とする。
- 情報にアクセス制限をかける。
- 共有されるデータベース上の登録名は仮名とし，実際の氏名・住所などは統一的に責任者のみが管理し，必要に応じて共有する。

【7】乗降履歴

交通機関の乗降履歴を取り扱う際の注意点は何か？

■1 概　　要

交通機関の乗降履歴は，交通機関を利用した人の移動を正確に示し，また，

---

[49] GL通則編3-1-5では，不正送金等の金融犯罪被害の事実に関する情報を関連する犯罪被害の防止のために他の事業者に提供する場合が，個人情報保護法16条3項2号に該当する例としてあげられている。

契約者情報と紐づいている場合には属性と組み合わせることも可能であり，マーケティングなどの用途で，データとしての価値は高い。

(1) Suica利用データ提供事案

乗降履歴データは，Suica利用データ提供事案[*50]の発生により，注目された。JR東日本は，サービス向上や地域，駅，沿線の活性化の目的に合致することを前提に，2013年7月に，Suicaの利用データを，ID番号，氏名，電話番号，物販情報などを削除し，生年月日は生年月に変更して，性別，乗降駅名，利用日時，鉄道利用額はオリジナルと同じ状態で，日立製作所に提供した。7月下旬には，社外へのデータ提供除外（オプトアウト）の受付も開始した。しかし，多くの利用者から，データ提供の枠組み・対応について不安や心配の声があがったため，JR東日本は，データの提供を停止し，日立製作所も既に提供を受けたデータを抹消し，同年9月に，「Suicaに関するデータの社外への提供についての有識者会議」を設置した。

なお，同事案が，第三者提供に関する提供元基準，匿名加工情報制度導入にいたったきっかけの一つとなったのは，既に述べたとおりである。

(2) 乗降履歴の利活用

Suica事案の際，提供先である日立製作所は，乗降履歴の分析により，以下のサービスの提供が可能としていた[*51]。

①駅の利用者の性別・年代構成をはじめ，利用目的（訪問者／居住者など）や滞在時間，乗降時間帯などを，平日・休日別に見える化する。

②独自の評価指標を用いて特徴を抽出することにより，駅のタイプ（住居／商業／オフィスなど）を割り出すなど，多岐にわたるマーケティング情報を網羅した「駅利用状況分析レポート」を提供する。

顧客は，①，②の情報により，駅エリアの集客力や集客層，潜在商圏の広さ，通勤圏，駅エリアを最寄り駅とする居住者の規模や構成などを把握し，出店計画や立地評価，広告・宣伝計画などへ活用していくことが可能である。

[*50] Suicaに関するデータの社外への提供についての有識者会議「Suicaに関するデータの社外への提供について 中間とりまとめ」(2014)（http://www.jreast.co.jp/chukantorimatome/20140320.pdf）。

[*51] 「ニュースリリース」。交通系ICカードのビッグデータ利活用による駅エリアマーケティング情報提供サービス（http://www.hitachi.co.jp/New/cnews/month/2013/06/0627a.html）。

なお，JR東日本は，Suica事案発生後，自社内で乗降履歴を分析することで，以下の利活用が可能と発表している[*52]。
- 爆弾低気圧発生時における，利用者の移動の状況について把握した統計データを作成する。
- 訪日外国人向け商品のデータから，外国人利用者に人気の都内の目的地を分析した統計データを作成する。
- 駅乗換案内表示に関する分析をする。
- 駅における利用者が多い時期を把握する。
- 駅設備設置の最適化に関する分析をする。

2　法的性質

(1)　検討の前提

以下では，Suicaに代表されるICカード方式の公共交通機関乗車券（以下「ICカード式乗車券」という）を用いた乗降履歴を前提とする。

ICカード式乗車券には，定期券など記名式のものと無記名式のものがあるが，明確に個人情報に該当し，また，利活用の場合にプライバシー侵害の程度も高い記名式のものを前提として検討する。

(2)　乗降履歴の特徴

交通機関の乗降履歴は，その時刻に，その駅の改札を通ったことがわかる情報であり，位置情報としての側面がある。

記名式の場合，居住地，勤務地又は通学地の駅が，それぞれどこであるかわかる。なお，無記名式でも，利用状況をある程度調査すれば，居住地や勤務地・通学地の最寄り駅を高い精度で推定することが可能であり，利用客が極めて少ない駅を利用しているなどの事情があれば，同データだけで本人を特定できる場合もあると考えられる。

さらに，ICカード方式の公共交通機関乗車券は，電子マネーも兼ねており，様々な小売店で同カードを利用した支払が可能である。これらを含めて利活用すると，購買履歴の側面も加わり，利活用の可能性が格段に広がる反面，プライバシー侵害の危険も増大する。今回は，複合した利活用事例は対

[*52]　前掲注（*50）参照。

象としていないけれども、購買履歴（第4章第2節【10】【11】参照）も参考にされたい。

記名式は、氏名、生年月日、性別などを取得しており、個人情報に該当する。なお、前述のように、無記名式であっても、個人情報に該当する場合があり得るほか、プライバシー侵害の危険がある。

■3　匿名加工情報とせず、第三者に提供する場合の注意点

(1)　問題意識

乗降履歴の場合、サービス規模によるが、情報を提供される人は最大数千万人になる可能性がある。例えば、Suica利用データ提供事案で、提供されたデータに含まれていた利用者数は報告書で明らかにされていないけれども、JR東日本が、2012年11月現在におけるSuicaの総発行枚数が4000万枚を超えていると公表していたことからすると、1000万人単位のデータが提供された可能性もある。このように、対象となる利用者数が極めて大きいと、その提供が不適当であった場合におけるプライバシー侵害の程度も大きくなる。

(2)　制度設計

利活用の検討をする際は、プライバシー・バイ・デザインを心掛け、プライバシー影響評価を導入するとともに、有識者や消費者団体を交えたマルチステークホルダープロセス的検討の実施が必要となる。その検討材料とするため、事前に利用者に対するアンケートを実施することも有益である。

そして、実施前に、十分な事前告知期間を置き、事前段階で社外へのデータ提供除外手続をできるようにする必要がある。なお、第三者提供は、オプトイン方式（法23条1項）での実施が基本になると考えられ、その場合社外へのデータ提供除外手続の実施は法的義務ではないが、公共交通機関の利用に関する約款を拒絶することは事実上困難であり、導入が望ましい。

(3)　取　　得

実施方法が決まった場合、第三者提供に関する同意を取得した上で、容易な方法でオプトアウトできる手段をとることも重要となる。

また、個人は、自らの移動のためにICカードを取得しており、情報を利活用されることの認識は薄いことからすると、利活用をする際には、個人にど

のような利益があるかの説明を丁寧にすることが必要である。

(4) 第三者提供

提供先との間で，利用に関する契約を締結し，データが提供先以外の第三者に渡らないようにすることが重要である。

(5) その他

無記名式でも，プライバシー侵害の程度は大きく，記名式に準じて扱うことが望ましい。前述のように，上記は乗降履歴のデータを利活用することを前提としているが，電子マネーとして利用する場合には，本人特定性が高まるので，さらなる注意が必要である。

■ 4 匿名加工情報としての利活用

(1) 匿名加工情報レポート

匿名加工情報レポートでは，条項履歴情報に関する，匿名加工情報作成の適正な加工につき，主に以下の(a)，(b)の記載がある。

(a) 利活用ケース

鉄道会社が保有する乗降履歴情報につき，匿名加工を行った上で，匿名加工情報の枠組みを活用して，一般の事業者に提供する。一般事業者は，鉄道利用者の基本属性（年代，性別等）や鉄道の乗降履歴に基づき，商圏分析やターゲティング広告の広告戦略に活用することが想定される。

(b) 匿名加工情報の適正な加工[*53]

- 入場駅・出場駅のそれぞれの利用時における単位時間あたりの利用者数を考慮し，利用者数が少ない駅の情報や利用者数が少ない時間帯の情報を削除することが望ましい。
- 入出場時刻を表す詳細な時刻情報については，秒単位の情報を削除したり，30分単位や1時間単位に情報を丸めたりすることが考えられる。

(2) 適正な加工以外に関する注意点

(a) 対象期間

提供する対象期間が長くなるほど，本人特定の可能性が高まるため，ビジ

[*53] より詳細な内容は，経済産業省が平成28年8月に公表した，「事業者が匿名加工情報の具体的な作成方法を検討するにあたっての参考資料（「匿名加工情報作成マニュアル」）Ver1.0」に記載されているので，そちらも参考にされたい。

ネス利用に必要な最小限度の期間とすることが望ましい。また，期間を分けてデータ提供する場合，仮IDを照合ができないように変更した上で提供しなければ，長期間のデータ提供をしたのと同じこととなるため，注意が必要である。

(b) **第三者への提供制限**

利用に関する当事者間の契約に，第三者への提供を制限する規定を入れることも重要である。仮に匿名加工情報となっても，例えば，特定の日時に，自宅から観光地に電車で行った際の写真をインスタグラムなどのSNSで頻繁に公開する利用者の場合，同情報を積み重ねることで，個人が特定される可能性もある。このため，匿名加工情報が公にされないよう，データが提供先以外の第三者に渡らないようにすることが重要である。

【8】自動車プローブデータ

自動車のプローブデータを取り扱う際の注意点は何か？

■1 概　要

(1) **コネクテッドカーとは**[*54]

近い将来，ほとんどの車がネットワークとつながり，「コネクテッドカー：Connected Car」社会が到来し，自動車に搭載された数多くのセンサーがネットワークにつながり，自動運転技術の実現に寄与するといわれている。

コネクテッドカーとは，インターネット接続等，通信端末としての機能を有する自動車をいい，路車間や車車間などにおける無線通信により，車両の状態や周囲の道路状況などの様々なデータをセンサーにより取得し，ネットワークを介して集積・分析することで，新たな価値を生み出すことが期待されている。

---

*54　平成27年版情報通信白書，平成28年版情報通信白書の記載を参考にした。

具体的には，以下のことが可能になるとされている。
(i) 路車間通信システム[*55]では，車が道路や信号機に設けられたセンサーとの通信で物陰の車や歩行者を検知し，向かって来る車に電波で知らせて衝突を回避することが可能となり，運転席からは見えない他の車や人の動きなどを，これまで以上に正確に察知することが可能となる。
(ii) 車車間通信システム[*56]では，車同士が電波で互いの位置や速度情報を交換し，追従走行，衝突の回避等を自動的に行うことに加え，車を通信ハブとして機能させることも可能である。
(iii) すべての自動車の位置，速度，方向などの情報を一元管理することで，完全な自動運転が可能となり，人の不注意による事故が起こらない状態を生じさせることが可能となる。
(iv) 事故時に自動的に緊急通報を行うシステムや，走行実績に応じて保険料が変動する保険，盗難時に車両の位置を追跡するシステム等[*57]。これらは既に実用化されつつある。

(2) **研究状況**

欧米では，コネクテッドカーの早期実用化に向けて，産学官の共同体制を確立し，研究開発や公道等を用いた実証実験などを積極的に実施している。日本でも，コネクテッドカー実現に向け，省庁の枠を超えて先端研究を支援する「戦略的イノベーション創造プログラム（SIP）」で開発が進んでおり，自動車企業を中心に技術開発及び実証実験などの取組みが行われている。

(3) **プローブデータ**

(a) **概要**

自動車プローブデータとは，自動車の速度・位置情報や走行した経路等の情報をいう。コネクテッドカーがやりとりするデータの主要部分といえる。

[*55] 路車間通信システムとは，車両と路側との無線通信によりインフラからの情報（信号情報，規制情報，道路情報等）を入手し，必要に応じて運転者に安全運転支援を行うシステムをいう。
[*56] 車車間通信システムとは，車両同士の無線通信により周囲の車の情報（位置，速度，車両制御情報等）を入手し，必要に応じて運転者に安全運転支援を行うシステムをいう。
[*57] 東日本大震災などの大規模災害の際，円滑な物流確保などを目的として，プローブデータをもとに，被災地での通行実績情報が作成・公開されており，災害発生時や防災・減災等の観点からの利活用も期待される。
　ITS Japan「東日本大震災『自動車・通行実績情報』を公開しました」（http://www.its-jp.org/news_info/6568/）。

多数の自動車からプローブデータを集約し分析することで，交通情報等を把握できる。将来的には自動運転実現に有益情報となり，プローブデータをどのように集約，活用するかが課題となっている。

(b) 情報の内容

プローブデータとして取得される可能性がある情報には，主なものでも，以下のように多種多様なものが含まれる[*58]。

種　類	詳　細
①時刻情報（タイムスタンプ）	
②位置・方向情報	緯度・経度・高度・向き（リンク／コード属性情報，距離標位置含む）
③車両走行状態	
④安全運転情報	
⑤気象条件情報	
⑥運転環境情報	
⑦車両メンテナンス情報	
⑧車両パーソナル化情報	ナビ情報（出発地，目的地，経由地，経路）
⑨データ管理情報	
⑩サービス・アプリ管理情報	デバイス／OS・アプリ認証→サービスID→アクセス／利用／購買履歴
⑪運転者・同乗者情報（取得・保存可能な場合）	運転者・同乗者ID→生体情報（血圧，脈拍，既往症，認知的負荷，眠気，疲労）

[*58] 総務省「改正個人情報保護法等を踏まえたプライバシー保護検討タスクフォース」資料5「コネクテッドカーにおけるプライバシー保護について」KDDI総研主席研究員・平林立彦（http://www.soumu.go.jp/main_content/000384894.pdf）。

特に，今後自動運転を実現化するには，常時のインターネット接続で，詳細な位置情報（進行方向），加速度情報，ブレーキ情報などを，リアルタイムで管理する必要がある。

(c) **特徴**[*59]

(ア) 同意取得

インターネットにつながった自動車は，通信端末の一種であるけれども，携帯電話と異なり，1台の車を家族や数人の従業員で共用するケースも多く，個人情報として取り扱うことが適切か，個人情報をどのようにして取得するべきかが問題である。その際，データ量が多種・多様であり，取得のために理解してもらうこと自体が利用者の負担となると考えられ，同意取得の方法も検討する必要がある。

また，情報を取得する側としても，利用者と契約を締結している企業であれば，本人からの同意を取得しやすいが，例えば，部品を提供しているメーカーが情報を取得するには，どのようにすればよいか，検討が必要になる。

(イ) 同意によらない取得・提供

緊急時などには，本人の同意がなくとも，情報を取得・提供しなければならない事態が想定されるが，具体的にどのような取扱いをすればよいか。個人情報保護法23条1項各号による提供は可能であるが，どこまでの情報の提供が必要かは，個別のケースによると考えられる。なお，将来，完全に自動運転が実現した社会を想定した場合には，情報取得に同意することが，自動車販売契約等締結の条件になると考えられる。

■2　検討状況

(1) **検討課題**

先述のように，プライバシー保護の観点からプローブデータの収集とその利用には多くの課題が存在し，「戦略的イノベーション創造プログラム（SIP）」の一環として，歩車間における通信に関するコネテッドカーにお

[*59] コネクテッドカーが，将来的に，道路の状況を撮影し，映像データを取得，分析することも想定されるが，その場合の利活用上の注意は，第4章第2節【6】が参考になると考えられる。なお，後部座席を写すカメラを利用する場合には，前方の公道上を写す場合に比べ，プライバシー侵害の程度が大きくなるので，同乗者に告知するなどの注意が必要である。

ける個人情報・プライバシー情報の取扱いに関する検討がされている[*60]。同検討を参考にすると，利活用には以下の課題を検討する必要がある。
 (a) データ利用における個人からの同意取得の在り方
 走行データ等の個人行動履歴の情報を第三者提供する場合や要配慮個人情報を取得する場合，原則個人本人の同意が必要となる。
 (i) 所有者，主たる使用者，運転者，同乗者と複数の人が関わる可能性があるところ，プローブデータの帰属はどのように考えるべきか？
 (ii) どのようにして，個人本人から同意を取得すればよいか？
 (iii) カーシェアなどで，頻繁にユーザが変わる場合，どのように考えるべきか？
 (iv) 契約者以外が自動車を利用する場合，どのように対応するべきか？
 (v) 自動車製造メーカーは比較的個人本人から同意を取得しやすいが，自動車部品メーカーが同意を取得したい場合，どのようにすればよいのか？
 (b) 同意によらないデータ収集
 通常はプローブデータの収集に非許容のユーザでも，緊急時など一定の条件下では，許容扱いとすることができるか（法23条1項各号の適用があることは前提とした上での議論）。
 (i) 生命・身体・財産保護の観点から，プローブデータの収集及び利用・提供はどの範囲で許容されるか？
 (ii) 捜査上の必要性などを理由に，第三者からプローブデータの提供を求められた場合，どのように対応するべきか？
 (2) 報告書における検討
 上記の各問題に関する課題への対応も含め，コネクテッドカー報告書[*61]は，プライバシー保護を含め以下の提案をしている。
 (a) 従来型，新型データ相互利活用プラットフォームの構築

[*60] KDDI総研「研究成果報告書2015年度——ICTを活用した次世代ITSの確立 II歩車間通信技術の開発 Web技術を活用した情報収集・配信技術の開発」（2016年3月31日）（http://www.sip-adus.jp/wp/wp-content/uploads/miac_2015_miac1-2_doc4.pdf）。

[*61] 総務省Connected Car社会の実現に向けた研究会「Connected Car社会の実現に向けて」（平成29年7月）（http://www.soumu.go.jp/main_content/000501374.pdf）。

自己情報コントロールなどのプライバシーを保護しつつ，セキュリティを確保したデータの相互利活用可能なプラットフォームを構築する。
　(b)　データ相互利活用モデル作り
　貴重なデータの相互利活用を推進するためには，データ提供のインセンティブ付けをするとともにフリーライドを防止するためのルール等が重要である。例えば，企業等の知財を相互にうまく利活用しているモデルとして，特許のクロスライセンスやパテントプールモデルがある。これらを参考にデータ相互利活用モデルを作り，データの相互利活用を推進する環境を整備する。
　(c)　プライバシー・セキュリティの確保
　クルマをネットワークにつなげるにあたり，セキュリティ面で考慮すべき要素が拡大しており，設計時からセキュリティやプライバシーを意識した取組みが求められる。
- 企画・設計・製造段階におけるセキュリティの考慮
- セキュリティ・バイ・デザイン
- プライバシー・バイ・デザイン

　(d)　データ利活用における社会受容性の向上
　Connected Car 社会の健全な発展のためには，データ利活用における社会受容性を高める必要がある。そのためには，車のユーザー等の十分な理解のもと，適切なデータ流通及びこれらの利活用を進めることが必要である。
　(e)　自己情報コントロールの推進
　Connected Car の分野では，移動経路情報など多くのパーソナルデータを扱うことから，クルマから取得する情報について，ユーザーの十分な理解のもと，適切なプライバシー保護をとりつつ，データの利活用を推進する。

■3　匿名加工情報としての利活用

　プローブ情報を匿名加工情報に加工する場合について，匿名加工情報レポートでは，次の記載がある。
　(1)　ユースケース
　自動車会社が保有する移動履歴情報につき，匿名加工を行い，匿名加工情報の枠組みを活用して，一般事業者（小売業）に提供する。一般事業者は，自

動車の移動履歴とその所有者の年代や性別等の基本属性に基づき，店舗での商品ラインナップの検討や新しい店舗の出店計画に活用することが想定される。

(2) 匿名加工情報の適正な加工

詳細な時刻情報と紐づく位置情報の連続したデータからは，ある地点から別の地点への移動の経路のみならず，夜間に同じ場所に滞留している位置情報からは自宅を推定でき，昼間に同じ場所に滞留している位置情報からは，勤務先や通っている学校等を推定可能である。したがって，このような連続的な位置情報を扱うデータセットでは，自宅や勤務先を特定できる部分の位置情報を削除することが望ましい。このような位置情報の削除の仕方として，次のような方法が考え得る。

- 自宅住所に基づいて，所定の範囲における位置情報を削除する。
- 各移動履歴（自動車のイグニッション ON からイグニッション OFF まで）における始点終点から所定の距離・あるいは時間を一律削除する。
- 各移動履歴の始点・終点から数パーセントの位置情報を削除する。

(3) 著者による追記

上記ユースケースは，位置情報としての性質が強く，加工にあたっては第4章第2節【5】■5記載の評価指標に注意することも非常に有益である。

■4　今後の動向

Connected Car 社会の実現に向けた研究会の取りまとめ案を見た印象では，情報のやりとりに関する仕組みを含めて，検討中の状況にある。業界全体で一体として，適切な利活用を進めるには，制度設計が極めて重要であり，政府まで含めたマルチステークホルダープロセス（第3章第2節第3項）の実施や，共同規制（第3章第2節第4項）などの考え方を取り入れることが重要となると考えられる。今後の進展を注視していきたい。

【9】HEMS 情報

　スマートホームにおける HEMS 情報を取り扱う際の注意点は何か？

　■1　概　　要

(1)　スマートホーム，HEMS とは[*62]

　スマートホームとは，住宅と情報通信技術が融合してエネルギーの需給量を調整することで，省エネルギー・節電を実現し，センサー等による宅内の見守りや防犯，宅内の家電等の遠隔制御などを可能とした快適な暮らしを実現できる住まいをいう。家電等に通信機能を設置することで，スマートフォン等の端末との連携を可能として，端末を通した遠隔操作や住宅全体のエネルギーマネジメントを可能とする。

　HEMS（Home Energy Management System）と呼ばれる住宅全体のエネルギー管理システムは，スマートメーター・エアコン・太陽光発電・照明など家庭内の重点機器と接続し，機器の制御や電力見える化などを通じて，省エネルギーやピーク電力量の抑制などの効果が期待できる。また，センサー等により宅内の環境をモニタリングし，離れて暮らす家族の様子などの見守りが可能で，高齢者の孤独死を防止するなどの効果も期待できる。

　欧米でも，省エネ効果等を期待し，民間事業者を中心にスマートホームに関連した様々なサービスが提供されている。我が国でも，通信事業者や住宅メーカーで取組みが進んでいる。

(2)　HEMS データ

(a)　HEMS データから推定可能な情報

　家庭に設置した HEMS 機器から取得する消費電力データ（HEMS データ）からは，精度等によるが，一般に以下の情報を取得することが可能である。

①世帯人数・世帯構成（推定）

[*62]　平成28年版情報通信白書の記載を参考にした。

②在宅・不在（推定）
③居住者の生活パターン（推定）

推定によるものであるが，ビッグデータをAIで解析することで，非常に高い精度の情報が得られると予測される。

(b) プライバシー上の検討点

上記の情報が推定できるようにHEMSデータを取り扱う場合，プライバシー上，以下の問題がある。

- 総電力消費量から，帰宅，出勤，食事，入浴，就寝などの生活パターンを把握できる。わかりやすい例だと，電子レンジを使用したり，ドライヤーを使った場合，急に総電力消費量が上がるため，どのような行動をしているかがわかる。データの精度が高い場合，利用している製品・機種を特定できることもある。
- 住宅に関する情報であり，関連する事業者が多い。主な関係事業者だけでも，①HEMSデータを利用する事業者：ハウスメーカー，電力会社，家電量販店，家電メーカー，マーケティング事業者，②情報管理事業者，③HEMS管理事業者が想定され，実際には各事業者の下請事業者も関係する。このため，個人が，どの情報をどの事業者と共有し，その事業者がどのように利用するのか理解できないと，提供に消極的になるおそれがある。
- 1つの家には，電力使用契約の締結者のほかに，その家族が同居していることが多く，それぞれのプライバシーを侵害しないよう配慮する必要がある。

■2 検　討

(1) 大規模HEMS情報基盤の取組み

経済産業省では，2014年から2016年にかけて，大規模HEMS情報基盤の取組みである「ｉエネコンソーシアム」を実施し，家庭に設置したHEMSから得られる電力データを同基盤上で収集・分析した上，プライバシーに配慮したルールに基づき，関係事業者と協業し，HEMSデータ利活用サービスについて検証した。

(a) HEMSデータの内容

上記実証実験の中で，スマートハウス・ビル標準・事業促進検討会「HEMSデータ利用サービス市場におけるデータ取扱マニュアル（第1.0版）」（平成28年3月30日）が作成された。大規模HEMS情報基盤では，スマートホームに関するデータのうち，主に以下のデータの利活用が検討された。

① HEMS データ	
機器 ID	HEMS 機器を識別する。
設置情報	HEMS 機器の設置及び稼働状況を把握する。
動作情報	家庭内の家電や住宅設備等の機器の稼働状況を把握する。
積算電力量測定値	HEMS 機器によって測定された電力量の積算値を把握する。
②顧客情報	
HEMS サービス利用者への連絡等の到達に必要な情報	氏名，住所，電話番号，メールアドレス等
HEMS サービス利用者の世帯動向の分析に必要な情報	居住地域，世帯情報（家族構成，住宅種別，取得種別，間取り・部屋割り等）
HEMS サービス利用者の詳細な分析に必要な情報	居住地域，性別，職業，所得，趣味等

(b) 取扱いにあたっての提案

上記マニュアルの中では，HEMSデータ等を取り扱うにあたり，同意取得方法や利用者との関係構築において望まれる事業者行動につき，要旨として以下の提案がされている。

(ア) 利用者との信頼関係の構築
HEMSサービス導入プロセスへの配慮
● できる限りわかりやすい方法で，多くの利用者が理解し得る一般的な商

慣習に沿った形での契約行為や事業遂行を原則とすることが望ましい。
- 利用者がHEMSサービスの申込みから開始までの業務プロセスを定義し、各プロセスにおいて必要な契約行為を適切に実施すること。

(イ) 同意取得方法について

〈通知方法の明確化〉
- 統一された用語と可能な限り平易な文書による利用規約、プライバシーポリシーのわかりやすさ。

〈HEMSサービス増加時の同意取得方法と利用者による管理〉
- サービサに提供した自らの情報を管理できる仕組みの確立。
- HEMSサービスの増加に伴い同意手続等が煩雑になるため、各サービサが提供する機能や条件の一覧的表示や各サービスの契約内容を一覧管理できるような包括的な管理システムの導入が望ましい。
- プライバシーポリシーマネージャ（PPM）[63]の利活用を想定（Green Buttonと同様の機能を提供するもの）。

(c) HEMSデータを用いたビジネスユースケース

ビジネスユースケースにつき、以下の3類型がモデル化されている[64]。

①アグリゲータがサービス提供主体の場合（アグリゲータがサービスについて

〈HEMSイメージ図〉

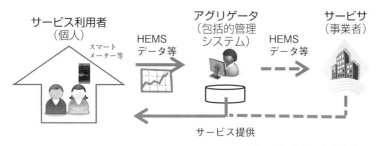

平成28年版情報通信白書参照

---

[63] PPMとは、個人が企業等に情報を提供する際のプライバシー保護を補助するツールであり、①企業が提示する規約をわかりやすく表示する仕組みと、②本人の意思で提供する情報の秘匿レベルを調整できる仕組みが搭載されている。個人が主体的に情報を提供するかどうかを判断しやすくなる効果が見込まれる。経済産業省ホームページ参考（http://www.meti.go.jp/press/2017/07/20170726001/20170726001-2.pdf）。

サービサに委託しているモデルを含む）

　サービス契約は，サービス利用者・アグリゲータ間で締結。
② アグリゲータがサービス提供主体の場合（サービサへの第三者提供を伴う）

　サービス契約は，サービス利用者・アグリゲータ間で締結。
③ サービサがサービス提供主体の場合

　サービス契約（情報提供）は，サービス利用者・アグリゲータ間で締結。

　サービス契約（個別契約）は，サービス利用者・サービサ間で締結。

(d) **アグリゲータ及びサービサの取るべき対応**[*65]

項　目	記載方針
利用者への通知・公表又は明示と同意	・利用者との間における同意を得るべき事項を整理 ・フローを踏まえた具体的な通知・公表と同意のタイミングを記載 ・サービス追加時における再同意の必要性を整理
ひな形の提示	・事業者と利用者との間で個人情報の取得・利用について，同意を得る際のひな形を提示（個人情報等の取扱いについて記載） ・ひな形は，利用者から直接同意を取得しなければならない事業者のみ利用
事業者が情報を取り扱う際の注意点	・個人情報，推定情報，匿名加工情報などの情報に対する取扱い方針を記載 ・個人を識別できないように処理したデータ（サービサ限定）についても言及

[*64] アグリゲータ，サービサの役割は以下のとおり。
　アグリゲータは，消費者からHEMSデータを収集し，HEMSデータの管理・加工を行う。サービサにHEMSデータを提供する。アグリゲータ内でHEMSデータを利活用してサービスを提供する場合がある。
　サービサは，アグリゲータから提供されたHEMSデータを用いて，HEMSデータ利活用サービスを消費者に提供する。

[*65] より詳しい内容は，「HEMSデータ利用サービス市場におけるデータ取扱マニュアル（第1.0版）」(http://www.meti.go.jp/committee/kenkyukai/shoujo/smart_house/pdf/009_s14_00.pdf) を直接参照されたい。

委託先/第三者提供先との契約（アグリゲータ限定）	・アグリゲータが取得した顧客情報やHEMSデータ，加工情報をサービサに委託／第三者提供する場合の留意点を整理 ・個人情報を含む場合と個人情報を含まないが匿名加工情報を含む場合に分けて記載
事故発生時の責任分界	・個人情報が漏えいした場合のアグリゲータとサービサの責任分界を整理 ・責任主体と事故発生時における留意点を整理

(2) グリーンボタン

(a) 概要

アメリカでは，スマートディスクロージャーの一環として，2012年，政府と電力会社が協力して，グリーンボタン（Green Button）制度が導入され，家庭や企業は自らの電力資料データに，簡単にアクセスできるようになっている（第3章第7節第3項■2参照）。

(b) 特徴

利用者が，電力会社のウェブサイトにログインし，Green Button をクリックすることで，自らの電力使用・料金データをわかりやすく，コンピュータでの処理が容易なフォーマットでダウンロードすることができる。当該データを第三者であるサービス事業者に提供し，料金プランの提案や電力使用の最適化によるエネルギー節約等が可能となる。また，電力消費データを入手することで，民間のどのツールやサービスがエネルギーの節約に有効かを判断しやすくなる。

自らダウンロードして提供するほか，第三者に対して，同意の時点までの電力利用データをダウンロードして渡すことも，同意した時点以降の電力利用データを自動的に送ることも可能である。データ形式が統一されているため，サービス提供者は各州で，サービスを横展開することが可能となっている。

■ 3　匿名加工情報としての利活用

匿名加工情報レポートでは，HEMS管理事業者が保有する電力利用量情報

を匿名加工情報で利用する例につき，以下の記載がある。

(1) **利活用ケース**

HEMS管理事業者が保有する電力利用量情報につき，匿名加工を行った上で，匿名加工情報の枠組みを活用し，家電メーカー等の一般事業者に提供する。

一般事業者は，家族構成と各家電の使用状況から生活スタイルの分析を行い，既存製品の広告戦略や新商品の開発に利用することが想定される。

(2) **匿名加工情報の適正な加工**

(a) **家族情報の取扱い**

家族情報は，家族の人数及び家族構成からなっている。HEMS管理事業者が保有するデータには，住人（代表者）の基本属性に加えて，住所や住居に関する情報も含まれることから，家族情報とこれらの情報との組合せから個人の特定にいたることも想定される。したがって，家族情報については，基本属性や住所・住居情報の加工度合いにも鑑みながら，複数区分に置き換える等の加工を検討することが望ましい。

(b) **電力利用量の取扱い**

電力の利用量は，その利用量の推移から，起床・就寝時間や在宅・不在等の生活パターン，家族構成を推定することが可能である。その推定結果のみでは直ちに特定の個人の識別にはつながらないと考えられるが，特に顕著な利用量の推移（起床・就寝時間がデータセット内の他の人と比べて特異である等）が見られるものについて，加工を行うことが望ましい。取り得る加工手法としては，例えば，レコード自体の削除のほか，顕著な差異が見られる部分のデータを削除する等が考えられる。

(c) **推定使用家電**

本ユースケースでは，電力利用量データに加えて，電流波形に基づいて使用されている家電ごとの使用状況を推定している。家電の使用状況から特定の個人を識別することは困難と考えられるが，電力利用量と家電の使用状況に他人との顕著な差異が見られる場合は，そこから読み取れる生活スタイル等の特異性に基づき，個人の特定につながる場合も想定される。そのような場合，そのレコード自体を削除することが望ましい。

【10】ID-POS データ・電子レシート

 ID-POS データ・電子レシートを取り扱う際の注意点は何か？

 ■1　概　　要

　ID-POS データとは，購買者の属性が付された POS データをいう。
　POS データは，「Point of Sales（ポイント・オブ・セールス）」データであり，商品の売上実績を示す。この POS データに，小売事業者が保有する購買者の属性情報を結びつけることで，ID-POS データとなる。
　小売りなどの流通事業者等[66]が，会員カード，特にポイントカードを活用して，消費者個人を識別し，既存の POS データ情報（いつ，どこで，何が，いくらで売れたか）に，「誰が買ったか」という属性情報を付加して作成される。
　ポイントカードの普及のほか，近年では，個人識別情報と紐づけた ID-POS データの活用促進，決済手段の多様化，IoT の普及等を背景として，入手できるデータの量，種類が増加している。また，経済産業省が，業界団体と連携して，消費データの標準的なフォーマット（電子レシートデータ）を公表し，実証実験を実施しており，利活用がさらに進んでいくことが期待される。
　企業は，ID-POS データを活用して，①商品仕入れの省力化や，②消費者の行動分析を通じた販売促進，商品開発等が可能となる。また，実証実験では PPM（*63参照）を利用することで，個人にとっては，レシート情報を主体的に管理できるメリットがあるとされている[67]。

---

*66　ポイントカードを利用している次の事業者が，ID-POS データを作成することが可能である。①大手小売事業者（家電量販店，スーパー，コンビニ等），②航空輸送事業者，③ポータル・電子商取引系ポイント事業者（インターネットを用いてポータルサイトや電子商取引を営む事業者），④クレジットカード事業者，⑤交換系ポイント事業者（多数の他社ポイントからの交換及び多数の他社ポイント等への交換を行えるポイントプログラムを提供している事業者），⑥共通ポイント事業者（多数の加盟店や加盟企業にて共通して導入されているポイントプログラムを提供している事業者），⑦携帯電話事業者，⑧ POS データを基にして，自動的に家計簿を作成するアプリを提供する事業者。

なお、ポイントカードの利用に関し、他の企業と連携するものについては、第4章第4節【27】も参照されたい。

■2　問題点

ID-POSデータは、生データのままだと購入した日付が分単位で記載され、店舗名だけでなくレジコードまで付されており、同時間帯に記載されたレジにいた位置情報（広義）の意味合いを持つ。このため、他のデータに含まれる位置情報や防犯カメラ画像と組み合わせて、個人が特定される可能性がある。

また、上記と合わせ、個人情報を削除しても、商品内容自体やその購入パターンに特徴がある場合、特定人の記録であると判明する可能性があり得る。例えば、特定の店舗で毎週金曜日の閉店間際に、必ず紙おむつ2パックと特定銘柄のビール2ケースを買う人がいる場合、その習慣を知る人が購買データから本人を特定する可能性もある。また、SNS上で、特定の店舗で、年に数個しか売れない商品を購入したことを公開した場合も、同様の危険がある。

■3　企業の対応

企業としては、データを第三者に提供する場合、加工物を含めた再提供を禁止し、本人が特定されるリスクを下げることが望ましい。

将来的には、ID-POSデータを取り扱う事業者間で連携し、パーソナルデータストアなど、本人が情報を管理できるシステム（第4章第4節【26】参照）を導入することが、利活用の観点から有益である。

■4　匿名加工情報としての利活用

匿名加工情報レポートでは、ID-POSデータを匿名加工情報で利用する例として、次の記載がある。

---

*67　東芝テック株式会社「平成28年度IoT推進のための新産業モデル創出基盤整備事業（個人を起点にした購買履歴の管理に係る調査等に関する事業）事業報告書」（平成29年3月）参照（http://www.meti.go.jp/press/2017/07/20170726001/20170726001-1.pdf）。

(1) ユースケース

小売事業者が保有する購買履歴（ID-POSデータ）につき，匿名加工を行った上で，匿名加工情報の枠組みを活用して，一般事業者へ提供する。

一般事業者では，そこに含まれる消費者の基本属性と購買傾向から，自社の新商品の開発や販売促進活動等に利用することが想定される。

(2) 具体的な加工方法

(a) 時刻情報及び店舗情報の取扱い

本ユースケースにおける履歴情報である取引情報には，その取引が発生した詳細な日時の情報と店舗名の情報が含まれる。一般に，時刻情報単体に個人の識別性はないが，「PPCマート霞が関店」等の店舗名からはおおよその位置を特定することが可能であり，これらを組み合わせた情報は，位置情報と時刻情報を含む他のデータセットと照合することで，個人の特定につながる可能性がある。したがって，時刻情報と店舗情報の少なくとも一方を曖昧化することが望ましい。本ユースケースでは，店舗名をそのまま使用したいニーズがあると想定され，時刻情報を丸める処理を行う。時刻情報は少なくとも秒単位の情報を削除することが望ましく，客数が少ないことにより個人の特定可能性が高くなる場合は，30分単位や1時間単位等に情報を丸めて単位を変更する等の措置も検討されるべきである。

(b) 商品の購買履歴（商品名，個数，金額）の取扱い

購買情報には一品ものや少数限定品，あるいは超高額の商品の購買記録が含まれる可能性がある。珍しい商品の購入を示す情報は，店舗名等との組合せにより個人の特定につながる可能性が高くなると考えられる。したがって，このような情報は，削除するか，商品名を商品カテゴリーに置き換えることが望ましい。また，購入した商品がありふれたものでも購入個数が非常に多い場合は特異な記述等といえる場合がある。この場合，購入個数に関する情報を削除するか，ミクロアグリゲーションにより当該商品の平均的販売個数等に置き換える等の手法により加工を行うことが望ましい。

(c) その他の情報の取扱い

本ユースケースでは，取引ごとに取引IDを付しており，また，それぞれの取引情報には，その取引の担当者の担当者IDや，取り扱った商品の商品IDも含まれている。これらの情報は，本ユースケースで想定される提供先に

とって情報の有用性もないと思われること，匿名加工情報では，第三者におけるデータ利活用で不要と思われる情報は想定外の再識別リスクを低減する意味においても削除することが望ましいことから，これらの情報は全部削除する。

【11】クレジットカード利用履歴

 クレジットカード利用履歴を利活用する際の注意点は何か？

 ■1　概　　要

　クレジットカード利用履歴の利活用は，①加盟店等の小売企業，メーカー企業による集客・販促，店舗や商品戦略の策定，②一般小売業による店舗戦略の策定，仕入価格の適正化，③コンサルティング企業やデータベース企業によるデータ分析サービス，④クレジットカード会社による与信管理精度の向上，⑤消費者におけるライフログサービス，⑥公的分野での統計作成など，様々な主体・分野で進みつつある[*68]。

■2　個人情報保護法・プライバシー情報との関係

(1) 概　　要

　個人情報保護法上，クレジットカード番号だけでは，個人情報にはあたらないとされている（第2章第2節第3項■1参照）。しかし，クレジットカード番号が流出した場合，インターネット上の通信販売などで悪用され，財産的損害が生じる可能性が高く，取扱いには特に注意が必要である。

　また，信用分野における個人情報保護に関するガイドラインが制定されており，内容を遵守する必要がある（概要は，第4章第1節【3】参照）。

＊68　経済産業省商務流通保安グループ「『クレジットカード産業とビッグデータに関するスタディグループ』報告書」（平成28年12月）（http://www.meti.go.jp/press/2015/02/20160229002/20160229002-1.pdf）参照。

なお，内閣府の調査では，クレジットカード番号は一般に保護の必要性が高いと認識されており（第2章第3節第2項■1参照），将来個人情報（個人識別符号）として扱われる可能性があることを前提として，取扱いを検討するべきである。

(2) 個人情報・プライバシーへの配慮

個人から同意を取得する際，契約約款における文章量やオンライン取引におけるクリック数などの「物理的な負荷」の軽減，とりわけオプトインやオプトアウトをする際の動作を工夫することが考えられる。また，個人が，自らの個人情報がどこでどのように使われているかを，的確に把握できる仕組み（例えばパーソナルデータストアや情報銀行）の構築が重要である。

(3) アメリカ・公正信用報告法

参考として，アメリカで，1970年に制定された公正信用報告法（Fair Credit Reporting Act：FCRA）は，クレジットや保険の調査，被雇用者の背景状況のチェック，テナントの審査などに使うために消費者報告会社が収集する情報に関し，正確性と公正さを求め，プライバシーを保護している。同法は，消費者が自らのデータにアクセスし，間違った情報を訂正する権利を得られるようにしている。消費者報告会社は，作成する報告書が正確かつ完全であることを期さなければならないとされ，報告書の使用にも制限が設けられている。報告書の内容に基づき，消費者に不利益な措置（例えばクレジット契約締結の拒否）がされるときは，その消費者に通知することも求められている。

■3　割賦販売法との関係[*69]

近年，クレジットカードを取り扱う加盟店におけるクレジットカード番号等の漏えい事件や不正使用被害が増加したこと，カード発行を行う会社と加

[*69] クレジットカードを含めた信用情報（支払能力に関する情報）は，割賦販売法に基づく指定を受けた指定信用情報機関が取り扱うこととなっている（同法35条の3の36）。割賦販売法において，指定信用情報機関は，原則として，信用情報の収集やクレジットカード会社等への提供の業務やこれに付随する業務の他は行うことができないとされる（同法35条の3の41）。他方，消費者の同意を得ずに，クレジットカード会社が支払能力調査以外の目的のために，信用情報を使用することを禁止している（同法35条の3の57）。このため，一般的に，クレジットカード会社と利用者が締結する契約の約款で，支払能力や返済能力の調査の目的に限って利用することを同意している旨が定められている。

盟店と契約を締結する会社が別会社となる形態（いわゆる「オフアス取引」）が増加し、これに伴ってクレジットカードを取り扱う加盟店の管理が行き届かないケースも出てきたことなどから、平成28年12月に成立、公布された割賦販売法の一部を改正する法律では、個人情報保護法ではカバーされていないクレジットカード番号そのものなどを保護するための安全管理措置が義務づけられた。

具体的には、クレジットカード情報の適切な管理等（35条の16）が改正され、クレジットカードに関して以下の内容が追加された。

- 加盟店に対し、クレジットカード番号等の情報管理や自らの委託先に情報管理に係る指導等を行うことを義務づける。
- 加盟店に対し、クレジットカード番号等の適切な管理を義務づける（カード番号等の非保持化あるいはクレジットカード業界のセキュリティ基準であるPCIDSS（Payment Card Industry Data Security Standard）準拠）。

■4　匿名加工情報としての利活用

(1)　利用方法[*70]

匿名加工情報の利用として、①広くマーケティングを行うにあたっての商品開発や店舗開発への活用、②公的統計への利用、③消費者自身に消費の全体動向などの情報をフィードバックすることなどが考えられる。いずれの使途も、本人が特定されるとの消費者の不安感をなくすための工夫が重要となる。

(2)　匿名加工情報レポート

匿名加工情報レポートでは、クレジットカード利用履歴を匿名加工情報で利用する例として、以下の記載がある。

(a)　ユースケース

クレジットカード事業者が保有するカード利用情報について、匿名加工を行った上で、匿名加工情報の枠組みを活用して、一般事業者へ提供する。一般事業者は、提供を受けた匿名加工情報に基づいて、年収や職業と利用加盟

---

*70　経済産業省「『クレジットカード産業とビッグデータに関するスタディグループ』報告書」平成28年2月参照。

店等の関係を分析することで、マーケティングに活かすことが想定される。

(b) 適正な加工方法

利用日時や利用金額と利用加盟店との組合せは、例えば、他の事業者が有する購買履歴情報と結びつくことで、個人の特定につながる可能性がある。マーケティング等の観点から有用な情報であると考えられるため、一部の情報を曖昧化することが望ましい。曖昧化にあたっては、例えば、利用日を月単位にすること、利用金額を複数の区分に置き換えることが考えられる。また、利用加盟店のうちデータセットでカード利用頻度の少ない加盟店、一回の利用における利用金額が極めて高額のもの、一定期間におけるカード利用回数が極めて多いものは、その希少性から個人の特定につながる可能性があり、トップコーディング等を行うことで情報を加工することが望ましい。

■5 標準化の試み

データの流通を可能とするため、データ管理の際における仕様を標準化する必要がある。経済産業省では、利活用に向けた具体的な対応として、加盟店所在情報の標準化（売上データに含まれる加盟店所在地に関するデータのうち、郵便番号情報を整備）や加盟店業種情報の標準化をあげている[71]。

---

[71] 経済産業省商務流通保安グループ「クレジットカードに関するデータ標準化ワーキンググループ～キャッシュレス社会とデータ利活用に向けて～報告書」（平成28年12月）（http://www.meti.go.jp/press/2016/12/20161226003/20161226003.html）。

第2節　情報の種類

【12】生体情報

 スマートスピーカーなど生体情報を用いた認証システムを提供する際の注意点は何か？

 ■1　概　　要*72

　家庭で利用するスマートスピーカーが，日本でも普及し始めている。ネットに接続し，話しかけた内容をクラウド上のAIで解析して，質問に答え，連携する機器やサービスを起動する。スマートスピーカーは音声認識技術で話しかけた人を特定するため，自らの情報を他の家族に知られる可能性は低いという。

　他にも，生体情報（バイタルデータ）は，プライバシー保護手段として利用した場合の有用性が高く，入退室管理などセキュリティの確保に用いられる場合，銀行のATMのように取引の安全の確保に用いられる場合，入出国管理や不審者発見など安全保障に用いられる場合が増えてきている。

　では，生体情報を用いた認証システムをサービス提供する際，どのような注意が必要か。

■2　個人情報との関係

(1)　法律上の取扱い*73

　平成27年個人情報保護法改正で，生体情報であるDNA，顔，虹彩，声紋，歩行の態様，手指の静脈，指紋・掌紋を変換した符号は，個人識別符号とされ，単独でも個人情報保護法の対象となることが明確化された（第2章第2節第3項■1）。生体情報を認証に用いるには，データに変換して利用すること

---

*72　本項の記述にあたっては，以下の文献を参考にした。
　　新保史生「個人情報保護法に基づくバイオメトリクスの利用」情報メディア研究4巻1号。村上康二郎『現代情報社会におけるプライバシー・個人情報の保護』（日本評論社，2017）。情報処理推進機構（IPA）「生体認証導入・運用のためのガイドライン」（2009年11月改訂）（http://www.ipa.go.jp/files/000013804.pdf）。
*73　顔（カメラ画像）については，第4章第2節【6】で，詳細に検討している。

273

が一般的であり、通常は、個人情報保護法施行規則2条の基準を満たし、個人情報保護法に従った取扱いが必要となる。

(2) 特　　徴

特に、生体認証情報は、①普遍性（誰にでも）、②個人を特定（唯一性）、③永続性（変化しない）という特徴があり、個人情報の中でも特に重要な、究極の個人情報とされている。

この点、最判平7・12・15刑集49巻10号842頁は、「指紋は、指先の紋様であり、それ自体では個人の私生活や人格、思想、信条、良心等個人の内心に関する情報となるものではないが、性質上万人不同性、終生不変性をもつので、採取された指紋の利用方法次第では個人の私生活あるいはプライバシーが侵害される危険性がある。」とする。

(3) 一般的注意

上記の性質から取扱いにつき、一般的に次の注意が必要となる。

(a) 取替え不能な情報である

指紋等身体的な情報が盗まれた場合、暗証番号等と異なり、再発行が不可能である。他の情報と異なり、取替え不能な情報でもあり、漏えい時の影響が甚大となる。

(b) 同意なしに情報が取得される可能性がある

カメラ等の非接触で情報収集が可能なシステムでは、本人の同意なく顔画像等のデータがとられる危険性がある。

(c) 副次的情報が抽出される可能性がある

生体認証情報は、副次的に健康・人種などの情報を取得することが可能である。例えば、網膜の血管パターンなどから糖尿病などの病歴を知ることができる。

(d) 予測不能な利用をされる可能性がある

現時点では予測不能な利用がされる可能性がある。例えば、将来、顔画像を解析して、人種、健康状態、精神状態などを高い精度で分析できるようになる可能性もある。

(e) 悪用された時のリスクが大きい

認証の際における非常に強力な手段として認められているため、詐称者が用いたことの証明は不可能又は極めて困難かつ高価である。

(4) 具体的注意

個人情報・個人データの取り扱いにおける注意点を端的に述べる。

(a) **制度設計段階**

利用目的を厳密に特定し，不要な情報は取得しないように注意する必要がある。

(b) **取得段階**

取得していることを本人に通知・公表又は明示する必要がある。

(c) **利用段階**

利用目的を順守する必要がある。

(d) **管理段階**

漏えい等が発生しないよう，他の個人情報と別に保存する等，十分に注意する必要がある。

(e) **第三者提供段階**

原則として，本人同意（オプトイン）が必要であり，オプトアウトによる提供にはなじみづらいと考えられる（顔画像に関する第4章第2節【6】■3(3)参照）。

(f) **本人対応段階**

本人からの求めがあった場合には，大きな支障がない限り，対応できるようにするべきである。

■3　プライバシーとの関係

基本的に，個人識別符号に含まれるため，プライバシーとの関係のみが問題となるのは，個人情報保護法施行規則2条の基準を満たさない場合か，DNA，顔，虹彩，声紋，歩行の態様，手指の静脈，指紋・掌紋以外の生体情報である。この場合，単独では個人情報として扱う必要はないが，個人情報に準じた扱いをすることが望ましい。特に，現時点で対象とされていない生体情報も，今後技術の発達により個人識別符号の対象とされる可能性があることに注意が必要である。

■4　音声認証

(1) **概　　要**

スマートスピーカーに用いられる音声認証について，個人情報，プライバ

シー上問題になり得るところを検討する。前提として，家庭内などの私的空間でスマートスピーカーを利用する場合を想定する。なお，これから社会的な利用が進むにつれ，議論が深まっていくと考えられる。

音声に関し，声紋や抑揚，話し方で，個人の識別が可能である。その処理と分析は，時間とIT資源，人間の判断を要する。もっとも，音声の発話内容自体は，音声認識システムなどで一度テキスト文章化するとテキストと同様に取り扱うことができる*74。

(2) 個人情報保護法との関係
(a) 声紋を符号化したもの
通常は，個人識別符号となる。
(b) テキスト文書化したもの
個人名など本人を特定できる情報が含まれている場合若しくは個人識別符号又は契約者情報と紐づいている場合，個人情報となる。会話の中に個人情報が含まれる可能性があるため，基本的には個人情報として取り扱うことが望ましい。
(c) 第三者提供や共同利用
データ化したものを第三者提供する場合は，個人本人の同意を適切に取得する必要がある（第3章第3節第2項参照）。

共同利用の場合，あらかじめ個人本人に通知し，又は個人本人が容易に知り得る状態に置く必要がある。

(3) プライバシーとの関係
音声を家庭内で取得する場合，後述のコミュニケーションロボットと同様，音声を取得する状況，利用目的などを十分に説明しなければ，盗聴と同じ結果となり，プライバシー侵害の程度が高い。

このため，一番重要なのは，個人が知らないうちに情報をとられていたということがないよう，システムについてわかりやすく説明することである。具体的には，後述のスマートフォンプライバシーイニシアティブ（第4章第3節【15】■3）を参考にし，以下の情報を提供することが望ましい。

①情報を取得する者の氏名又は名称

---

*74 「技術検討ワーキンググループ報告書」（2013年12月）19頁参照。

②取得される情報の項目
③取得方法
④利用目的の特定・明示
⑤通知・公表又は同意取得の方法
⑥外部送信・第三者提供等の有無
⑦問合せ窓口
⑧変更を行う場合の手続

　特にスマートスピーカーの場合，音声で本人の意思を確認できる利点があり，プライバシーナッジ（第3章第3節コラム）の考え方も参考にし，こまめに取得していることを個人に告知していくことが可能である。例えば，いつもと異なる声紋を取得した場合には，録音していることを自動的に伝える機能も考えられる。

【13】子どもの情報

Q 子どもの情報を取り扱う際の注意点は何か？

■1　概　　要

　子どもの情報を取り扱う場合，大人の情報の場合に比べ，取得方法などを注意する必要がある。子どもの情報には，具体的には以下の特徴がある。

(1)　**同意の問題**

　子どもは，判断能力が不十分とされ，子どもの個人情報の取扱いに関する同意があっても，一定年齢以下であれば同意の有効性が問題となる。どのような場合に，親権者などの同意が必要か，検討が必要である。

　また，情報の取得対象に子どもが含まれる場合，子どもに情報の取扱いを理解してもらうには，大人の場合に比べ，説明方法をわかりやすくする必要がある。

(2)　**子どもの情報自体の要保護性が高いこと**

子どもの情報は、今後長く利用することが可能な情報であり、その価値が高い反面、漏えいした場合の影響は大きい。

また、子どもは、誘拐や性的画像を送信する犯罪の対象となりやすいなど、個人情報の悪用により犯罪の被害者となる可能性が大人に比べて高い。さらに、保護者に比べ、リテラシーが低い場合も多く、子どものメールアドレスを対象として、マルウェアを添付するメールを送り、パソコン自体の情報を盗むなど、悪用の可能性も高い。

■2　取扱いに関する注意

(1)　取　得　時
(a)　法定代理人による同意が必要な場合

委員会Ｑ＆Ａ１-58で、「法定代理人等から同意を得る必要がある子どもの具体的な年齢は、対象となる個人情報の項目や事業の性質等によって、個別具体的に判断されるべきですが、一般的には12歳から15歳までの年齢以下の子どもについて、法定代理人等から同意を得る必要があると考えられます」とされている。

これを踏まえ、15歳以下の利用者が利用する可能性があるサービスは、年齢認証の上、利用者が15歳以下の場合には、親権者など保護者による同意を必要とするシステムを導入することが必要となる[75]。

取得時における具体的注意として、以下の例が考えられる[76]。

①オンラインサービスの場合、サービス利用に、親の認証を必要とするシステムを導入する。
②書面の場合、親の同意を明らかにする署名等を一定様式で提出してもらう。
③親が利用できるフリーダイヤルを設置する。
④親にデジタル署名が付された電子メールを送るように求める。

---

[75]　EU一般データ保護規則では、16歳以上である場合に、自己の個人データの取扱いに関する同意が有効とされている（EU一般データ保護規則8条1項）。
[76]　国民生活センターは、2005年に子どもの個人情報保護のための課題を整理・検討の上公表しており、参考になる。国民生活センター「子どもの個人情報に係る消費者トラブルの現状と対応（概要）」（平成17年3月4日）（http://www.kokusen.go.jp/pdf/n-20050304_1.pdf）。

(b) **未成年者への説明方法**
　ウェブサイトの管理者は，子どもから収集した情報の取扱方法等を詳しく記述したプライバシー・ポリシーを，サイトの目につきやすい場所に明示することが望ましい。表示事項は，ウェブサイト管理者の名称，所在地，取得する情報の種類，利用方法，第三者への提供の有無など。
(c) **取得した個人情報に対する親の権利の通知**
　ウェブサイトの管理者は，子どもの親に対して，どんな情報が取得されているか確認できる機会を提供することが望ましい。子どもに関する情報の確認，以前にした取得の同意の取消し，情報の変更，情報の削除を要求する権利があることを通知しなければならない。
(d) **必要以上の情報取得の禁止**
　ウェブサイトの管理者が，オンラインでのゲームやコンテストに参加するための条件として，必要と考えられる以上の個人情報の提供を子どもに求めてはならない。

3　アメリカにおける取組み

(1) **児童オンラインプライバシー保護法（COPPA）**
　アメリカでは，オンライン上における児童（13歳未満）のプライバシー保護に特化した連邦法として，児童オンラインプライバシー保護法（Children's Online Privacy Protection Act of 1998：COPPA）が，1998年に成立している。
　主な内容として，商業目的のウェブサイトやオンラインサービス事業者が，13歳未満の子どもからインターネット上で個人情報を収集する場合，事前に親に対して，子どもから収集する個人情報の内容などを通知し，同意（varifiable parental consent）を得ることを義務づけるほか，親に対し，子どもが提供した個人情報のアクセス権を認めている。またウェブサイトに事業者のプライバシー保護ポリシーの掲載が義務づけられ，自らのポリシーに違反した場合，不公正ないし欺瞞的取引慣行（FTC法5条違反）として連邦取引委員会（FTC）の摘発対象となる（第4章第5節【29】■3(2)参照）。実際に，児童オンラインプライバシー保護法違反による摘発も行われている。
　さらに，2012年12月，子どものインターネット使用に関して，保護者への通知及び同意なしに収集できない個人情報のリストが修正され，位置情報，

子どもの顔や声が含まれている写真，ビデオ，オーディオが保護者への通知及び同意なしに収集できないことを明確化することなどで，子どものプライバシー保護の強化を目指す改正案が採択され，2013年7月から発効している。

(2) カリフォルニア州法

また，カリフォルニア州では，ウェブサイト，オンラインサービス，オンラインアプリケーション，又はモバイルアプリケーションの管理者は，未成年者（18歳未満）自身が，同サイト等に投稿したコンテンツ又は情報を削除等できるようにしなければならないという州法（いわゆる「消しゴム」法）が2013年9月に制定され，2015年1月から施行されている。

【14】行政情報

行政情報（非識別加工情報）を取り扱う際の注意点は何か？（改正行政機関個人情報保護法の問題）

1　概　　要[*77]

行政機関の保有する行政情報にも，観光や医療分野など，民間企業が利活用すると有益な情報が存在するといわれている。では，どのようにすれば利活用することができるか，また，取り扱う際の注意点はどのようなものか。

平成27年個人情報保護法改正の影響もあり，行政機関個人情報保護法，独立行政法人個人情報保護法が，パーソナルデータの利活用に資するよう改正

[*77] 蔦大輔「行政機関個人情報保護法等の改正――非識別加工情報制度の導入等」時の法令2016号参照。

[*78] 個人情報保護法附則12条1項で，政府は，改正個人情報保護法の全面施行日までに，同法の規定の趣旨を踏まえ，行政機関等が保有する個人情報の取扱いに関する規制の在り方について，匿名加工情報の円滑かつ迅速な利用を促進する観点から検討を加え，その結果に基づいて所要の措置を講ずるものとされていた。また，2016年12月には，自治体も含めたデータの利活用を推進する「官民データ活用推進基本法」が成立，施行された。参考（https://www.ppc.go.jp/files/pdf/hisikibetu_aramashi.pdf）。

され(平成28年5月)*78,同改正法では,国の行政機関・独立行政法人等が,保有する個人情報を特定の個人が識別できないよう加工し,かつ,当該個人情報を復元できないようにした「非識別加工情報」(匿名加工情報レベルに加工された情報)を民間事業者に提供する制度が導入された。

■2 行政機関等から情報を取得するまでの手続

〈手続概要〉

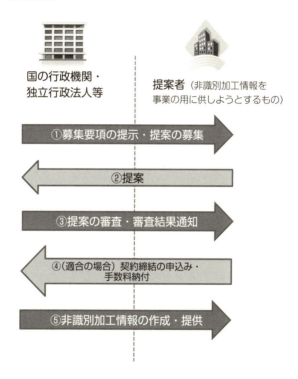

主な手続は上記図のとおりである。重要と思われるところを以下補足する。

「①募集要項の提示・提案の募集」

非識別加工情報の募集をする個人情報ファイルである旨が記載されている個人情報ファイル簿(国の行政機関・独立行政法人等の保有している個人情報ファイル

のあらましを記載したものであり，ウェブ等で公表されている）が提案の募集対象となる。

「③提案の審査・審査結果通知」

欠格事由への該当の有無，一定の加工基準に合致していること，事業が新産業の創出等に資すること，漏えい防止等の安全管理措置が適切であること等，審査基準に適合しているかどうかを審査する。

「⑤非識別加工情報の作成・提供」

非識別加工情報を提供された民間事業者（非識別加工情報取扱事業者）は以下の規律を遵守する必要がある。

(i) 安全管理措置の遵守

漏えいの防止等非識別加工情報（匿名加工情報）を適切に管理するために講ずると提案した安全管理措置を遵守しなければならない。

(ii) 利用契約の遵守

国の行政機関・独立行政法人等との間で締結した利用契約を遵守しなければならない。なお，利用契約に違反した場合は契約が解除され，一定期間，提案者となることができない（欠格事由に該当）。

(iii) 匿名加工情報の規律

また，当該事業者は非識別加工情報を個人情報保護法の匿名加工情報として取り扱うこととなるため，併せて，匿名加工情報取扱事業者として個人情報保護法により規律される（第3章第4節第2項■4参照）。

個人情報保護委員会に，行政機関等非識別加工情報に関する総合案内所が設置され，国の行政機関・独立行政法人等の非識別加工情報の提供に関する制度の概要や手続等の一般的な相談に対応している。

第 3 節

情報の取得・利用方法

【15】アプリケーション

Q アプリケーションにより情報を取得し，利用する際の注意点は何か？

A ■1 概　要

　企業は，スマートフォンなどのアプリケーションソフトウェア（本書では，アプリケーション又はアプリと表記している）を利用し，位置情報，閲覧履歴（Cookie情報），購買履歴（クレジットカード情報，ポイントカード情報），アプリケーション利用履歴，画像・音声情報，SNS利用履歴，電話帳（連絡先情報），通信履歴（E-mail，通話履歴），ウェアラブル端末等により取得されたヘルスケア情報など，様々な情報を取得し得る。

　このうち，氏名，電話番号，メールアドレスなどが保存されている電話帳情報など，一般に個人情報に該当する情報を取得する場合には，個人情報保護法の適用がある。これに対し，位置情報やウェブ上における閲覧履歴のようなものは，本人が特定されない限り，直ちに個人情報には該当しない。しかし，個人が知る機会がないまま取得されると，どのような情報が取得・利用されているのかを把握できず，また，個人が関与する機会を与えられない等の不利益が生じる。事業者も，直ちに法律違反となるわけではないけれども，プライバシー侵害の危険や風評被害（いわゆる炎上）などのリスクが高まる。

このため，アプリケーションで情報を取得する際，以下の注意をすることが望ましい。

■2　制度設計

(1)　関係者の整理（次頁図参照）

アプリケーションで情報を取得する際，以下記載のように，関係者が多数になることを認識し，制度設計する必要がある。

①通信端末利用者：スマートフォンやタブレットなど通信端末でアプリケーションを利用する者。アプリケーションを利用するとともに，企業にプライバシー情報を提供することとなる。

②携帯電話事業者：スマートフォン等に通信サービスを提供する者。アプリケーションに関する課金などがある場合には，代行して集めることが一般的である。

③プラットフォーム事業者：アプリケーションをダウンロードするために利用されるプラットフォームを提供する者。日本では，Google Play や App Store などのプラットフォームのシェアが高い。

④アプリケーション提供者：自己の名で，アプリケーションを提供する者。

⑤アプリケーション作成者：自ら又はアプリケーション提供者から依頼を受けて，アプリケーションを作成する者。アプリケーション提供者と同一である場合と異なる場合がある。

⑥広告モジュール事業者：アプリケーション内の広告モジュールを利用して情報を収集し，広告を提供する事業者。広告枠を，リアルタイムでオークション形式で処理する仕組みであるリアルタイムビッディング（Real-Time Bidding：RTB）などを利用し，広告枠の価値を高めている。

⑦広告主：広告を配信する者。リアルタイムビッディング（RTB）などの手段を利用する。

⑧広告配信対象者：①の通信端末利用者と同じ。

(2)　海外法令の確認

アプリケーションは，Google Play や App Store などを通じて世界中に配信される。このため，アプリケーションがどこの国で情報を取得する可能性があり，どこの国に情報を発信するかも計画段階で想定し，EU 一般デー夕

第3節　情報の取得・利用方法

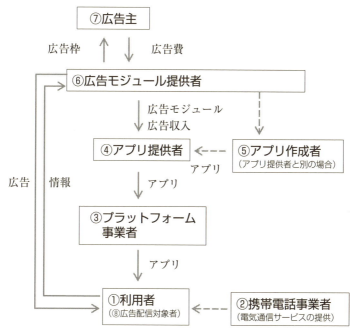

出所：総務省「スマートフォンプライバシーアウトルック」(平成26年3月)21頁（図表2.2.1，日本総合研究所作成）を参考に加工。

保護規則（第4章第5節【29】■2参照）や米国のCOPPA（第4章第2節【13】■3参照）に反しないよう，注意が必要である。なお，アプリケーションについては，国際的なプラットフォームであるGoogle PlayやApp Storeの審査基準で，事実上のグローバルな規制がなされているというのが実情に近い。

■3　取　得

(1)　スマートフォン・プライバシー・イニシアティブ（SPI）

(a)　検討の経緯[*79]

スマートフォンの普及が進んできた平成23年以降，アプリケーションを利用して，位置情報や電話帳情報など，個人情報・プライバシー情報を外部送信する事案が問題となった[*80]。

これらの事件を受け，アプリケーションでプライバシー情報を取得する場

合,以下の内容を明確かつ適切に示したアプリケーション用のプライバシーポリシーを作成し,利用者が容易に参照できる場所に掲載し,アプリをインストールするか否かの判断に資することが望ましい[*81]との検討がなされた。

(b) 内容

総務省が平成26年に発表した,スマートフォン・プライバシー・イニシアティブ[*82]では,以下の基本原則を立てた。

①透明性の確保	関係事業者等は,対象情報の取得・保存・利活用及び利用者関与の手段の詳細について,利用者に通知し,又は容易に知りうる状態に置く。利用者に通知又は公表あるいは利用者の同意を取得する場合,その方法は利用者が容易に認識かつ理解できるものとする。
②利用者関与の機会の確保	関係事業者等は,その事業の特性に応じ,その取得する情報や利用目的,第三者提供の範囲等必要な事項につき,利用者に対し通知又は公表あるいは同意取得を行う。また,対象情報の取得停止や利用停止等の利用者関与の手段を提供するものとする。
③適正な手段による取得の確保	関係事業者等は,対象情報を適正な手段により取得するものとする。

[*79] 平成23年7月に,不正指令電磁的記録に関する罪(ウイルス作成罪:刑法168条の2及び168条の3)を含む改正がなされた刑法が施行された。これにより,正当な理由がないのに,人の電子計算機における実行の用に供する目的で,人が電子計算機を使用するに際して,その意図に沿うべき動作をさせず,又はその意図に反する動作をさせるべき不正な指令を与える電磁的記録を作成し,又は提供した者は,3年以下の懲役又は50万円以下の罰金に処せられる。不正アプリの動作が上記要件を満たす場合には,同罪により罰せられる。

[*80] スマートフォンの普及が進んできた平成23年8月,スマートフォンにアプリケーション「カレログ」を導入すれば,導入時に設定した者が,対象となるスマートフォンの位置情報等を,PC等を利用して把握できるサービスが提供開始された。端末所有者の同意が明確にとられないまま当該サービスが利用される可能性がある(交際相手(カレ)のスマートフォンに本人の同意なく「カレログ」をインストールし,その行動を監視するケースなど)との指摘があり,平成24年10月にサービス提供が全面停止された。

また,平成24年には,人気ゲームを動画で紹介するアプリケーションや「電池長持ち」「電波改善」等の効果を売りにしたアプリケーションが,電話帳等の情報を不正に外部送信していることが大きく報道された。

[*81] この点,Androidアプリにおけるパーミッションは,セキュリティ機能の一環として設けられており,プライバシーに関する許可を利用者から得るものではないと考えられる。

[*82] 参考(http://www.soumu.go.jp/main_content/000358525.pdf)。

④適切な安全管理の確保	関係事業者等は，取り扱う対象情報の漏えい，滅失又はき損の防止その他の対象情報の安全管理のために必要・適切な措置を講じるものとする。
⑤苦情・相談への対応体制の確保	関係事業者等は，対象情報の取扱いに関する苦情・相談に対し適切かつ迅速に対応するものとする。
⑥プライバシー・バイ・デザイン（第3章第2節第1項参照）	関係事業者等は，新たなアプリケーションやサービスの開発時，あるいはアプリケーション提供サイト等やソフトウェア，端末の開発時から，利用者の個人情報やプライバシーが尊重され保護されるようにあらかじめ設計するものとする。利用者の個人情報やプライバシーに関する権利や期待を十分認識し，利用者の視点から，利用者が理解しやすいアプリケーションやサービス等の設計・開発を行うものとする。

　また，スマートフォン・プライバシー・イニシアティブでは，以下の①から⑧までの事項を明示するプライバシーポリシー等をあらかじめ作成し，利用者が容易に参照できる場所に掲示又はハイパーリンクを掲載するものとしている。利用者が容易に参照できる場所に掲示・掲載とは，Google Play や App Store などのプラットフォームで，個別のアプリをインストールする画面に「プライバシーポリシー」の項目を作り，ハイパーリンクなどにより内容を確認できる場合などを想定している。

事　項	説　明
①情報を取得するアプリケーション提供者等の氏名又は名称	アプリケーション提供者等の名称，連絡先等
②取得される情報の項目	取得されるプライバシー情報の項目・内容
③取得方法	利用者の入力によるものか，アプリケーションがスマートフォン内部の情報を自動取得するものなのか等

④利用目的の特定・明示	・利用者情報を，アプリケーション自体の利用者に対するサービス提供のために用いるのか，それ以外の目的のために用いるのか ・広告配信・表示やマーケティング目的で取得する場合はその旨を明示
⑤通知・公表又は同意取得の方法，利用者関与の方法	・通知・公表の方法，同意取得の方法：プライバシーポリシー等の掲示場所や掲示方法，同意取得の対象，タイミング等 ・利用者関与の方法：プライバシー情報の利用を中止する方法等
⑥外部送信・第三者提供・広告モジュールの有無	外部送信・第三者提供・広告モジュールの組込みの有無
⑦問合せ窓口	問合せ窓口の連絡先等（電話番号，メールアドレス等）
⑧プライバシーポリシーの変更を行う場合の手続	プライバシーポリシーの変更を行った場合の通知方法等

　上記は，電気通信GL解説3－4－2で，公表することが適切と明記されている[83]。

　アプリケーションに係るプライバシーポリシーの具体的な例としては，モバイル・コンテンツ・フォーラム（MCF：モバイルコンテンツ関連事業を対象とする認定個人情報保護団体）が，アプリケーション・プライバシーポリシーのモデ

---

*83　詳しくは，利用者視点を踏まえたICTサービスに係る諸問題に関する研究会スマートフォンを経由した利用者情報の取扱いに関するWG最終取りまとめ「スマートフォンプライバシーイニシアティブ」（平成24年8月）（http://www.soumu.go.jp/main_content/000171225.pdf）を参照。
　総務省では，スマートフォンのプライバシーに関する継続した取組みとして，スマートフォンプライバシーイニシアティブⅡ，同Ⅲやアプリケーションの第三者検証を検討したスマートフォンプライバシーアウトルックⅠ～Ⅳ等の取組みを実施している。内容は，以下のホームページや，総務省報道発表を参照されたい（http://www.soumu.go.jp/main_sosiki/joho_tsusin/d_syohi/smartphone_privacy.html）。

案を公表しており*84，参考になる。
　(c)　**考えられる取組み**
　上記のほか，利用者によりわかりやすく情報を伝えるため，以下の取組みも有益である。
　(ア)　利用者にわかりやすい概要版も掲載
　正確な記載が重要であるけれども，内容が細かくなるほど利用者にわかりづらくなる傾向がある。このため，通常版のほか，上記のうち特に重要な，①，②，④，⑥を簡略に記載した概要版も掲載し，利用者が概要版でわからないところをすぐに通常版で確認できるようにすることが重要である*85。
　(イ)　情報を取得する理由を説明
　透明性を確保する観点からは，「②取得される情報の項目」に追加し，なぜ当該情報を取得するのかを記載することが有益である。利用者に納得してもらい，不信感を与えないとともに，アプリケーション提供者や作成者自身が，当該情報を取得する必要があるかを考える機会にもなる。
　(ウ)　適切な言語で対応
　海外のアプリケーションの場合，作成国の言語（英語，韓国語など）のプライバシーポリシーしか掲載されていないケースもあるけれども，個人に理解してもらう観点からすると，不適当である。
　(エ)　更新内容の確認
　アプリケーションの取得する情報は，アプリケーションの更新ごとに変更される可能性があり，実際に取得する情報とプライバシーポリシーの内容が適合しているか，随時確認する必要がある。
　(d)　**電気通信 GL14条2項，3項**
　スマートフォン・プライバシー・イニシアティブの一連の検討を受け，平成27年個人情報保護法改正を踏まえて電気通信 GL が改訂された際，電気通信事業者がアプリケーションを提供するサイトを運営する場合，当該サイトを利用してアプリケーションを提供する者（自己を除く）に対して，当該アプ

---

*84　モバイル・コンテンツ・フォーラム「スマートフォンのアプリケーション・プライバシーポリシーに関するガイドライン」（2012年11月）（https://www.mcf.or.jp/temp/sppv/mcf_spappp_guidline.pdf）。
*85　総務省「スマートフォンプライバシーイニシアティブⅡ」参照。

リケーションによる情報の取得等について明確かつ適切に定めたプライバシーポリシーを公表するよう促すことが適切である（電気通信GL14条2項関係）との規定が追加された。また，電気通信GL14条3項では，電気通信事業者がアプリケーションを提供するサイトを運営する場合，当該サイトでアプリケーションを提供する者に対し，当該アプリケーションによる情報の取得等について明確かつ適切に定めたプライバシーポリシーを公表するよう促すことが適切であるとされている。

(e) IoTとの関連

スマートフォン・プライバシー・イニシアティブは，本人に対して透明性を確保し，利用者関与の機会を与える取組みであり，プライバシー情報の取得に関する本人の同意をとることが難しいIoTに対する対応としても，参考になる。

電気通信事業者に該当しないアプリケーション提供事業者や広告モジュール提供事業者も遵守することが望ましいとされている。

(2) プラットフォーム事業者の取組み

(a) 概要

アプリケーションのプライバシー保護については，世界中で利用されているプラットフォームである，Google PlayやApp Storeの審査基準が事実上の世界基準となっており，その影響は極めて大きい。

これらのサービスは，原則として，世界で同一のサービスが提供されるため，基本的に，各国のプライバシー保護法制に合わせ，最大公約数的にプライバシー保護が図られている特徴がある。

(b) プライバシーポリシーの掲載

App Store審査ガイドライン[86]では，ユーザー又は使用状況に関するデータを収集するアプリケーションは，データ収集に関するプライバシーポリシーを明示し，ユーザーからの同意を得ることが必要とされる。アプリケーションの説明の中で，アプリケーションが要求するアクセスの種類（位置情報，連絡先，カレンダーなど）や，アクセスを許可しない場合はどのような機能が動作しなくなるかをユーザーに明確に示す必要がある。

---

[86] 参考（https://developer.apple.com/app-store/review/guidelines/jp/）。

第3節　情報の取得・利用方法

(c)　自ら情報の発信先を決定できる仕組み

　取組みの一環として，アプリケーションのOSの基本設定で，利用しているアプリケーションに，どのような情報の利用を許すかを自ら設定できるという，自ら情報の発信先を決定できる仕組みが導入されている[*87]。本人による選択を広げるものであり，有益である。

(d)　説明文の記載

　iOSでは数年前からプライバシー性の高い情報にアクセスするアプリでは，アプリ内で個別に同意を取得する仕様であったけれども，iOS10では同意を取得する際に，説明文（情報の取得理由・利用目的）を記載することが必須となった。

■4　利用・第三者提供

　プライバシーポリシーを作成した場合，利活用は，プライバシーポリシーに記載されている利用目的の範囲となる。また，第三者提供の場合も，提供先は，プライバシーポリシーの記載に限定される。なお，アプリケーションで取得された情報の利用は，一般的に広告の効果測定の他，リアルタイムビッディング（RTB）での利用が多いと考えられる。

■5　契約締結上の注意点

(1)　アプリケーション提供者自身による確認

　アプリケーションで情報を取得する場合，本来の機能を遂行するのに必要な，最小限度の情報取得にとどめることが望ましい。広告配信などのために情報取得が必要な場合，その旨を利用者にわかりやすく説明することが利用者の信頼につながる。

　アプリケーション提供者がアプリケーション作成者に上記内容を指示して，プライバシーポリシー上で記載すれば，問題は生じづらくなる。しかし，

[*87] 例えば，Android6.0では，インストール時には危険ではないパーミッションのみ付与し，危険なパーミッション（カレンダー，カメラ，電話帳，位置情報，マイク，電話，センサ，SMS，ストレージに関するもの）はアプリ内で個別にユーザーから許可を取得するモデルとなっている。アプリインストール後も，ユーザーが端末の設定から，各アプリのパーミッション（情報取得の権限）のオン/オフを切り替えられる（https://developer.apple.com/app-store/review/guidelines/jp/#privacy）。

アプリケーションによる情報取得では，アプリケーション提供事業者が気づかないうちに，認識していない広告モジュールが組み込まれ，位置情報などが海外に送信されていることも珍しくない。当初は含まなかったのに，バージョンアップした際に組み込まれることもある。このため，自社でアプリケーションを提供している事業者は，自らの提供しているアプリケーションにつき，情報取得等が予定していたとおりであるかを調査・確認し，想定していない情報を取得，送信しているなど意図しない動きがあった場合，適切に対処する必要がある[*88]。

(2) アプリケーション提供者とアプリケーション作成者間

アプリケーション作成者が，アプリケーション提供者の知らないうちに広告配信モジュールを導入するケースも考えられる。このような行為を禁止するには，その旨をアプリケーションの開発契約で明確に記載する必要がある。また，アプリケーション作成者自身が認識しないうちに，広告配信モジュールが組み込まれている場合もあり，アプリケーション作成者に動作確認を求めることも有益である。

(3) アプリケーション提供者と広告モジュール事業者間

情報の利用と直接関わりはないが，広告配信を前提としても，広告内容にアプリケーション内容とそぐわないもの（成人向けの内容など）が含まれると，アプリケーション提供者に対するイメージが悪くなる可能性もある。このような事態を防ぐため，契約上で，発信する広告内容を限定することが望ましい。

[*88] 総務省では，スマートフォンにおけるアプリケーションの動作とプライバシーポリシーの記載内容を解析し，両者の結果の整合性等について第三者が検討する仕組みの確立に向けて取り組んできた（各スマートフォンプライバシーアウトルック参照）。その関連資料は，日本スマートフォンセキュリティ協会（JSSEC：Japan Smartphone Security Association）のホームページでダウンロード可能である（http://www.jssec.org/jsas/）。

【16】 IoT

 IoTで情報を取得，利用する際の注意点は何か？

 ■1 IoTの特徴

(1) 概　　要

　IoT（Internet of Things）とは，字義のとおり，ものをインターネットにつなげる仕組みをいう[*89]。2000年代に話題となったユビキタスの概念と類似するけれども，情報通信技術の進展に伴い，機器や通信のコストが低価格化したことや，機器が小型化したことなどから，爆発的に普及している。

　IoT，ビッグデータ，AIは，相互に密接に関連し，次のように整理される。

　①IoTの環境で，複数のセンサーからの情報を総合し，より確からしい結果を得る。②その膨大なデータはビッグデータに該当し，処理する技術が必要となる。③ディープラーニングをはじめとする人工知能技術を利用し，データからどのように状況を理解し，適切な制御につなげるかを検討する[*90]。

(2) 情報の利活用イメージ

　①IoTで取得した情報を②ビッグデータ化し，③AIで分析して得られた情報を，④コミュニケーションロボットに搭載する。ロボットが各種センサーで取得した情報（カメラ画像・音声画像等）は，①IoTで取得した情報として循環する。すなわち，コミュニケーションロボットが取得した多数のユーザーの日常生活に関する情報をクラウドAIの機械学習技術で解析し，精度の高いターゲティング広告により個々のユーザーが欲しがる商品をレコメン

[*89] 官民データ活用推進基本法2条3項では，「インターネット・オブ・シングス活用関連技術」について，「インターネットに多様かつ多数の物が接続されて，それらの物から送信され，又はそれらの物に送信される大量の情報の活用に関する技術……」とされている。

[*90] 坂村健監修『角川インターネット講座(14)コンピューターがネットと出会ったら』（角川学芸出版，2015）参照。

〈利活用イメージ〉

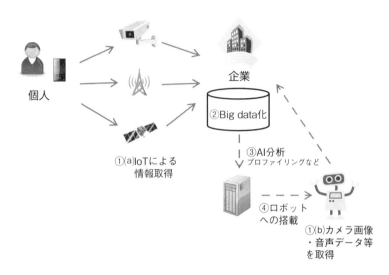

ドして，新たなサービスや製品の開発が進む。

　将来的に法制度が整備されれば，初めて入った店にかかわらず，店頭のヒト型コミュニケーションロボットが顔認識によりクラウド上のデータと照合し，店頭にある最適な商品をリコメンドするサービスなどへの利活用が考えられる。また，自宅で，健康管理アプリを搭載したコミュニケーションロボットがセンサーで取得した情報をAIがクラウド上で分析し，それを確認した医師がサービス利用者に病院に行くことを勧めるサービスも考えられる。

(3) 法律上の取扱い

　IoTで収集された情報が，顔画像をデータ処理したものなどそれ自体で個人識別符号に該当する場合や，他の個人情報に紐づく場合，個人情報保護法の対象となる。また，個人に関する情報であった場合，対象が識別・特定されなくとも，プライバシー情報となる。

　これに対し，個人に関する情報にあたらない場合，プライバシー情報に該当しない。もっとも，工場の稼働データなど，一見すると個人の活動に関係ない情報でも，工場の従業員データと結びつけて管理されている場合，個人情報やプライバシー情報に該当することがあり，注意が必要である。

　以下では，個人情報又はプライバシー情報に該当する情報を検討する。

■2　IoTによる情報取得の特徴

(1)　発生による分類

IoTに関連する個人情報，プライバシー情報は，その情報の発生に着目すると，以下の3種類に分類できる。

①自発的生成データ（Volunteered data）

　個人が生成し，明示的に共有されるデータをいう。例えば，ユーザー登録，SNSの書き込みがこれにあたる。このデータは，本人が作成したデータの内容を意識しており，これまでの個人情報の概念に近い。

②観測データ（Observed data）

　個人の行動を観測することで作成されたデータをいう。例えば，防犯カメラ画像，購買履歴がこれにあたる。個人は，事業者から観測されていることに気づくとは限らず，取得者や利用目的が必ずしも明示されていないケースも多いという特徴がある。

③推定データ（Inferred data）

　自発的生成データ及び観測データから，推定・プロファイリングされたデータをいう。例えば，SNSのユーザープロファイリングがこれにあたる。参考にしたデータ自体が不正確であったなどの事情で，間違った推測による権利侵害が起こり得るけれども，個人はデータの存在すらわからず，修正を申し出る機会がないというリスクがある。

(2)　IoTデータの特徴

IoTは，多様なデバイスやサービスを通じ，大量のパーソナルデータを取得・分析・利用することが可能なところ，以下の特徴がある。

(a)　情報取得

スマート家電，機器・デバイスなど，身の回りのセンサーによる情報取得のため，以下の事態が生じる。

(ア)　利用目的や利用主体の明示が困難

スマートフォンなどの情報端末と異なり，ディスプレイなどのインターフェースがないため，個人本人への説明や同意取得が困難である。

(イ)　本人が情報取得されていることの認識が困難

データを収集されている事実を本人が十分に認識していない，できない場

合が発生する。防犯カメラの事例を考えればわかりやすいが，センサーの場合，取得されていることの認識が困難であり，個人が個別にセンシングされないようにすることは難しい。

(b) 利用

PCやスマートフォンに加え，家電，自動車，健康機器等から個人の行動履歴データが集約でき，詳細な生活パターン，趣味嗜好，行動範囲といったプライバシー性の高いデータが蓄積され，高い精度でプロファイリングされる可能性がある。さらに，IoTでは，現実世界における空間的位置と時刻が名寄せの起点となりやすく，複数の情報の突合による照合が容易であるという特徴がある。

(c) 第三者提供

上記(a)(ア)と同様，インターフェースがないため，情報取得時における第三者提供の同意取得が困難である。

(d) 本人対応

データを取得されていることを認識できないこと，プロファイリングによる情報生成がなされることで，取得されたデータに対し，本人がアクセス，訂正することが困難な事態が発生する。

(e) 多数の利害関係人

IoTによるデータの取扱いは，本人とそのデータの利用者の二者にとどまらず，データの対象者，所有者，分析者，分析結果の利用者，機器の設置者等の多くのステークホルダーが存在し，調整が必要になる。

IoTでは，多種多様なステークホルダーが存在する。例えば，モバイル，ソーシャルネットワーク，ビッグデータでは，キャリア，プラットフォーマー，分析事業者等の様々な主体がサービスの提供に関与している。IoTの普及により，さらに，自動車，住宅，家電など，消費者への接点が増大している。サービス提供に関与する一連の事業者が，消費者団体や監督機関と連携して消費者保護のあり方を考えることが必要となる。なお，これまで個人情報やプライバシー保護に関わってこなかった事業者もIoTでは雇客と直接の接点を持つことになり，知らない間にプライバシー侵害を引き起こすリスクがある。

個人にとっては，関係者が多数であり，情報取得されていることの認識が

難しい場合があることと相まって、誰がどのように情報を利用できるか（データ利用権が誰にあるか）、誰にどのように情報を利用されるか不明確である。

■3 検討状況

(1) 総務省検討会

総務省が開催した、改正個人情報保護法等を踏まえたプライバシー保護検討タスクフォースにおける、「議論の取りまとめの方向性」（平成28年7月12日）[91]では、次のように、①マルチステークホルダープロセス、②行動規範等の策定、③本人によるデータ管理の仕組み、④プライバシー保護技術の活用が重要とされている。

(a) マルチステークホルダープロセス（MSP）の活用

IoTにおける多様な関係者間におけるルール策定にあたり、マルチステークホルダープロセス（MSP）（第3章第2節第3項参照）は有効な手法である。今後、同プロセスを積極的に活用して行動規範等のルール作りに取り組むべきではないか。ルール策定の初期段階には、官民が連携しつつ、場合によっては、国がリードする等の積極的な関与を行うことも必要と考えられる。

マルチステークホルダープロセス（MSP）の実施にあたっては、ゴールの明確化、オープン性の確保、行政機関の関与、参加者の代表性の確保、執行性の確保等が重要なポイントになると考えられ、そのために必要となる環境整備を進めることが必要ではないか。

(b) 行動規範等の策定

IoTで、事前の説明や同意取得には限界があるとの認識のもと、プライバシー保護を図りつつ、データの利活用を促進するための行動規範等の策定が必要ではないか。

行動規範等は、法令や政府の関係ガイドライン等を踏まえつつ、それらを補完するものとして、策定・活用することが有効と考えられる。具体的には、改正個人情報保護法における認定個人情報保護団体の個人情報保護指針や業界のガイドラインの策定・活用等の取組みを進めるべきではないか（第3章第

---

[91] 参考（http://www.soumu.go.jp/main_content/000429493.pdf）。

2節第8項参照)。

(c) 本人によるデータ管理の仕組み

IoT における実効性のある透明性の確保及び本人関与(同意取得等)の課題に対応するため,本人が自らのパーソナルデータを適切に管理できる仕組みは有効な解決方策になり得ると考えられる。現在,国内外において様々な試みが進められている(例:米国の Smart Disclosure(第3章第7節第3項■2(1)参照),プライバシーポリシーマネージャー(PPM)(＊63参照)等)。

今後,このような仕組みが備えるべき諸機能(プライバシーポリシー等の簡素化・最適化による有効な同意取得の実現,開示に基づくデータ利用状況の見える化等)を抽出・整理し,必要な取組みを進めるとともに,その社会実装に向けた諸課題等についても検討・検証を進めるべきではないか。

(d) プライバシー保護技術の活用

IoT におけるデバイスやネットワークを踏まえ,プライバシー保護に有効な技術について,国内外における動向をフォローし,必要な取組みを進めるべきではないか。

IoT 機器から得られるデータの保護は,①機器レベルの保護,②データレベルの保護,③加工プロセスの保護,④加工データの保護といった類型に分けて考えることができる。

また,①他者に必要以上のデータを開示しないようにする匿名認証や,②IoT 機器から得られるデータを暗号化し,そのデータに開示制御機構(特定の日付以降に特定の者にのみ開示する等)を埋め込む技術,③ IoT 機器がデータをプライバシー保護が守られた形式に加工する技術,④暗号(秘密計算)で加工プロセスを保護するといった技術の活用が有効と考えられる。

IoT デバイスは,高性能なネットワークやプロセッサーが使えないので,現時点において高度なセキュリティ技術を IoT に導入することは容易ではない。セキュリティに関しては,閉じたネットワークと接続するか,外部ネットワークとつながるゲートウェイに集約するなど,IoT 機器のセキュリティに頼らない構成が必要である[*92]。

個人との帰属を切って匿名化した状態で収集することもデータ最小化(第3章第3節第5項参照)の手法とみなすことができ,今後,検討の視点として取り入れていくべきである。

(2) FTC スタッフレポート

アメリカの米連邦取引委員会（FTC）は、2015年1月、IoT を巡るプライバシー保護とセキュリティ強化に向けて、現実的な取組みを進めるようデバイスメーカーに強く促すことを目的として、スタッフレポート"Internet of Things-Privacy & Security in a Connected World"を発表した[*93]。

同レポートでは、IoT 機器で情報を取得・利用する際、①企業に対し当初から製品の中にセキュリティを構築し、②データ収集を最小限にし、③消費者に個人情報がどのように使われるか通知し、選択させることが推奨されている。

(a) 「セキュリティ・バイ・デザイン」[*94]の採用

①初期段階を含む設計の全段階で、セキュリティ対策を組み込み、販売開始前のセキュリティ対策の検査をすること。

②人事管理上、社内でセキュリティ対策の認識を高め、従業員に習得させること。

③高リスクのシステムは、ユーザーのパスワード設定だけに頼らず、情報移動、保管中でのセキュリティを徹底させること。

④ネットワーク上にある個人情報等に、アクセス権限のない者がアクセスできないようにする措置を検討すること。

⑤製品寿命の期間中、セキュリティを監視し、消費者に対するリスク通知、アップデート情報提供、対策期間の明示を実施すること。

(b) データ収集、保存の最小化

①個人情報の取得及び保持に関し、合理的な制限をかけるような方針と業務慣習を策定・構築することが必要である（第3章第3節5項参照）。

[*92] 平成28年7月に、IoT 推進コンソーシアム、総務省、経済産業省が公表した「IoT セキュリティガイドライン Ver1.0」では、セキュリティにおける IoT 特有の性質として以下のものがあげられている。

①脅威の影響範囲・影響度合いが大きいこと、② IoT 機器のライフサイクルが長いこと、③ IoT 機器に対する監視が行き届きにくいこと、④ IoT 機器側とネットワーク側の環境や特性の相互理解が不十分であること、⑤ IoT 機器の機能・性能が限られていること、⑤開発者が想定していなかった接続が行われる可能性があること。

[*93] 日本語訳については、スマートフォンプライバシーアウトルックⅡ（第4章第3節【15】■ 3）の記載を参考にした。

[*94] プライバシー・バイ・デザイン（第3章第2節第1項）をセキュリティに及ぼした概念である。

（例）消費者の肌の状態を評価するウェアラブルデバイスに位置情報を取得できる機能があっても，デバイスメーカーは，地域ごとの有効な治療方法を見つけるサービスを提供できるようになるまでは，位置情報を取得しない。また，取得する場合でも，郵便番号レベルで収集する。

②データ最小化では，非識別化（De-identify）も考慮すべきである。また，再識別をしないことを公に確約することや第三者に提供する場合には，契約上で再識別しないことを求めることが必要である。

(c)　**消費者に対する通知と選択**

①システムの透明性の確保，また予期せぬ情報漏えいや目的外使用が発生した場合の適切・迅速な情報開示が必要である（第3章第5節第2項参照）。

②企業は，消費者に対して，収集したデータがどのように用いられるかを通知し，消費者に選択肢を付与すべきである。明確で目立つものである必要があり，例として，IoT機器で情報を取得する際には，ビデオチュートリアルの提供や，機器へのQRコードの貼付け，店頭での選択の提供，セットアップウィザードやプライバシーダッシュボードでの表示が有益とされている。

③個々のデータ取得に毎回承諾を得なくとも，消費者が選択する能力を発揮することができるものを例示する。

④初期設定時にわかりやすく，筋道立てた方法でプライバシー設定の選択をできるようにする。

4　企業における対応

(1)　制度設計の重要性

IoTでは，一度センサーでの情報取得を始めたら，制度の変更は困難と考えられ，プライバシー・バイ・デザイン，マルチステークホルダープロセスなど，制度設計段階での取組みが従来以上に重要となる。

(2)　安全管理措置

センサーへのサイバー攻撃の脅威も増大するとされており，セキュリティに関する取組みが一段と重要になる。

【17】ビッグデータ

 ビッグデータを利活用・管理する際の注意点は何か？

 ■1　ビッグデータの特徴

(1)　3つのV

ビッグデータの定まった定義はなく，新たなサービスを創出し，今まで不可能だった予測を可能とする情報を意味するものとして利用されることが多い。

ビッグデータに特徴的な要素は，一般に，①データの量（volume）が多いこと，②種類（variety）が多様であること，③処理速度（velocity）が速いことである。

(2)　集める手段による分類

ビッグデータを集める主な手段は，以下の3つに分類できる[95]。
① 端末や装置等（IoTを含む）を介して取得
　コンピュータ，携帯電話，スマートフォン等の端末，防犯カメラ，入退室管理装置，スマートメーターや電気製品などの装置，自動車
② ネットワーク上において取得される情報
　ウェブからSNSにいたるまでのネットワーク関連のサービス
③ SNS等で取得される自発的情報
　利用者の日常生活の履歴，年齢，性別，学歴，所属，趣味嗜好など

(3)　ビッグデータの増加

以前は，大量のデータを集めると容量が不足するおそれがあり，データを保存しないケースもあった。しかし，近年はデータ容量が巨大化し，保存のコストが下がり，データを一定期間保存することが多くなった。

また，これまでは，膨大な量のデータを分析する際，処理の手間を考え，

---

[95]　新保史生「クリシェとしてのビッグ・データ」情報処理学会研究報告2012参照。

一部のデータのみをサンプルとして分析することが一般的であった。しかし，処理速度の向上やコストの低下で，対象となり得るすべてのデータ，対象者の分析が可能となった。

さらに，ビッグデータを分析する場合，AIの利用が多くなり，人が分析する場合に比べ，既存の常識にとらわれない対応が可能とされている。なお，AIを利用する際の注意点は，第4章第3節【18】で説明する。

その他，最近は，本人認証などで，SNSとの連携が行われることが増え，以前に比べ，情報を集約しやすくなっている。

■2　検討状況

アメリカ大統領行政府は，アメリカ合衆国大統領行政府"BIG DATA: SEIZING OPPORTUNITIES, PRESERVING VALUES"（2014年5月）[*96]を発表した。その中で，ビッグデータの世界で利益を最大に高めて被害を最小に留める方法につき，アメリカ市民の間に全国的な議論を呼ぶ5つの重要な領域として，以下の5つをあげている。

(1) プライバシーの価値の保護

アメリカ国内と，相互運用可能な国際的なプライバシーフレームワークの両方を通じ，市場における個人情報を保護し，プライバシーの価値を維持する。

(i) 商務省は，「消費者プライバシー権利章典」（第2章第3節第3項■2参照）の法案作成につき，一般から意見を求めた後，大統領が議会に提出する法案の草案を作らなければならない。

(ii) 情報漏えい報告を義務化する，全米を対象とした法律の制定。

(iii) データサービス産業（データブローカー）の業界全体の透明化（第3章第3節第4項■2参照）。

(iv) Do Not Track ツール（第3章第3節第2項■3(2)参照）の強化。

(v) 米国連邦政府は，HIPAAなどの連邦法や規制（第4章第1節【4】■5参照）と，医療データ・プライバシー制度の改善による医療サービスのコス

[*96] 次世代パーソナルサービス推進コンソーシアム，一般社団法人情報処理学会，一般財団法人日本情報経済社会推進協会（JIPDEC）による日本語訳が，公開されており，本書でも参考している（https://www.coneps.jp/contents/product_002.pdf）。

ト削減，医学の進歩をどのようにしたら適切に調整できるのかを評価する協議プロセスを主導しなければならない。

(2) 責任ある確固とした教育

米国連邦政府は，特に生徒のデータが教育の文脈で収集されるとき，プライバシー規制がデータの不適切な共有又は利用から生徒を保護することを保証する必要がある。

(3) ビッグデータと差別

連邦政府の主要な市民権及び消費者保護担当機関は，保護を受けている階級に差別的影響をもたらすビッグデータの分析で容易になる慣行と結果を識別し，法律違反を調査して解決する計画を確立できるよう，技術的な専門知識を拡大する必要がある。

(4) 法律執行とセキュリティ

法の執行，公衆安全，国家安全保障でビッグデータの責任ある利用を確実にすることが重要である。

(5) 公的資源としてのデータ

データを公的資源として活用し，公共サービスの提供改善に役立て，ビッグデータ革命を促進させる研究と技術に投資しなければならない。

3　企業における対応

(1) ビッグデータの法的性質

ビッグデータとして集めた段階で個人情報を含むものは個人データに該当する。人に関する情報であれば，プライバシー情報に該当する。

(2) ビッグデータの取得

様々な手段で集めた情報を1つのビッグデータにする場合，それぞれの情報が，どのような目的で，いつ集められた情報であるのかを整理し，記録として保存しておく必要がある。

また，インターネット上の公開情報から情報収集することも考えられるところ，インターネット上の情報も，ビッグデータに追加すると個人データに該当することに注意する必要がある。

(3) ビッグデータの利用

分析を行うにあたり，あらかじめ特定した利用目的の範囲を超えないよ

う，注意する必要がある。安全管理措置との関係で，できる限り匿名化して，利用することが望ましい。

(4) ビッグデータの管理

個人データに該当する場合，安全管理措置など個人情報保護法上要求されている管理を実施することが必要となる。

(ア) 個人データの取扱いに係る規定の整備

ビッグデータの管理に関する規定を整備することが望ましい。

(イ) 組織的安全管理措置

データに対する処理（更新，削除，複製等）を行うにあたり，記録を残すことが望ましい。

(ウ) 人的安全管理措置

ビッグデータの取扱いに関する教育を行うことが望ましい。

(エ) 物理的安全管理措置

ビッグデータは保管され続ける傾向があり，特に，廃棄に関する取決めを適切に行うことが重要である。

(オ) 技術的安全管理措置

分析を行うにあたり，取扱者（分析担当者）をできる限り限定することが重要である。

(5) ビッグデータの第三者提供

個人データが含まれていれば，第三者提供となる。もっとも，統計化すれば，個人データの第三者提供には該当しない。

データ取得時に，データ提供者とデータの保管期間，廃棄方法について合意し，それを遵守することが重要である。

統計情報以外で提供する場合，第三者提供の禁止条項，又は，第三者提供の事前同意条項を契約に組み込む必要がある。

(6) ビッグデータの本人対応

日立製作所では，ビッグデータの利活用を検討している事業者に対し，ビッグデータビジネスにおけるプライバシー保護の取組みにつき，説明するレポートを公開している[97]。

- ビッグデータの利活用においては，データの収集・蓄積自体がまず前提であり，これが促進される取組みが行われる必要がある。このため，情

報提供者の理解やインセンティブを高めるための仕組みを考えていくことが課題。また，収集・蓄積されたデータを相互に利用，結合させていくことが不可欠であり，データ・インタフェース等の標準化・共通化等への取組みが必要。
- ビッグデータとして収集された情報，さらに一定の解析・分析が行われた情報は誰のものなのかを明確にすることが必要。
- 共有可能な暗黙知と保護されるべき暗黙知の整理。
- 個人情報の収集・蓄積に関しては利用目的の範囲内で行うことが原則となっていることに留意。

■4 営業秘密との関係

データ利活用に係る営業秘密保護に関する今後の対応として，第四次産業革命に対応した適切な営業秘密の保護を図るため，不正競争防止法の改正が検討されている（第3章第5節第4項■3参照）。

【18】 AI

データをAI（人工知能）で分析する際の注意点は何か？

■1 概　　要

AIとは，artificial intelligence（人工知能）の略である。情報利活用の観点では，AIでビッグデータを分析して状況を理解し，適切な制御を実施することが重要である[*98]。なお，一般に，機械学習は人工知能を実現するためのアプローチであり，ディープラーニングは機械学習を実装するための手法と整理

[*97] 株式会社日立製作所情報・通信システム社スマート情報システム統括本部「ビッグデータビジネスにおける日立のプライバシー保護の取り組み──日立『データ・アナリティクス・マイスター サービス』を例として──」（平成25年5月31日）（http://www.hitachi.co.jp/products/it/bigdata/field/statica/wp_privacy.pdf）。

される[*99]。

　AIの発達は早く，以前は人間の方が優位とされていた囲碁，将棋の世界でも，近年ではAI分析を利用したソフトが世界トップクラスの棋士に勝利している。

　AI技術の開発には，データの量と多様性が重要といわれており，情報の価値は今後さらに高まっていくと考えられる。もっとも，AI自体には，個人情報やプライバシーという概念はなく，制度設計をする段階で個人情報やプライバシーに配慮する必要がある。また，AIによる分析の精度が高くとも，基となるデータに誤りがあった場合，判断に影響を及ぼすため注意が必要となる。

2　検討状況

(1)　AIネットワーク社会推進会議
(a)　プライバシーの原則

　総務省の開催しているAIネットワーク社会推進会議では，「国際的な議論のためのAI開発ガイドライン案」を公表している。

　この中では，9つのAI開発原則の1つとして，「⑥プライバシーの原則」が加えられている[*100]。

　同原則では，「開発者は，AIシステムにより利用者及び第三者のプライバシーが侵害されないよう配慮する」とされている。

　そして，同原則は，以下のように解説されている。

　本原則にいうプライバシーの範囲には，空間に係るプライバシー（私生活の平穏），情報に係るプライバシー（個人データ）及び通信の秘密が含まれる。

　開発者は，OECDプライバシーガイドラインなどプライバシーに関する国際的な指針を踏まえるとともに，AIシステムが学習等によって出力やプログラムが変化する可能性があることを踏まえ，以下の事項について留意することが望ましい。

[*98]　官民データ活用推進基本法2条2項では，「人工知能関連技術」は，人工的な方法による学習，推論，判断等の知的な機能の実現及び人工的な方法により実現した当該機能の活用に関する技術と定義されている。
[*99]　前掲注（*90）参照。

- プライバシー侵害のリスクを評価するため,あらかじめプライバシー影響評価を行うよう努めること(第3章第2節第2項参照)。
- AIシステムの利活用時におけるプライバシー侵害を回避するため,当該システムの開発の過程を通じて,採用する技術の特性に照らし可能な範囲で措置を講ずるよう努めること(プライバシー・バイ・デザイン)(第3章第2節第1項)。

(b) **発生するリスク**

AIにより発生するリスクに関し,以下の指摘がある。

(ア) リスク管理例

個人情報の取得又は活用に際しての本人同意の確保(第3章第3節第2項参照),名寄せの制限。

(イ) リスクコミュニケーション例

同種のAIシステムを利活用する事業者間やAIシステムを利活用しない者との間における対話・協働の場の形成,プライバシーポリシーなどの公表

---

*100　9原則の内容は,以下のとおりである。

(主にAIネットワーク化の健全な進展及びAIシステムの便益の増進に関する原則)	
①連携の原則	開発者は,AIシステムの相互接続性と相互運用性に留意する。
(主にAIシステムのリスクの抑制に関する原則)	
②透明性の原則	開発者は,AIシステムの入出力の検証可能性及び判断結果の説明可能性に留意する。
③制御可能性の原則	開発者は,AIシステムの制御可能性に留意する。
④安全の原則	開発者は,AIシステムがアクチュエータ等を通じて利用者及び第三者の生命・身体・財産に危害を及ぼすことがないよう配慮する。
⑤セキュリティの原則	開発者は,AIシステムのセキュリティに留意する。
⑥プライバシーの原則	開発者は,AIシステムにより利用者及び第三者のプライバシーが侵害されないよう配慮する。
⑦倫理の原則	開発者は,AIシステムの開発において,人間の尊厳と個人の自律を尊重する。
(利用者等の受容性の向上に関する原則)	
⑧利用者支援の原則	開発者は,AIシステムが利用者を支援し,利用者に選択の機会を適切に提供することが可能となるよう配慮する。
⑨アカウンタビリティの原則	開発者は,利用者を含むステークホルダーに対しアカウンタビリティを果たすよう努める。

(第3章第2節第6項参照)や周知啓発，社会的受容性の確認．

(ｳ) 事故の発生等 AI システムのリスクが顕在化した場合の責任分配の在り方

例えば，個人情報が漏洩してプライバシーが侵害された場合など，責任の分配の在り方が問題となる．このため，AI システムの利活用等に伴う事故等による損害の賠償等に充てるためのファンドの設立や保険の在り方等に関する検討が必要である（マルチステークホルダープロセス（第3章第2節第3項参照））．

(ｴ) データ・情報の流通と個人情報保護・プライバシーとのバランス

例えば，カメラで撮影した画像は，様々な場面において価値が高く非常に有益なデータとなり得るものであるが，その取得や利活用にあたっての本人同意の在り方等が問題となる可能性がある．また，パブリックなスペース（公道など）とプライベートなスペース（店舗内など）が混在することを踏まえ，データ・情報の価値と個人情報保護・プライバシーとのバランスをとることが重要である（最小限原則（第3章第3節第5項参照））．

(ｵ) AI システムが取り扱うデータ・情報・知識の性質

- 例えば，プライバシー性や機密性が高いデータ・情報（個人：病歴，遺伝情報等，法人：財務情報，営業秘密等）・知識については，プライバシー侵害等が生じないよう特に慎重な取扱いが求められる（第2章第3節第2項■1参照）．
- 例えば，AI 生成物や学習用データ等に関し，知財制度上の取扱いが問題となる可能性がある．
  →要配慮個人情報等への配慮（第2章第2節第3項■3参照）

(c) 今後の検討

今後，AI システムの開発及び利活用の両面で，個人情報・プライバシーの保護の在り方につき，AI システムが取り扱うデータ・情報の性質や，データ・情報の流通と個人情報・プライバシーの保護とのバランス等に留意しつつ検討することが必要である．

- 個人情報の取得や活用にあたっての本人同意等の在り方，データ・情報の加工（匿名化，暗号化等）に関する検討
- AI ネットワーク上を流通するデータ・情報を利活用する価値と個人情

報保護・プライバシーとのバランスに配慮した制度の在り方の検討
- AIシステムの学習等による利活用の過程を通じた変化に起因する意図しないプライバシー侵害のリスクへの対処の在り方の検討
- プロファイリングが利用者にもたらす便益及びプライバシー侵害等のリスクを踏まえたプロファイリングに関するルールの在り方の検討

(2) 人工知能学会倫理指針

人工知能学会は，2017年2月に，自らの社会における責任を自覚し，社会と対話するために，人工知能学会会員の倫理的な価値判断の基礎となる倫理指針[*101]を策定した。

その内容に，他者のプライバシーを尊重する旨の以下の規定が含まれている。

(他者のプライバシーの尊重) 人工知能学会会員は，人工知能の利用及び開発において，他者のプライバシーを尊重し，関連する法規に則って個人情報の適正な取扱いを行う義務を負う。

(3) 新たな情報財検討委員会報告書

知的財産戦略本部に置かれた検証・評価・企画委員会，新たな情報財検討委員会は，平成29年3月，「新たな情報財検討委員会報告書——データ・人工知能（AI）の利活用促進による産業競争力強化の基盤となる知財システムの構築に向けて」を公表した。

(a) 概要

AIの作成・利活用促進のための知的財産制度の在り方につき，具体的に検討を進めるべき事項等として，学習用データの作成の促進に関する環境整備，学習済みモデルの適切な保護と利活用促進があげられている。具体的な事例を継続的に把握しつつ，AI生成物の知財制度上の在り方につき，引き続き検討すべきとされている。

(b) 現状と課題

深層学習（ディープラーニング）の手法が登場し，CT画像等によるガンの判定で活用されるなど幅広い産業への応用が広がることが期待されている。

もっとも，機械学習を用いたAIの生成過程の要素（「学習用データ」，「学習済

[*101] 人工知能学会ホームページ（http://ai-elsi.org/）。

みモデル」、「AI生成物」等）につき、学習用データの作成に支障があるとの指摘や多大な投資等を行う必要がある学習済みモデル等の現行知財制度上の保護が不十分との指摘がある。

(c) 引き続き検討が必要な事項

(ｱ) 学習用データ作成の促進に関する環境整備

我が国のAI作成の促進に向け、特定当事者間を越えて学習用データを提供・提示する行為につき、新たな時代のニーズに対応した著作権法の権利制限規定に関する制度設計や運用の中で検討を進める。

(ｲ) 学習済みモデルの適切な保護と利活用促進

AIの技術の変化は非常に激しく、諸外国での検討も進んでいないため、新たな権利は引き続き検討することとし、まずは、契約による適切な保護の在り方につき、具体的に検討を進める。

今後、特許化する際の具体的な要件や特許発明の保護され得る範囲につき、検討を進める。

(4) 第4次産業革命を視野に入れた知財制度に関する検討

平成29年5月決定された「知財推進計画2017」[102]では、データ・人工知能（AI）の利活用促進による産業競争力強化に向けた知財制度の構築に関し、以下の検討が進められている[103]。

(a) 現状と課題

第4次産業革命（Society5.0）時代における我が国産業の国際競争力の維持・強化のためには、様々なデータの異分野間での利活用や人工知能（AI）の利活用が必要不可欠である。

現行知財制度上、著作権等の対象とならない「価値あるデータ」の利活用促進のため、民間の取組みの支援に加え、ビジネス上の選択肢として、一定の条件で広く利活用が進むことを支援するような法的な枠組みが必要である。

AIの作成・利活用を促進するため、AIの「学習用データ」の作成促進のための環境整備や、多大な投資等を行う必要があるAIの「学習済みモデル」の

---

[102] 参考（http://www.kantei.go.jp/jp/singi/titeki2/kettei/chizaikeikaku20170516.pdf）。
[103] 内閣府知的財産戦略推進事務局「『知的財産推進計画2017』(2017年5月16日知財戦略本部会合決定) 概要」(2017年5月)。

知財制度上の保護の在り方，AI生成物に関する課題等の整理が必要である。
　(b)　取り組むべき施策
　(ア)　データの利活用促進のための知財制度等の構築
①データの利用権限に関する契約ガイドライン等の策定や，データ取引市場等の社会実装に向けた支援策・制度整備を検討する。
②データの不正取得禁止や暗号化など技術的な制限手段の保護強化等について，次期通常国会への不正競争防止法改正案の提出を視野に検討する。
③データ利活用促進のための制限のある権利について，データ取引市場の状況等を注視しつつ，引き続き検討する。
　(イ)　AIの作成・利活用促進のための知財制度の構築
① AIの学習用データの特定当事者間を超えた提供・提示につき，著作権法の権利制限規定に関する制度設計や運用の中で検討する。
②学習済みモデルの契約による適切な保護の在り方や特許化する際の具体的な要件等につき検討する。
③ AI生成物の知財制度上の在り方につき，具体的な事例を継続的に把握しつつ，引き続き検討する。

■3　注 意 点

　AIでの分析は，プロファイリング（第3章第4節第4項参照）と評価される場合が多い。このため，分析にあたっては，プロファイリングに関する注意を参考に，プライバシーを侵害しないよう対処する必要がある。

　特に，AI自体はデータが正しいのか，利用してよいデータかの価値判断ができない。このため，知らないうちに不利益を受けるリスク（特に，元のデータが誤っているケース）に対応できるよう透明性を高め，また，個人情報，プライバシー情報が違法に利用されないようにする開発者の取組みが重要である。

第4章　情報の利活用・管理に関する具体的検討

【19】 SNS，電子メール

　SNSのメッセージや，電子メールの内容を取得・利用する際の注意点は何か？

　■1　概　　要

　マーケティングなどの目的で，オンラインサービスの利用者のSNS，電子メールの内容を取得・利用する際，どのような注意が必要か。
(1)　**インターネット上で一般に公開されている情報**
　インターネット上で一般に公開されている情報の場合，個人情報，プライバシーに関し，閲覧が許容されている。もっとも，転記して検索可能な状態にしたり，データベース化した場合，公開情報でも個人データに該当し，安全管理措置，第三者提供時の同意取得などの規定が適用されるので，注意が必要である（委員会Q＆A3-4）。なお，情報発信者の氏名や住所を特定するため，詳細に分析する場合，本人が公開時に許容した範囲を超え，不正な手段による取得（法17条）となるケースもあり得る。
(2)　**インターネット上で公開されていない情報**
　閲覧可能な範囲が限定されているなど，インターネット上で公開されていない情報の場合，本人のプライバシーを侵害しないかが問題となる。
　端末に保存されているデータを取得する場合，個人情報，プライバシー保護が問題となるけれども，本人の同意を適切に取得していれば問題はない。

■2　送受信されるメール内容を解析する場合の注意点

(1)　**個別具体的かつ明確な同意**
　発信者が通信を発した時点から受信者がその通信を受ける時点までの間に，メール内容を解析する場合，通信の秘密との関係が問題となる[*104]。

[*104]　ウェブの検索は，個人と検索事業者の1対1のやりとりであり，検索事業者が個人の検索履歴を見ることは，通信の秘密の問題にはならないと解されている。

適法に行うには，受信者が個別具体的かつ明確な同意を，本人から取得する必要がある（第4章第1節【1】参照）。

例えば，Yahoo社は，2012年9月から，「Yahoo!メール」で送受信されるメールを，機械的に解析した結果を利用し，利用者により便利に同メールを利用する機能を提供したり，利用者の関心と関連性が高いと判定された広告等を配信するサービスを提供している。

総務省は，上記サービスにつき，以下の4点を総合的に考慮して共用範囲になると判断している。[*105]

① 本件新広告サービスを利用することに伴い同意することとなる，本サービスにおけるメール解析という通信の秘密の侵害の意味・内容を利用者が正しく理解できるための情報として，例えば解析の目的，方法，時期，対象範囲，第三者提供をしないこと等が利用者においてあらかじめ明確に認識できるよう，メールトップページのスクロールせずに見ることができる位置に分かりやすく表示されること。
② メール本文等の解析を望まない利用者への対応として，いつでも解析を中止することができる旨及びその方法について，メールトップページのスクロールせずに見ることができる位置及びそのリンク先に分かりやすく表示されること。
③ サービス利用開始後もいつでも本サービスの存在を認識し，解析を中止することができるよう，2度目以降も，トップページや受信箱ページにおいて，メール本文とタイトルが解析される旨及びいつでも解析を中止することができる旨及びその方法が，分かり易い位置に表示されること。
④ メールの本文等の解析自体は，受信箱ページ等に並んだ個々のメールの件名等をクリックする行為に基づいて開始され，それまでは解析はなされないこと。

(2) **全体の動向**

米国Google社は，2017年6月，個人向けの無償版「Gmail」で，利用者の

[*105] 総務省「ヤフー株式会社における新広告サービスについて」（平成24年9月）（http://www.soumu.go.jp/menu_kyotsuu/important/kinkyu02_000122.html）。

関心に合わせて広告表示のために行っていたメール内容の分析を年内に停止する方針を発表した。Gmail 内容の分析を巡り，グーグルはプライバシーの侵害として訴訟を起こされており，個人情報の保護を求める声に配慮したとみられるとの報道がされている[106]。

【20】 Cookie

 Cookie を取得・利用する際の注意点は何か？

 ■1 概　　要

　Cookie とは，サーバ側で利用者を識別するために，サーバから利用者のブラウザに送信し，利用者のコンピュータに蓄積させる情報をいう。

　ホームページを閲覧すると，自動的に Cookie が取得され，インターネットドメイン名，IP アドレス，サイト内検索のクエリ情報，その他同サイトの閲覧等に係る情報が自動的に収集される[107]。

　多くの場合，ユーザー名などの接続情報，ショッピングサイトなどで購入する商品を一時的に保管する「買い物かご」の情報，氏名や住所，電話番号などの一度登録した会員情報といった管理に利用されている。第4章第3節【21】で説明する，行動ターゲティング広告にも利用されたり，広告配信事業者等にデータ提供される場合もある。

---

[106] 米国 Google ホームページ（https://blog.google/products/gmail/g-suite-gains-traction-in-the-enterprise-g-suites-gmail-and-consumer-gmail-to-more-closely-align/）。
　日本経済新聞電子版 2017/6/24，7:21記事「Gメール分析『やめます』　グーグル，広告表示用」。
[107] クライアントコンピュータが，Web サーバに初めて接続する際，同 Web サーバがクライアントコンピュータ内に，その Web サーバ専用の Cookie ファイルを作成する。次に，クライアントコンピュータが Web サーバに接続した際，Web ブラウザはその Cookie を Web サーバに送信する。この仕組みにより，Web サーバは，個々のクライアントコンピュータが前回使用していた情報を読み取ることができる。Cookie には，Web サーバによりどのような情報でも格納できる。
　以上，総務省ホームページ「国民のための情報セキュリティサイト」参照（http://www.soumu.go.jp/main_sosiki/joho_tsusin/security_previous/kiso/k01_cookie.htm）。

広告がある場合，埋め込んである広告からクッキーを集めることが可能であり，そのような方法で集められたCookieは，Third Party Cookieと呼ばれる。このような方法で取得されたCookieは，複数のサイトのものを紐づけ，同一個人の履歴を突合して分析するなど，Cookie Sync DMP (data management platform) と呼ばれる方法で，利活用されている[108]。

■2 Cookie利用に関する法的な取扱い

(1) 個人情報保護法との関係

Cookieは，個人識別符号には該当しないため，それ自体から特定の個人を識別できず，単体では個人情報には該当しない。もっとも，ログイン情報などと紐づけ，Cookieの情報を会員情報，契約者情報などの個人情報と結びつける場合，個人情報に該当する。

(2) プライバシーとの関係

(a) 要保護性

インターネット広告では，個人情報に該当しないCookieを軸として情報収集が行われているケースが多い。提供元の事業者では，Cookieは個人情報に該当しないけれども，提供先の事業者には，個人情報に該当するケースもある。この場合，提供元基準によると，個人情報の第三者提供には該当しない（第3章第6節第1項■2参照）。

もっとも，一般的なCookie情報は，インターネット上の操作で消去することができるので，その意味でプライバシー侵害の程度は高くないが，インターネット上で利用しているサービスでパスワードの再度の入力が必要になることを併せて考えると，消去することによる負担は小さくはない。

利用者の立場からは，インターネットの仕組みにつき一般的な知識がある人は，Cookieを取得されていることや，インターネット上での行動把握のためのキーとして利用されていることは認識していると考えられる。もっとも，特定の事業者に大規模に集約の上，内容分析されて，広告配信に利用されていることは明確には認識していないのではないか。例えば，ホームペー

---

*108 Cookieを用いた分析の仕組みについては，森亮二「IDとプライバシーの問題」坂内正夫監修『角川インターネット口座(7)ビッグデータを開拓せよ』（角川学芸出版，2015）を参照されたい。

ジを閲覧すると同ホームページの運営者に特定のIPアドレスから閲覧した事実が把握されることは理解しているが，その事実が他の事業者に提供・共有の上，分析されていることは把握していないケースもあると考えられる。

(b) **プライバシーポリシー上での取扱い**

上記のようにCookieは，プライバシーとして要保護性が高いため，個人情報に該当しない場合でも，下記のようにプライバシーポリシー等に記載されていることが多い。なお，プライバシー情報の中で，次の総務省ホームページにおける「プライバシーポリシー」の記載のように，Cookieが言及されているのは，EUの施策の影響もあると考えられる。

「当サイトでは，インターネットドメイン名，IPアドレス，サイト内検索のクエリ情報，その他当サイトの閲覧等に係る情報を自動的に収集します。なお，クッキー（サーバ側で利用者を識別するために，サーバから利用者のブラウザに送信され，利用者のコンピュータに蓄積させる情報）は，使い勝手の向上を目的とする内容に限定するものであり，個人情報は一切含みません。」

(c) **外国での取組み**

(ア) EU

EU加盟国では，EU電子通信プライバシー指令（2002/58/ECプライバシー指令）により，Cookie情報を集める際には，オプトインによる同意が必要とされている（第4章第5節【29】■2(2)も参照）。

(イ) アメリカ

アメリカでは，個人が消去することができないスーパークッキーが利用され，問題となった。このため，Cookieによる追跡を逃れる手段として，Do Not Trackの取組みが進められている（第3章第3節第2項■3(2)参照）。

■3　対　　応

ホームページの開設などにより，Cookieを取得している場合，Cookieが個人情報と紐づいているか否かにかかわらず，利用目的の公表等を実施することが望ましい。

① クッキーの利用方法に関する方針を決める。
② 収集時の通知，特に，契約者情報など個人情報と結びつける場合，公表等が必要になることに注意する。

③Do Not Track 機能を導入する。

【21】行動ターゲティング広告

 行動ターゲティング広告を行う際の注意点は何か？

 ■1　概　　要

　行動ターゲティング広告とは，ネット利用者の閲覧履歴などの利用者行動を分析して，利用者の興味や関心にマッチした広告を表示するものをいう。
　行動に合わせて，提供する公告をカスタマイズする点に特徴がある。
(1)　**利用される情報**
　利用される情報には，アクセスログの解析，ウェブの閲覧状況モニタリング，クッキー，ウェブビーコンの利用，コンピュータや携帯電話等の固有の識別アドレスの監視・追跡，DPI（ディープ・パケット・インスペクション）などがある。
(2)　**登場主体の関係**
　属性に応じた広告を配信する際，RTB の仕組みが利用されることが多い。
　登場する主体を単純化すると，①個人，②広告配信事業者，③広告主の3者となる。
　①個人は，自らの関心・興味に応じた広告を配信され，効率よく商品を購入したり，サービスを選択できる。もっとも，自らの個人情報やプライバシー情報が利活用されることに不安を覚える場合もある。
　②広告配信事業者にとり，広告の対象となる個人の属性を特定することで広告の価値が高まり，広告主からの広告収入が増える。
　③広告主は，広告の対象を自らのターゲットとする属性の個人に絞ることで，効果が高まる。
(3)　**個人情報保護，プライバシー保護との関係**
　行動ターゲティング広告を行う際，Cookie を利用することが通常である。

〈ターゲティング広告・RTBイメージ〉

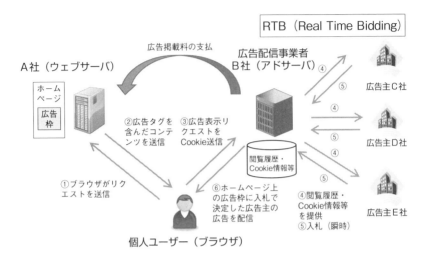

このため，Cookie 利用の際の注意点にも対応が必要となる。

■2 検討状況

(1) 問題意識[109]

　行動ターゲティング広告は，現在興味があるものが広告表示されることによる広告効果の高さや利便性が高く評価される。もっとも，自らの検索履歴や閲覧履歴などが利用され，プロファイリング分析も行われることに関するプライバシー上の懸念もある。

　行動ターゲティング広告は，特定の個人を識別するなどして，個人情報を利用しない限り，基本的には，第三者提供などの個人情報保護法の対象とはならない。もっとも，個人本人は，サービス利用の際にどのような情報を利用されているのかわからず，一度不安を感じると，広告の効果が逆効果となるほか，その広告が出るサービスの利用自体を躊躇し，サービス全体の利用

---

[109] 総務省利用者視点を踏まえたICTサービスに係る諸問題に関する研究会第2次提言5頁以下参照。

が減る可能性もある。このため，個人情報保護法の該当性がなくとも，企業が個人に説明し，その利用について，理解を得ることなどが，双方にとって望ましい。

(2) **望まれる対応**
(a) **明確化すべき項目**

行動ターゲティング広告報告書[*110]では，行動ターゲティング広告を検討する際に明確化すべき項目が，以下のようにまとめられている。

①利用する情報	どのような情報を広告表示に活用しているか。閲覧履歴，購買履歴等をもとに広告を表示する手法が行動ターゲティング広告とされるが，現実のサービスではアカウント登録等の手段を用いて入手した性別，年齢，居住地などの属性情報も併用されている例がある。
②個人の特定の程度	どの程度まで個人の特定性が高いか。
③情報の保存期間	取得した情報をどの程度の期間保存するか。検索語に応じて広告を表示するのみで情報の保存を伴わないものから，長期に情報を保存してサイトの再訪にも反映するものまで，情報の保存期間は多様である。
④情報の第三者提供	取得した情報を第三者に提供するか。自己サイトの中で利用される"First Party"の場合と，利用者がアクセスするWebサイト上に広告を配信する第三者に行動履歴情報が提供される"Third Party"の場合は区別すべきである。

(b) **同意を得る方法**

行動ターゲティング広告報告書では，同意の手段につき，厳密さのレベルに応じ，①オプトイン，②オプトアウト，③本人に通知又は公表，④何もし

[*110] 総務省情報通信政策研究所「行動ターゲティング広告の経済効果と利用者保護に関する調査研究報告書」（平成22年3月）。

ないに分類する。その上で,行動ターゲティング広告の種類と必要な同意手段の厳密さについて,以下の(ア)〜(ウ)の基準(以下は主旨を抜粋)に基づき検討すべきとしている(第3章第2節第2項■2も参照)。

(ア) 情報内容の機微の程度

情報の内容により,一般に人に知られたくないもの,情報の収集をされたくないものがある。行動ターゲティング広告の場合も,例えば,機微情報に関連したページの閲覧や購買に関する情報を利用する場合は,より厳密な手段で利用者の同意を得ることが望ましい。

(イ) 個人の特定の程度

以下の要素を参考にし,個人の特定の程度が高ければ高いほど,より厳密な手段により,利用者の同意を得ることが望ましいと考えられる。

(ⅰ) 対象の特定

行動ターゲティング広告それ自体は個人を特定せずカテゴリーに対して行われる場合がほとんどであるが,一定規模の集団として扱うものから,より詳細な単位で扱うものまである。

(ⅱ) 情報の個人特定性

その情報自体が個人情報でなくとも(IDやIPアドレス等),他の情報との突合により個人を特定できる可能性が高いものから低いものまである。

(ⅲ) 属性情報との関係

行動ターゲティング広告は行動履歴情報だけではなく,事前に登録された属性情報を同時に利用する場合も多く,その属性情報が個人情報かそれに近い場合もある。

(ウ) 取得されることが想定できる程度

状況から見て,その情報を取得されていることが明らかな場合とそうではない場合がある。「思ってもみなかった」利用がされる場合は,より厳密な手段によって利用者の同意を得ることが望ましいと考えられる。

- 取得されることが想定できる例

あるサイトで商品を購入した場合,その情報が当該サイトに取得されること。

- 取得されることが想定できない例

他のサイトでその情報が利用されること。

通常の閲覧や購入とは異なる方法で入手されること。
取得された情報が長期にわたり利用されること。
取得された情報が第三者に提供されること。

(c) **わかりやすい表示**

行動ターゲティング広告報告書では，利用者が行動ターゲティング広告の仕組み等をすべて理解して同意しているわけではない場合もあり，利用者に不安を抱かせないためにも，わかりやすい表示で，利用者に行動ターゲティング広告について正しく理解してもらうことが重要であるとしている。

(3) **FTCスタッフレポート4原則**[111]

アメリカ連邦取引委員会（FTC）でも，オンライン行動広告を対象としたスタッフレポート[112]を公表している。

(a) **対象**

オンライン行動広告（異なる時刻に行われたオンライン上での消費者の行動を追跡することにより消費者個々の嗜好に合わせた広告を提供すること）が対象である[113]。

(b) **4原則**

(i) **透明性及び消費者による管理**

行動ターゲティング広告のために情報を収集するすべてのWebサイトは，消費者をターゲットとした広告に提供するためのデータが収集される詳細を，明確，かつ，消費者にとってわかりやすく，その目を惹きやすい形で提示しなければならない。また，そのような目的で情報が収集されることの可否を消費者が決定できるようにしなければならない。データ収集が伝統的なウェブサイト外で行われる場合，上記の原則を満たす代替的な方法を提供しなければならない。

---

[111] 総務省・利用者視点を踏まえたICTサービスに係る諸問題に関する研究会・スマートフォンを経由した利用者情報の取扱いに関するWG（第2回）資料7「諸外国における現状」（平成24年2月8日）（http://www.soumu.go.jp/main_content/000150899.pdf）。

[112] 参考（FTC Staff Report:「February 2009 Self-Regulatory Principles For Online Behavioral Advertising」February 2009）。

[113] First Party Advertising（第三者とデータが共有されない，自己のサイト内でのデータを使用した広告），Contextual Advertising（広告が1回の訪問履歴や検索結果のみにより行われる広告）は対象外である。
　個人識別情報とそれ以外を区別せず，両方を対象とし，また，特定の個人や使用するPCや機器に合理的に関連付けが可能となる，オンライン行動広告向けのデータが対象である。

(ii) 消費者のデータに対する合理的なセキュリティ，データ保持の原則

行動ターゲティング広告のために消費者の情報を収集又は保存するあらゆる企業は，当該データに対して合理的なセキュリティを施さなければならない。セキュリティは，データセキュリティ関連処方や連邦取引委員会によるデータセキュリティ執行のための行動等と同じく，データの機微の程度，当該企業の事業遂行の性質，当該企業が保有するリスク，当該企業が合理的に可能なセキュリティのレベルに応じて決定される。また，当該データは，正当な事業の遂行や法執行において必要な期間に限り保持されるべきである。

(iii) プライバシーに関する同意の実質的変更に当たっての事前の同意再取得

FTC が本原則の執行及び普及活動で明らかにしたとおり，消費者のデータの取扱い方法及び保護の仕方について，企業が消費者との間に行った合意は，仮に事後プライバシーポリシーを変更したとしても遵守しなければならない。そのため，取決めに定めた利用法と実質的に異なる方法で当該データを用いようとする企業は，事前に影響を受ける消費者から同意を得なければならない。本原則は，企業の買収にあたってデータの収集，使用，共有方法に実質的な変更が生じた際にも適用される。

(iv) 行動ターゲティング広告のための機微情報の使用に対する事前同意
（又は使用の禁止）

企業は機微情報を用いた行動ターゲティング広告を受け取ることについて事前に消費者から同意を得て機微情報を取得した場合に限り，当該広告を行うことができる。

■3 企業における対応

(1) 企業に求められる対応

上記行動ターゲティング広告報告書や FTC スタッフレポート（第4章第3節【21】■2(3)参照）に従い，適正に対応することが望ましい。

(2) 取組例

民間事業者団体の取組みとして，日本インタラクティブ広告協会（JIAA）は，行動ターゲティング広告ガイドライン[*114]の中で，透明性の確保（プライバシーポリシーなどにおける一定事項の表示）や利用者関与の機会の確保（広告提供事

業者から利用者に対する，オプトアウト手段の提供）など行動履歴情報の取扱いに関する原則を定めている。

同協会は，上記ガイドラインの実質化のため，「インフォメーションアイコン」の取組み*115を実施している。インターネットユーザーは，広告内や広告の周辺に表示された同アイコンをクリックして，その広告を表示している事業者・サービスの情報の取扱いを確認し，行動ターゲティング広告の表示を停止するオプトアウトを行ったりできるページに簡単にアクセスでき，プライバシーを保護する実効的な取組みと評価できる。

【22】ウェアラブルデバイス

　ウェアラブルデバイスで，ヘルスケアなどの情報を取得・利用する際の注意点は何か？

■1　概　　要

新たなICTの利用環境を提供するものとして出現したウェアラブル端末には，これまで様々な機器の開発に際して培われたオーディオ，テレビやAIの技術などが使用されている。体の様々な部位に配置されたセンサー情報の収集・分析・活用を可能とすることにより，いわば「脳や身体の拡張」をもたらすものと捉えることができる*116。

ウェアラブルデバイス（ウェアラブル端末）は，スマートウォッチを含むリストバンド型端末，メガネ型端末など製品種別が幅広い。それぞれの用途も広範であり，端末の開発及び付随するサービスの提供に関する参入事業者も，電子・電気メーカーに加え，通信事業者，医療機器メーカー，スポーツメー

---

*114　日本インタラクティブ広告協会「行動ターゲティング広告ガイドライン」（2016年5月改定）（http://www.jiaa.org/download/JIAA_BTAguideline.pdf）。
*115　参考（http://www.jiaa.org/release/release_i-icon_141224.html）。
*116　ICTサービス安心・安全研究会近未来におけるICTサービスの諸課題展望セッション取りまとめ「近未来におけるICTサービスの発展を見据えた諸課題の展望」（平成27年10月6日）（http://www.soumu.go.jp/main_content/000379912.pdf）参照。

カー等様々な業種に及ぶ特徴がある。

(1) リストバンド型端末

例えば，アップルウォッチの場合，技術仕様[117]によると，以下の通信機能やセンサー等を搭載している。

［内蔵 GPS（距離，速度も測定），Wi-Fi（802.11b/g/n2.4GHz），Bluetooth4.0，心拍センサー，加速度センサー，ジャイロスコープ，環境光センサー］

リストバンド型端末の場合，スマートフォンと通信し，スマートフォン上のアプリと連携することが多い。

このため，アプリケーションで情報を取得する際の注意（第4章第3節【15】参照）につき，注意が必要である。

ウェアラブル端末は，日々の生活において容易かつ安価に健康に関するデータを測定し，健康状態を見える化でき，早期の異常発見等に有用である。

上記アップルウォッチにインストールされているヘルスケアアプリケーションでは，端末を着用している個人のアクティビティ，睡眠，マインドフルネス，栄養などを分析することが可能である。なお，アップルによるアプリ審査基準では，バイタル（ヘルス）情報については，その重要性から，プライバシーポリシーの作成が義務付けられている（第4章第3節【15】■3(2)(b)参照）。

(2) メガネ型端末

メガネ型端末としては，米国 Google 社の「Glass」（いわゆる，「グーグルグラス」）が注目されていた。

もっとも，相手に知らせず写真等を撮影し，録音することも可能であり，勝手に撮影され，また，会話が録音されてインターネット上に公開されているのではないかといったプライバシー上の懸念が高まった。海外ではグーグルグラス着用者に対する嫌がらせなどのトラブルが発生したとの報道もなされた。

このような事態を受け，Google は現地時間2014年2月，グーグルグラスを利用する際の参考にすべき項目をまとめたガイドライン[118]を公表した。

---

[117]「Apple Watch Series 2 - 技術仕様」（https://support.apple.com/kb/SP746?viewlocale=ja_JP&locale=en_GB）。

ガイドラインの中で，何よりも重要なことは相手の「許可を取ること」としており，グーグルグラスのカメラ機能は携帯電話と同じであるから，部屋の隅にひっそりと立ちながら他人を凝視し，撮影するという行為は双方にとってよくない，写真や動画を撮る前には許可を求めるべきだとしている。

　プライバシー上の懸念がどの程度影響したのかは不明であるけれども，Googleは，2015年1月に，グーグルグラスの一般消費者向けの販売を中止すると公表した。

　このように，メガネ型端末の場合は，第三者のプライバシーを侵害しているのではないかと懸念を持たれることが大きな問題となっている。このため，携帯電話で撮影をする際にシャッター音が鳴るように，撮影中であることがわかるランプを搭載する等の配慮が必要である。

■2　企業の対応

　IoT全般に関わるが，企業が公道上でメガネ型端末で撮影を実施し，マーケティングなどを実施する場合，利用目的の公表など，カメラ画像と同様のプライバシー配慮をすることが望ましい。この場合，実際にどのように行うかの検討が必要となる。顔認識機能や声紋認識機能を搭載し，クラウド上のデータベースと連携するようになった場合，他の情報に結びつけられ，個人の行動情報等，プライバシーに関わるデータ取得が容易になるため，プライバシーに対する配慮がさらに重要になってくる。

　リストバンド型端末を利用して従業員から情報を取得する場合，業務と密接に関わり，取得の必要性があるなど正当な理由があれば，情報を収集することも可能と考えられる。しかし，勤務時間外に情報を集めることは一段とハードルが高いと考えられる（第4章第6節【33】参照）。

＊118　米国Google社ホームページ「GLASS-Explorers-Glass Press」（https://sites.google.com/site/glasscomms/glass-explorers）。

第4章 情報の利活用・管理に関する具体的検討

【23】 ドローン

 ドローンによる撮影をする場合の注意点は何か？

 ■1 概　　要

　ドローンにおいては，空からの撮影が可能であり，従前，被写体が想像していなかった高度，場所からの撮影が可能となる。これまでも，ヘリコプターによる撮影は可能だったけれども，ドローンが安価になって操作も容易になり，一般人がコストをかけずに利用できるようになった。

　2015年4月頃，首相官邸屋上でドローンが落下していることが発見された事件などが発生し，利用に関する検討がなされた。

　ドローンは，いわば空飛ぶビデオカメラであり，カメラ画像を利用するため，特に肖像権，個人情報保護，プライバシーとの関係を検討する必要がある。その際，①撮影行為（取得行為），②利用行為という段階を経るため，それぞれの段階で，適法性を検討する必要がある。

　以下では，総務省が2015年9月に公表した，「ドローン」による撮影映像等のインターネット上での取扱いに係るガイドライン[119]の内容に沿って，説明する。

■2　個人情報保護法との関係での注意

　企業が撮影する場合には，個人情報保護法との関係を検討する必要がある。なお，一般私人が趣味で撮影するケースは個人情報保護法の対象とならない。

(1) 個人情報該当性

　ドローンによる撮影映像等は，①表札の氏名が判読可能な状態で写ってい

---

[119] 総務省「『ドローン』による撮影映像等のインターネット上での取扱いに係るガイドライン」（平成27年9月（平成29年5月最終改定））(http://www.soumu.go.jp/main_content/000487746.pdf)。

たり，個人の容ぼうにつき個人識別性のある情報が含まれる場合，②これらの映像にぼかしを入れるなどの加工をしても，加工前の映像も保存している場合，当該情報は「個人情報」に該当し，それがデータベース化されている場合は「個人情報データベース等」に該当する。

(2) 取得時の注意点

撮影者が個人情報取扱事業者である場合，個人情報に関する利用目的の特定（法15条），利用目的による制限（法16条），取得に際しての利用目的の通知等（法18条）に関する対応が必要である。

また，個人情報保護法17条は「個人情報取扱事業者は，偽りその他不正の手段により個人情報を取得してはならない」と規定する。「偽りその他不正の手段」の例として，「不正の意図を持って隠し撮りを行う場合」が考えられる。個人情報取扱事業者が不正の意図を持って隠し撮りを行った場合，その撮影は「偽りその他不正の手段」による個人情報の取得にあたり，個人情報保護法の違反行為となるおそれがある。

(3) 管理時の注意点

ドローンによる撮影映像等に個人情報が含まれ，その個人情報がデータベース化されている場合，個人情報取扱事業者は安全管理措置（法20条）等を講じることが必要となる。

(4) 第三者提供時の注意点

個人情報取扱事業者が当該データを本人の同意なく公開した場合，第三者提供の制限（法23条）の違反となるときがある。

■3 プライバシーとの関係での注意

(1) 概　　要

ドローンにより映像等を撮影し，インターネット上で公開を行う者は，撮影の際には被撮影者の同意を得ることを前提としつつ，同意を得ることが困難な場合，以下のような事項に注意することが望ましい。

ただし，プライバシー侵害等にあたるかは，映像等の内容や写り方に左右され，最終的には事例ごとの判断となり，ドローンにより映像等を撮影し，インターネットで公開を行う者に一定の法的リスクは残る[120]。

(2) 撮影時に注意すべき事項

住宅地にカメラを向けないようにするなど撮影態様に配慮する。
- 住宅近辺における撮影を行う場合には,カメラの角度を住宅に向けない,又はズーム機能を住宅に向けて使用しないなどの配慮をすることにより,写り込みが生じないような措置をとること。
- 特に,高層マンション等の場合は,カメラの角度を水平にすることによって住居内の全貌が撮影できることとなることから,高層マンション等に水平にカメラを向けないようにすること。
- ライブストリーミングによるリアルタイム動画配信サービスを利用した場合,撮影映像等にぼかしを入れるなどの配慮が困難であるため,住宅地周辺を撮影するときには,同サービスを利用して,撮影映像等を配信しないこと。

(3) **利用時に注意すべき事項**
- プライバシー侵害の可能性がある撮影映像等にぼかしを入れるなどの配慮をする。
- 仮に,人の顔やナンバープレート,表札,住居の外観,住居内の住人の様子,洗濯物その他生活状況を推測できるような私物が撮影映像等に写り込んでしまった場合には,プライバシー侵害となる可能性があるため[121],これらについては削除,撮影映像等にぼかしを入れるなどの配慮をする。

(4) **第三者提供(動画の公開)時に注意すべき事項**

インターネット上で動画を公開する場合,撮影行為が違法とされる場合には,当該映像等をインターネット上で閲覧可能とした場合,原則として閲覧可能とした行為自体も違法となることに注意が必要である[122]。

---

[120] 例えば,趣味で撮影を行うケースや興味本位で映像等を収集するケースなどドローンによる撮影自体に公益的な目的が認められない場合は,プライバシー侵害等となるリスクが大きくなるものと考えられる。また,個人のプライバシーに係る情報の収集を目的として撮影することは違法性が高いと考えられる。
[121] 前掲福岡高判平24・7・13(第4章第2節【6】■7(2))参照。
[122] 前掲最判平17・11・10(第2章第3節第1項■4(4)(j))参照。
「人の容ぼう等の撮影が違法と評価される場合には,その容ぼう等が撮影された写真を公表する行為は,被撮影者の上記人格的利益を侵害するものとして,違法性を有するものというべきである。」

(5) インターネット上で，撮影映像を公開するサービスを提供する者が注意すべき事項

撮影映像等をインターネット上で公開するサービスを提供する電気通信事業者においては，削除依頼への対応を適切に行う。

- 送信防止措置の依頼に対し，迅速かつ容易に削除依頼ができる手続を整備すること。その手続は，インターネットを利用しない者でも容易に利用可能であるよう，インターネット上で削除依頼を受け付けるだけではなく，サービスの提供範囲等の事情も勘案しつつ，担当者，担当窓口等を明確化することや，必要に応じて電話対応もできるようにすること。

【24】コミュニケーション型ロボット

　コミュニケーション型ロボットで情報を取得，利用する際の注意点は何か？

　■1 概　　要

ロボットと呼ばれる機械にはいろいろな形態のものが含まれるけれども，以下では，個人情報，プライバシー情報と密接に関連する，コミュニケーションロボット[123]につき検討する。本Q＆Aのほか，カメラ画像に関する第4章第2節【6】，スマートスピーカーに関する第4章第2節【12】，アプリケーションによる情報取得に関する第4章第3節【15】もそれぞれ参考にされたい[124]。

(1) 特　　徴

コミュニケーションロボットの主な特徴として，会話機能があり，相手の

---

[123] 現在市販されている中では，ソフトバンクロボティクス社が販売しているPepperが，想定イメージに近い。

[124] 本書では，個人情報，プライバシー情報について検討するが，ロボットと法全般に関する問題は，新保史生「『ロボットと法』について考えるときが来た」(時の法令，1999号) 他の論文にまとめられている。

顔や声を識別し，センサーで得た画像や音声等の情報を処理して，会話などのコミュニケーションを行うことがあげられる。特に，この会話機能により，コミュニケーションロボットは，個人が利用する娯楽としてだけでなく，企業が利用する介護支援・見守り，接客など様々な産業での活用が期待されている。

現状のコミュニケーションロボットは，インターフェースの1つであり，情報端末の拡張と評価できるけれども，防犯カメラや，マイクを設置して，第三者に情報を送信する場合に比べ，心理的な障害が低くなる傾向がある[125]。

(2) **取得する情報**

コミュニケーションロボットは，人と密接に関わって利用され，様々なセンサにより個人情報を含む様々な情報を取得するため，個人情報やプライバシーの保護が必要となる。

ロボットが取得する主なデータには，利用者が登録する情報以外に，カメラ画像，音声情報その他個別のアプリケーション機能で取得する情報がある。

また，情報の利用に関し，個別の機器内（ローカル）で完結する場合と，クラウドに保存し，システムの改善や音声認識機能の向上等のために利用する場合がある。

一般家庭で利用する場合，個人宅内という私的空間で情報を収集することが問題となる。これに対し，店舗で利用する場合，他の情報との連携がどこまで許されるかが大きな問題となる。

■2　検討状況

(1) **概　　要**

総務省が，2015年10月に公表した，「『ICT サービス安心・安全研究会　近未来における ICT サービスの諸課題展望セッション』取りまとめ『近未来における ICT サービスの発展を見据えた諸問題の展望』」[126]では，以下の分析

---

[125] 特に，日本では，外国に比べて，コミュニケーションロボットに対して親近感を覚える人が多いといわれている。鉄腕アトムやドラえもんなどのイメージが強いことも影響していると考えられる。

がされている。

現在のコミュニケーションロボットでは、ネットワーク側でのデータの処理・蓄積が行われる場合が多い。ロボット自体に蓄積された個人情報はスマートフォンと比較して少ないと指摘されることもあるけれども、意識せず、情報が取得されてしまう場合があること、特定の個人の言動や画像・映像等のデータの蓄積が一時的にもロボット内で行われることからすると、コミュニケーションロボットに関する社会的信頼の確保のためにも、個人情報やプライバシーの保護対策に留意する必要がある。

(2) 取組例

現在既に実用化されている、コミュニケーションロボットの「Pepper」では、個人情報やプライバシーの保護に関して以下の取組みが行われている[*127]。

(a) 取得・利用時
(ア) 個人情報の取得・利用について利用者の事前の同意を取る。
(イ) Pepper の基本機能・サービス提供及び品質改善のために必要となる情報を取得・利用する。
(ウ) 製品の品質改善及び利用者への不具合サポートのための情報（ログ）取得は、利用者の同意を得た上で実施し利用する。

(b) 管理時
(ア) 過去の会話等のデータを利用者が任意のタイミングで消去できる機能を搭載する。
(イ) 譲渡の際の情報消去等についてのルールを契約で定める。
(ウ) 安全管理措置として、以下のものを備える。
［例］①情報にアクセスできる者を限定する。
②悪意をもったアプリケーションがインストールされないよう、アプリの公開前に厳格なチェックを行う。
③クラウド・ローカルいずれの情報へのアクセスも専用の認証機構

[*126] 参考（http://www.soumu.go.jp/menu_news/s-news/01kiban04_02000097.html）。
[*127] 近未来におけるICTサービスの諸課題展望セッション（第5回）資料5-2「Pepper 概要と今後の展望」（ソフトバンクロボティクス）も参照（http://www.soumu.go.jp/main_content/000370119.pdf）。

を設け不正な外部アクセスから保護する。
　④オープンなネットワークを用いて通信を行う場合は，必要な情報に限定した上で，暗号化等の機能を搭載する。

3　注意点

(1)　注意点

　上記を踏まえ，個人情報・プライバシー保護の観点から，以下の点に注意する必要がある。

制度設計	①プライバシー・バイ・デザイン（第3章第2節第1項）。 ②プライバシー影響評価（第3章第2節第2項）を実施する。
取得，利用	①情報取得前に，個人情報・プライバシー情報の取得・利用（誰が，どのような情報を，どのような目的で，どのような方法で取得し，どのように利活用して，誰に提供するのか等）につき，わかりやすい説明をする必要がある。 ②利用者から，事前に有効な同意を得る必要がある。 ③必要以上のデータは取得しない。 ④必要がなくなったら廃棄する。
管　理	安全管理措置（特にセキュリティ）を適切に実施する。特に，利活用とプライバシー保護やセキュリティの観点から，どの情報をローカルに保存し，どの情報をクラウド上で保存するかを適切に実施する。
第三者提供	誰に提供するのかを説明するだけでなく，その第三者がどのように利用するのかも，説明をすることが望ましい。
本人対応	苦情相談窓口を設置する。

(2)　今後の検討

　上記取組みは，これから開発・実用化されてくるコミュニケーションロボットでも，個人情報を取り扱う場合には不可欠である。もっとも，ロボットの種類や機能，収集データの内容や目的は多様であり，コミュニケーションロボットに関する個人情報の取扱い方法の明確化は，情報認識や情報伝達の技術進化や社会生活への浸透の様子等を注視しながら進めるべきである。

【25】 観光客用データプラットフォーム

 観光客に,事業者間連携のためのプラットフォームを利用したサービスを提供する際の注意点は何か?

 ■1 概　　要

　観光庁が2017年2月に公表した,訪日外国人を対象としたアンケートでは,日本での旅行の際に不便な点として,施設等のスタッフとのコミュニケーションが難しいとの声が最も多かった[*128]。

　解決にはスタッフの教育などが必要だが,1つの手段として,観光客向けのサービス提供プラットフォームを構築することも有効である。

　プラットフォームを利用することで,宗教上の理由などで食べられない食品の情報を共有したり,ナビゲーションや駅での切符の買い方など位置情報に連携した説明,観光や公共交通機関情報のリコメンドなど様々なサービスを提供できる。決済やチェックインなどを単一のIDや指紋で行うことも考えられる。また,無料Wi-Fiと連携することができれば,利便性はさらに上がる。

　もっとも,制度の発展のためには,個人情報,プライバシーをどのように保護していくかを検討する必要がある。

■2　データ取扱いの際における注意事項

(1)　**法的位置づけ**

　日本国内でのサービスにつき,外国人にも,個人情報保護法は適用される。最も問題となるのは,要配慮個人情報,特に宗教の取扱いである。すなわ

[*128] 観光庁が2017年2月に公表した,訪日外国人旅行者に実施したアンケート「訪日外国人旅行者の国内における受入環境整備に関するアンケート」では,日本での旅行の際に不便な点につき,以下の回答が多かった。①「施設等のスタッフとのコミュニケーションがとれない」32.9%,②「無料公衆無線LAN環境」28.7%,③「多言語表示の少なさ・わかりにくさ(観光案内板・地図等)」23.6%,④「公共交通の利用」18.4% (http://www.mlit.go.jp/common/001171594.pdf)。

ち，食べられない食品だけであれば要配慮個人情報には該当しないが，宗教と結びつけて情報取得されると，「信条」に該当し，取扱いに注意が必要となる。なお，国籍や「外国人」であること，肌の色は，要配慮個人情報の「人種」には該当しないとされている（第2章第2節第3項■3参照）。

(2) 制度設計

どのようなサービス提供を目的とするのかを明確化する必要がある。

それと関連し，プラットフォームのような形であれば，どの企業が情報を取得し，どのように共有，管理するのかを各企業間において契約で明確化する必要がある。

情報管理の観点から，意図的に，個人情報に該当するものは取得しないとの選択肢もあり得る。なお，メールアドレスは，単体で個人情報に該当する場合があり，メールアドレスを取得する場合は，個人情報取得に該当する前提で取り扱うことが望ましい（第2章第2節第3項■1参照）。

(3) 取得・利用・管理

(a) 取得時の問題点

本人が理解できる言語で，説明をする必要がある。少なくとも，英語版の準備は必要になると考えられる。

通常の契約書のほか，特に重要なポイントに絞った概要を用意することも有益である。

(b) 子どもの情報

対象として，15歳以下の利用者が利用する可能性があるサービスは，親権者など保護者による同意を必要とするシステムを導入することが必要である（第4章第2節【13】参照）。

(c) 帰国後の情報のやりとり

日本国内で取得した情報を，外国人の帰国後に，ターゲティング広告などに利用するケースが考えられるが，EU，中国，ロシアなどの越境移転規制に該当しないか，検討する必要がある（第4章第5節参照）。

(4) 第三者提供

移転するデータの規格をそろえて，各企業で情報をスムーズに利用することができるようにする必要がある。

企業間でやりとりをする場合，どの情報がどこに移転したのか，トレーサ

ビリティを確保することが重要である。

(5) 本人対応

観光分野では，パーソナルデータストア，情報銀行などの仕組み（第4章第4節【26】参照）が整合的であり，これらを採用することは有益である。

■3 「おもてなしプラットフォーム」

(1) 概　要

経済産業省では，2016年10月から，訪日観光客を対象に様々なサービスを提供する事業者・地域が連携し，情報の共有・活用が可能な仕組みを提供する「おもてなしプラットフォーム」の実証実験を実施している[*129]。

〈おもてなしプラットフォーム　イメージ図〉

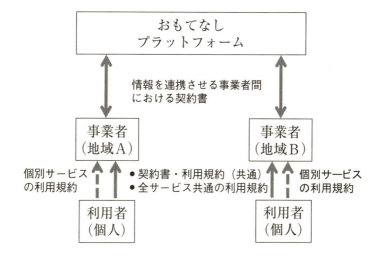

[*129] 参考（http://miqip-info.jp/business/）。システムの詳しい内容は以下を参照。IoT推進コンソーシアム流通データWG「『おもてなしPF実証事業』における取組みのご紹介」デロイトトーマツコンサルティング（2016年12月22日）（http://www.iotac.jp/wp-content/uploads/2016/01/%E8%B3%87%E6%96%99%EF%BC%91%EF%BC%8D%EF%BC%92-%E3%81%8A%E3%82%82%E3%%81%A6%E3%81%AA%E3%81%97PF%E5%AE%9F%E8%A8%BC%E8%AA%AC%E6%98%8E.pdf）。

同プラットフォームでは，訪日観光客の意思に基づき，登録された属性情報や，各事業者・地域が収集した利用者の履歴情報の共有，活用が可能であり，標準化された認証方式の採用，APIの提供等，セキュリティを確保し，安価に接続可能な方法を提供している。

訪日観光客には，接続する事業者・地域のサービス利用時に，同じ情報を再度登録する必要がなくなるメリットがある。

(2) データ流通に関する検討

(a) 基本的な仕組み

「おもてなしプラットフォーム」に参画するサービス事業者が遵守すべき情報連携の共通ルールとして，契約書，利用規約（共通）を策定する。

サービスを提供する全事業者から同意を取得し，契約書，利用規約（共通）に記名する。

利用規約（個別サービス）では，各ローカルプラットフォームは，プライバシーポリシーに同意した上で，提供サービスの利用規約を策定する。具体的には，「おもてなしプラットフォーム」が，一般的に必要と想定される項目を整理し，汎用的な利用規約のひな型を作成した上で，各サービス提供事業者は，必要項目を念頭に各自で利用規約を作成する。

(b) 想定される契約書とその内容

契約書名	規約の内容
契約書, 利用規約（共通）	情報の利用目的, 利用停止の可否, 第三者提供の有無, 個人情報の取扱い, 利用目的変更時の取扱いの方針
情報を連携させる事業者間における契約書	・提携の意義や目的 ・情報連携への同意や利用停止の手段を提供すること ・実装すべき安全管理措置・共通の利用規約に不足している部分は各社で追加の規約を用意すること ・漏えい等インシデントがあった際の連絡先や連絡方法 ・その他, 規約に含める内容の統一
全サービス共通の利用規約	・サービスの概要・情報連携への同意や利用停止方法の表記 ・実装している安全管理措置 ・本利用規約以外に, 追加規約の有無 ・一般条項・規約変更時の通知等
個別サービスの利用規約	・各「ローカルプラットフォーム」は, プライバシーポリシーに同意した上で, 提供サービスの利用規約を策定 ・一般的に必要と想定される項目を整理し, 汎用的な利用規約のひな型を作成 ・各サービス事業者は, 必要項目を念頭に各自で利用規約を作成 〈利用規約の構成（例）〉 1．サービス概要／2．文言定義／3．会員（アカウント）登録／4．サービス利用の注意事項／5．個人情報の取扱い／6．免責事項／7．禁止事項／8．会員（アカウント）停止・削除（退会）／9．規約への同意／10．規約の変更／11．合意管轄, 準拠法

第 4 節

情報の提供方法

【26】パーソナルデータストア，情報銀行，データ取引市場

Q パーソナルデータストア，情報銀行，データ取引市場とは何か，注意点は何か？

A ■1 概　　要

　データの自由な流通を促せれば，膨大なデータを分析するなど利活用が可能となり，新たな産業の発展につながる。もっとも，自らのデータをやりとりされる個人は，自分の情報が，誰に，どのように利用されるのかがわからないことで不安であり，提供がためらわれる。そこで，個人の関与のもとで，データの流通・活用を進めることを可能とし，個人にデータ提供を促すことが重要である。基本的な考え方として，パーソナルデータエコシステムに関する第3章第7節第3項を参考としてほしい。

　現在は，本人から情報を取得した事業者が中心となり，データについて第三者に提供するかを決定することが通常である[*130]。

　しかし，個人の情報は本人がコントロールできるようにすべきである。ま

[*130] 個人情報の場合，第三者提供には，個人から同意を得る必要があるとされるが，いわゆるプライバシーポリシー記載の利用目的に「第三者に提供」との記載があることを根拠に情報提供していると考えられる場合も散見され，本人同意は形骸化している。どのような場合であれば，「本人が同意に係る判断を行うために必要と考えられる合理的かつ適切な方法」（委員会Ｑ＆Ａ１-56）に該当するかが不明確であり，事実上企業ごとに判断をしているのが実情である。

〈現在において一般的な情報流通〉

た，個人がコントロールできる仕組みとすれば，個人本人に直接利益が還元されることにより，事業者中心の仕組みに比べ，本人が情報の利用に積極的になり，社会全体としてのデータ流通量が増えることが期待される。さらに，現在は，情報を収集した事業者が自らや提携先にのみ情報を提供し，事実上情報を囲い込んでいる状況も多くあるところ，このような状態を変化させる可能性もある。

上記の考えからパーソナルデータストア，情報銀行，データ取引市場の仕組みが推進されることが期待されている。

これらの仕組みを実現するには，個人にデータポータビリティの権利（第3章第7節第4項参照）があることが前提となる。また，個人が事業者から情報を取得できても，情報の規格（項目ごとに利用する単位など）が異なると，円滑な流通ができないため，流通するデータの規格が統一されていることも重要となる。

■2 パーソナルデータストア（PDS）

消費者が第三者へのデータ提供につき，個人本人が個別にコントロールする仕組みが考えられる。

パーソナルデータストアは，個人が自らの意思で自らのデータを集約・蓄積・管理するための仕組み（システム）であって，第三者への提供に係る制御機能を有するものをいう。

パーソナルデータストアには，データの管理等を，自ら保有する端末等で行う場合と，事業者が提供するサーバ等で行う場合がある。

〈パーソナルデータストアイメージ図〉

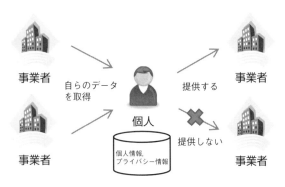

データ流通環境整備検討会の中間とりまとめ[*131]では，パーソナルデータストアの導入イメージにつき，以下のように記載されている。

観光領域	個人が自身に関する位置情報や生活情報，趣味嗜好情報等を収集・登録し，サービスに応じて必要な情報を提供することで，観光拠点の軸となる事業者が付加価値の高い観光案内を個人に提供可能となる。また，観光拠点における各サービス事業者等と連携することで，観光地全体での「おもてなしサービスの実現」が期待される。
金融・フィンテック領域	個人が自身に関する資産情報，IoT 機器から得られる決済情報等を収集することで，複数金融機関に分散した資産状況の一元管理が可能となる。さらに家族構成情報等をあわせて流通させることで，多様な金融機関から個人のニーズに合わせた資産運用やサービスパッケージの提案を受けることが可能となる。

[*131] 「データ流通環境整備検討会 AI，IoT 時代におけるデータ活用ワーキンググループ中間とりまとめ」(平成29年 3 月)(https://www.kantei.go.jp/jp/singi/it2/senmon_bunka/data_ryutsuseibi/dai2/siryou2.pdf)。

医療・介護・ヘルスケア	個人が自身に関する健診情報や生活情報等を収集することで、生涯に渡って医療・健康情報を管理できるようになる。また、各種情報を流通させることで、他の医療機関や事業者は個人の健康状態や生活環境に適した、診療や健康増進サービスの提供、保険サービス等を提案・提供することが可能になり、「重複検査・投薬の抑制」、「医療費の適正化」、「社会全体の健康寿命の延伸」の実現が期待される。
人材	個人が自身に関する就学履歴や就業履歴、資格等の情報を収集し、流通させることで、個人の能力の適切な評価、キャリアアップとともに、適切な人材配置が可能となる。転職や再雇用の支援、クラウドソーシング、個人の意欲に適した職の提案等により、「社会全体での最適な人材活用」が期待される。

■3　情報銀行

(1) 概　要

　個人の関与のもとで、データの流通・活用を進められる仕組みの中で、パーソナルデータを第三者にデータ提供するかを信頼できる者に委託し、自らは個別のコントロールはしないものとして、情報銀行がある。

　情報銀行とは、個人とのデータ活用に関する契約等に基づき、PDS等のシステムを活用して個人のデータを管理し、個人の指示又はあらかじめ指定した条件に基づき個人に代わり妥当性を判断の上、データを第三者に提供する事業をいう。

〈情報銀行イメージ図〉

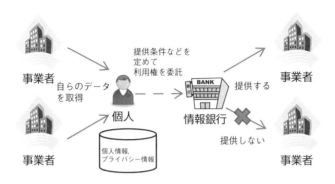

(2) 法的課題

「データ取引市場等SWG取りまとめ概要*132」では，情報銀行と同様の機能を果たす情報信託機能につき，①第三者提供型と②共同利用型があり得ることが前提とされる。

それぞれの検討事項，メリット・デメリットを検討する。事業者としては，今後どのように発展させていくのかを含めてサービス開始前に検討し，最適な仕組みを採用することが望ましい。

	第三者提供型
検討事項	個別の事例の事実関係に即して，第三者提供に係る同意につき，利用目的や提供先の第三者の範囲等をどこまで示せば，「本人が同意に係る判断を行うために必要と考えられる合理的かつ適切な範囲」に該当するかを検討する必要がある。
メリット	スタート時点で，必ずしも事業者を確定する必要はなく，新たに参加する事業者が増える場合にも従前の同意取得で対応できる。

*132 総務省情報通信審議会情報通信政策部会IoT政策委員会基本戦略ワーキンググループ「データ取引市場等サブワーキンググループ取りまとめ概要」(http://www.soumu.go.jp/main_content/000501156.pdf)。

共同利用型	
検討事項	共同利用の適用の可否につき，個別の事例の事実関係に即して検討する必要がある。
メリット	トレーサビリティに関する25条，26条の適用がないため，情報流通がスムーズである。もっとも，当初想定されていなかった事業者が参加したり，当初予定で想定できていなかった利活用方法を採用する場合のように，個人が当初想定できなかった事態が生じた場合には，共同利用の適用の可否について，検討しなければならない。

(3) 情報信託機能を担う者（情報銀行）に求められる要件

「データ取引市場等SWG取りまとめ概要」では，情報信託機能を担う者（情報銀行）に求められる要件例として，以下のものが掲載されており，参考になる。

①体制の整備	・経営的安定性の担保，セキュリティ体制，ガバナンス体制の確保 ・善管注意義務，忠実義務，分別管理義務の確保
②データ提供者との間の約款の策定，公表	・個人情報の取得方法，利用目的，安全対策等について定型化された約款の作成 　◦提供された情報を第三者利用に供する場合の判断基準の明示 　◦情報の提供者が，第三者利用に供する範囲（提供先の範囲及び提供する情報の範囲）を何時でも追加，変更，削除できる趣旨の明示（コントローラビリティの明示） 　◦データの取得・提供等に係る重要事項の変更がある場合の事前通知 　◦情報の提供者が，自らの情報の利用履歴を何時でも閲覧できる趣旨の明示 　◦第三者利用に供された先で情報漏えいがあった場合の対応の明示（損害賠償責任の範囲・請求先）

③データ提供先の事業者との約款の策定，公表	・信頼性のある事業者，データ利活用・還元が可能な事業者のみへの提供 ・個人情報の取扱方法，安全対策等について定型化された約款の作成 ・不正行為の禁止 ・第三者利用に供された先で情報漏えいがあった場合の対応の明示（損害賠償責任の範囲・請求先） ・目的外使用の禁止 ・セキュリティ体制，ガバナンス体制の確保
④上記①～③に関する提供者に対する説明義務	

　情報の提供条件は，個別事例を積み上げる中で，ある程度定型化していくと考えられる。大きく，提供する情報の内容（プライバシー性の高い情報か，どこまで精度の高い情報を渡すかなど）と，提供先（どのような業種に提供するか，提供先の信用性をどのように評価するかなど）の2つに分けて考えるとわかりやすい。

4　データ取引市場

(1) 概　要

　事業者，消費者がデータを提供しても，利活用してくれる事業者がいない，事業者がいても提供することによる対価が得られないという状況では利活用が進まないため，データ利活用を進めるには，データを取引きする市場を設けることが有益である。

　データ取引市場とは，データ保有者と当該データの活用を希望する者を仲介し，売買等による取引きを可能とする仕組みをいう[133]。価格形成・提示，需給マッチング，取引条件の詳細化，取引対象の標準化，取引きの信用保証等の機能を担うことが想定される。

---

[133] データ流通・共有方法には，大きく分けて3つの類型があると考えられる。
　①共有財産型：データを集約することで提供者全体の共有財産化
　②集約・加工型：仲介者等に集められたデータを集約・加工し対価を得てデータ提供
　③取引市場型：提供者から利活用者へデータが渡る過程で仲介者等がマッチング
　経済産業省経済産業政策局「データの利活用等に関する制度・ルールについて」（平成28年3月）(http://www.meti.go.jp/committee/sankoushin/shin_sangyoukouzou/pdf/007_04_01.pdf)参照。

〈データ取引市場イメージ図〉

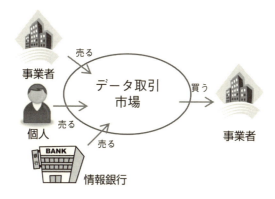

(2) **取引市場の運営者に求められる要件の例**

「データ取引市場等SWG取りまとめ概要」では、取引市場の運営者に求められる要件の例として、以下のものが掲載されており、参考になる。

①体制の整備	・経営的安定性の担保，セキュリティ体制，ガバナンス体制の確保 ・売買を行わない，自らデータを保持しない，価格決定をしない（公正・中立の立場から取引を仲介）。
②データ提供者との間の約款の策定，公表	・データの取引方法，安全対策等について定型化された約款の作成 　◦取引情報の記録（トレーサビリティの確保） 　◦市場運営者が取引される情報の閲覧，市場運営により得た情報の他の目的での利用・第三者への漏えいの禁止（不正行為の防止） 　◦取引参加者が，取引内容を何時でも追加，変更，削除できる趣旨の明示（コントローラビリティの明示） 　◦取引参加者が，自らの情報の利用履歴を何時でも閲覧できる趣旨の明示 　◦第三者利用に供された先で情報漏えいがあった場合の対応の明示（損害賠償責任の範囲・請求先）

③データ提供先の事業者との間の約款の策定，公表	・データの利用目的，データの取引方法，安全対策等について定型化された約款の作成 　○第三者利用に供された先で情報漏えいがあった場合の対応の明示（損害賠償責任の範囲・請求先） 　○不正行為の禁止
④データ取引に関するルールの策定	・取引参加者への資格設定

(3)　「データ流通プラットフォーム間の連携を実現するための基本的事項」

　データを流通させることによりサービスの事業機会を得る事業者（データ流通事業者）が現れはじめている。今後，各データ流通事業者が多種多様なデータを提供していく中で，データ利用側がアクセスしたいデータを容易かつ効率的に見つけ利活用を図るためには，データ連携によりデータが検索可能等になっていることが必要である。このため，IoT推進コンソーシアムデータ流通促進ワーキンググループのデータ連携サブワーキンググループで議論がなされ，平成29年4月，「データ流通プラットフォーム間の連携を実現するための基本的事項」を公表[*134]して，データ流通事業者が，データ連携のために共通化することが必要な最低限の項目を整理した。

①データカタログの整備

　データ利用側が複数のデータ流通プラットフォームに対して，同一の検索ワード・方法でデータを検索・発見することが可能となるよう，メタデータ（データの所在，種類，名称等，提供されているデータに関する情報）を集約したデータカタログを整備。

②カタログ用アプリケーションプログラミングインターフェース（API）の整備

　データ流通プラットフォームの相互連携を可能とするために，提供データのカタログ情報の交換や検索をするためのAPIを整備。

---

*134　参考（http://www.meti.go.jp/press/2017/04/20170428002/20170428002-1.pdf）。

■5　必要となる対応

内閣官房IT総合戦略室「AI, IoT時代におけるデータ活用WG中間とりまとめに向けた論点（案）」（平成28年12月22日）では，データ流通に関する国民の不安や不信感を払しょくするとともに，萎縮している民間企業等がデータ流通・利活用を通じた新たなサービス提供等に積極的に取り組める環境を実現するため，下記の対応が必要であるとされている。

(ア)　セキュリティ
(イ)　データの標準化，互換性の確保，データに関する権限の扱い

各分野でデータの標準化等に取り組む必要があるのではないか。データ所有・利用等については，まずは利用規約等において消費者と情報銀行等と第三者の権利や義務を明示する必要があるのではないか。

(ウ)　事前相談窓口

民間企業や国民が事前に相談できる窓口の設置が必要ではないか。

(エ)　苦情処理・紛争解決手段

適切かつ迅速に対応できる苦情・紛争処理を含めた事後対応の仕組みが必要ではないか。

(オ)　データ流通・活用に関する透明性の確保

サービス利用規約等において，データの流通・利活用状況の見える化を規定してはどうか。

(カ)　トレーサビリティ，データポータビリティ，データ削除の確保

消費者視点からは，自らのデータがどの事業者に提供されているか，どのように活用されているかを確認でき，希望する場合には，利用を停止したり，データを他の事業者に移転したり，データを削除したりできることが望ましいのではないか。

(キ)　PDS，情報銀行，データ取引市場による適正な業務遂行の確保
(ク)　国民が自らのデータを管理することについての普及・啓発・教育

■6　企業における対応

(1)　取組例

平成29年6月，日立製作所，オムロン，NECなど12社がIoTなどについて

のデータ取引市場創設に向けた準備組織を今後，設立することで合意したという報道がされている[*135]。

また，平成29年7月，富士通とイオンフィナンシャルサービスは，パーソナルデータを活用した情報銀行の実証実験を開始し，情報銀行に預託したデータ量などに応じた仮想コインによる個人への還元を実施するとのプレスリリースを発表している[*136]。同実証実験では，パーソナルデータ提供者に対し，預託されたパーソナルデータの内容や情報量，開示先に応じて，ブロックチェーンの分散台帳で管理され，汐留シティセンター内の一部店舗で利用できるクーポンへの交換などが可能な企業内仮想コイン「FUJITSUコイン」を付与するとされており，データ提供者への利益還元の取組みとして参考となる。

(2) **必要となる検討**

パーソナルデータストア等が，社会的に軌道に乗るには，上記■5に加え以下の検討が必要である。

(a) **データの提供について**

個人情報に関する多くのアンケート調査によると，個人の多くは，条件によっては自らの情報を提供してもよいと考えている。なお，どのようなアンケートでも，どんな目的・条件でも個人情報を提供したくないという人も一定数（おおよそ5％）は存在する。

一定の条件（例：漏えいは避けたい，一定の対価が欲しい）を満たすのであれば，提供するという大多数の人を，どこまで取り込むことができるかが重要であり，どのようにして提供した個人に利益を還元するのか検討する必要がある。将来的には，クーポンのほか，提携する企業が発行するポイント・電子通貨を提供することもあり得るのではないか。

なお，匿名加工された医療情報の流通については，次世代医療基盤法が規定されている（第4章第1節【4】■3参照）。情報がビジネスとしてどのようにして移転していくかは明らかではないが，何らかの市場機能を持たせることもあり得るのではないか。

[*135] 平成29年6月27日，日本経済新聞朝刊記事。
[*136] 参考（http://pr.fujitsu.com/jp/news/2017/07/14.html）。

(b) データの信用性について

データの信用性に対する信頼をどのように保護するのか。あくまで市場であるから，質が悪いものは自然と淘汰されるという考えでは，レモン市場の問題が生じ，市場全体としての信用性が下がってしまう可能性がある。

証券取引所では，市場で取り扱われる商品の信用性を高めるために様々な取組みが行われている。また，最近ではインターネット上で利用者相互が評価付けをするシステムも多数あり，それらを参考にして仕組みを構築していくことも考えられる。

【27】共通ポイントシステム

Q 共通ポイントシステムを利用し，複数社間で情報連携をする場合の注意点は何か？

A ■1　概　　要

(1) 現在の状況

コンビニエンスストアで買い物をしても，インターネット上で買い物をする場合でも，ポイントカードの提示を求められることが多い。

共通ポイントシステムの先進的な事例として，2003年10月から開始しているカルチュア・コンビニエンス・クラブ（CCC）の共通ポイントサービス「Tポイント」がある。Tポイントカードの購買情報を利用し，特定商品に関する購買を予測する顧客プロファイルモデルを作成，利用して，グループ会社及び提携先企業は，特定の商品を購入しそうな顧客に対し，的確にアプローチでき，マーケティングが高度化されている。その他にも，2017年11月現在，Ponta（三菱商事），楽天ポイント（楽天），dポイント（NTTドコモ）などのサービスが大規模に展開されている。

(2) 利用情報の例

利用される情報は，各ポイントシステムによって異なるが，プライバシーポリシー等を参考にすると，以下の情報が利用されている，又は，利用され

る可能性があるようである。

(a) Tポイントの場合

提供される可能性がある情報として，以下のものが提示されている。

氏名，性別，生年月日，住所，電話番号，電子メールアドレス，購買履歴，ポイントの利用状況，クレジットカード番号，IPアドレス，モバイル端末の契約端末情報，位置情報。

(b) dポイントの場合

提供される可能性がある情報として，以下のものが提示されている。なお，提供される情報には，氏名，電話番号，メールアドレス，生年月日の「日」は含まないとの記載がある。

インターネットの利用に関する情報（…），購買情報，位置情報，利用しているアプリに関する情報。

(3) **共通ポイントシステムの特徴**

共通ポイントシステムは，企業の視点からすると，基本的には，個人（消費者）に，ポイントという形で利益を還元し，売上げ増加のほか，購買履歴などの情報を対価として得るものと評価できる。

共通ポイントシステムを利活用するかは個人次第であり，また，得られる利益は明確である。

■ 2　検討状況

第三者と情報を共有する場合の手法としては，大きく分けると，第三者提供，共同利用の2つが考えられる[137]。

ポイントシステムの問題点として，ポイントカードの利用規約の場合，店舗での対面式の取得となるため，様々な内容が含まれる包括的な条項の一内容として説明することとなり，また，説明時間が限られることから，個人がポイントカードに関する，複雑な第三者提供の流れ等を理解するのが事実上困難と考えられることがあげられる[138]。

---

[137] カルチュア・コンビニエンス・クラブは，2014年に，ポイントプログラム参加企業を含む提携先との個人情報の利用方式を，共同利用から第三者提供に変更した。カルチュア・コンビニエンス・クラブ株式会社顧客情報管理委員会「T会員規約改訂の解説」（2014.8.14掲載）（http://www.ccc.co.jp/customer/kaisetsu.html）。

第4節　情報の提供方法

このため，以下の検討がされている。第3章第3節第1項も参考とされたい。

(1) **カード入会における個人へのわかりやすい通知方法**

経済産業省が平成28年4月に公表した，「消費者向けサービスにおける通知と同意・選択報告書」では，カード入会における消費者へのわかりやすい通知方法のあり方について，以下の提言がされている。

(a) **抜粋表示する重要項目**
(ア) 利用目的
(イ) 利用主体（共同利用，第三者提供も含む）
(ウ) 本人が気づきにくい情報
①自ら記載した項目や，購買情報等企業に提供することが明らかな情報以外で取得される情報。
②逆に，本人が気づきにくい情報を強調するため，自明な項目は省略することが有効ではないか。

(b) **重要項目を表示する際に消費者にとってわかりやすい通知とする方法**
(ア) 利用者が特に注意を払って参照する箇所（ドキュメント・Q＆A等）に記載する。
　例：利用メリットがわかりやすく図示されたサービス概要のパンフレット，Q＆A等。
(イ) 現状の規約ドキュメントと比較して，利用者の読みやすさに配慮した方法で記載する。
①重要事項説明については，フォントサイズを一定以上の大きさに制限することも有効ではないか。
②より重要な項目を強調するため，消費者にとって自明な項目を省略することも有効ではないか。
　例：入力項目に含まれる内容等は，本人が情報取得されていることが自明であるため，重要事項からは除外する（名前を取得している際の「ふりがな」等）。

---

*138　説明の際に，わかりやすい資料を渡す，ホームページ上で詳しい説明を掲載する等の対処をしていても，システム加入時に内容を理解した上で同意を得たといえるかは具体的な事例ごとの判断になるだろう。

例：ポイントカードサービスにおいては，利用目的が「ポイントを加算する」ことは自明であるため省略し，第三者利用等の利用目的を強調する。

(c) **消費者にとってわかりにくい情報についての対応**

(ア) 取得する情報

「取得する情報：購買情報（ID-POS情報）」といった場合，消費者にとって，具体的にどのようなレベルで情報が取得されているか共通認識を持てない状態で記載されている。

→　取得する情報が，明細情報なのか，金額情報のみなのか，といった情報を含めて，消費者に取得する情報の具体的な内容を明示することが望ましい。

(イ) 取得する情報の利用目的

　消費者にとって自明な利用目的（ポイントを加算する）とわかりにくい利用目的（マーケティングへの活用）が並列して記載されている。

→　重要事項説明における利用目的の記載から「ポイント加算」といった自明な内容よりも，「顧客プロファイルモデルの作成」といったわかりにくい利用目的を強調することが望ましい。

(ウ) 第三者提供・共同利用の範囲

「第三者提供・共同利用の範囲：関連企業」等，消費者にとって，わかりにくい記載となっている。

→　第三者提供・共同利用範囲は，明示すること（X社，Y社，Z社を提示）が望ましく，参加企業は，随時の変更を含めてHPに常に掲示する等により消費者へ明示的に情報提供することが望ましい。

(エ) その他
- 消費者が特に注意を払う事項に該当するかが一見してわかるような，アイコンによる表示等も有効ではないか。
- チェックボックス

■3　企業における対応

　通知・明示の問題を改善するには，重要部分に絞った概要版を作り，本人に通知・明示することが有益である。

利用者としては、1社だけのサービスを利用するためにポイントカードを作成した際に、その情報が100社以上に提供、共同利用されることを想像することは難しい。情報提供先も増えていく可能性がある。

このため、第三者提供先の開示、提供している情報の内容を、できる限り明らかにすること、共同利用などの際に、範囲を適切に説明することが必要である。

【28】データ流通契約書

Q 企業間でデータ流通契約書を作成する際の注意点は何か？

■1 概　　要

企業間でデータをやりとりする場合、データの取扱いに関する契約（データ流通契約）を締結する必要がある。その際、どのようなことに注意すればよいか。

データの取扱いに関する契約を締結する場面では、①1つのサービスに複数の事業者が参加し、その中でデータの利用権がどの企業にあるのかを検討する場面と、②利用権がある企業から、第三者（1つのサービスの他の事業者が含まれる）に移転する場合の2つのケースが考えられる。

以下では、事業者が個人の個人情報やプライバシー情報を適法に取得している場合を前提として説明する。

■2　データの利用権はどの企業にあるのか

(1) 概　　要

1つのサービスに複数の企業が参加し、その中でデータの利用権がどの企業にあるかを検討する際、どのような検討が必要か。

データが個人情報やプライバシー情報を含まない場合（Machine to Machine：M to Mの情報など産業データ）、企業間で取決めをすれば足りる。これに対し、

データが個人情報やプライバシー情報である場合，個人に対し，取得主体をどのように説明しているかなど企業間の関係に加えて，個人との関係が問題となる。

(2) データの利用権限
(a) 産業用データ（非プライバシー情報）の利用権限

「データ利用権限に関する契約ガイドライン」[139]では，産業データ（プライバシー情報を含まない）につき，データの利用権限が誰にあるかを取り決めるための考え方を以下のように示している。

(ア) 合意形成プロセス

データ利用権限に関する企業間の合意形成プロセスにつき，以下の流れが提案されている。

---

①申入れ，事前確認
　　↓
②データの選定（各当事者が求めるデータの選定→データカタログ等の作成，掲示，調整→データの分類）
　　↓
③利用権限の決定（創出／取得，保存／管理，利用及び当事者の観点から挙げた考慮要素等を斟酌し，利用権限を検討）
　　↓
④条項の作成

(イ) データ利用権限に関する条項案

データの利用権限について，本取引に係る契約書に規定することが考えられる事項とその条項案の構成について，以下の①～⑭をあげている。

---

[139] IoT推進コンソーシアム，経済産業省「データの利用権限に関する契約ガイドラインVer1.0」（平成29年5月）(http://www.meti.go.jp/press/2017/05/20170530003/20170530003-1.pdf)。

> ①定義，②データの利用権限の配分，③免責，④継続的創出に対する非保証，⑤利用条件等（事前同意，分担金の支払い），⑥関係者が複数の場合の処理，⑦データの提供等，⑧データの形式，⑨データの秘密管理，⑩共同利用データに関する取扱い，⑪対象データの変更，⑫契約期間中におけるデータの利用権限の取決め，⑬契約終了時のデータの取扱い，⑭その他

(b) **個人情報，プライバシー情報が含まれる場合**

では，個人情報，プライバシー情報が含まれる場合，上記(a)に加え，どのような事項を検討する必要があるか。

(ア) 個人情報の場合

企業が個人情報を取得する場合，個人に対し，取得目的を通知・公表又は明示しなければならないとされ（法18条），同手続で主体として個人に明示されている企業に利用権限がある。

1つのサービスで，利用権限がある企業が複数ある場合，最小限原則（第3章第3節第5項参照）などの観点から，各企業が利用する情報を明らかにするため，上記データ利用権限に関する契約ガイドラインも参考にして，内部でのデータ利用を整理することが望ましい。

なお，データを移転する中で，企業が保有する個人情報と紐づくか，容易に照合できるかにより，提供側と受領側で個人情報の該当性が異なる場合もあり，注意が必要である。

(イ) プライバシー情報の場合

プライバシー情報の場合，個人情報保護法18条のような制限はない。もっとも，利用する情報の要保護性が高い場合（第2章第3節第2項■1参照），個人情報と同様に取り扱うことが望ましい。

■3　データ流通契約の記載条項

個人情報・プライバシー情報につき，利用権限ある者から第三者に提供する場合，契約（データ流通契約）にどのような条項を記載する必要があるか。

(1) 「データに関する取引の推進を目的とした契約ガイドライン」

経済産業省商務情報政策局情報経済課「データに関する取引の推進を目的

とした契約ガイドライン」(平成27年10月)(以下「データ取引推進契約GL」という)では，データに係る権利者が当事者間において明らかなことを前提に，当該権利者がデータを提供するための条件やポイント等を示している。なお，同GLは，汎用的な内容を示すもので，個人情報やプライバシー情報の取扱いには，触れていない。

　チェックリストでは，以下の10のテーマごとに，重要度を基準に，データを提供する事業者，データを受領する事業者の双方が，それぞれの立場で必要な検討項目を確認できる内容が記載されている。詳細な内容は，データ取引推進契約GLを参照いただきたい。

①データの内容・提供方法・仕様	データの内容，提供機能の性能・品質，データの提供方法，データの仕様
②利用範囲・取扱条件	利用範囲，データの利用期間，データの取扱条件，独占・非独占
③データに知的財産権が認められる場合の権利帰属先	権利帰属パターン
④対価	支払条件
⑤データ提供者の義務	保証，提供不能の時の責任，提供機能に関する責任，対応責任
⑥データ受領者の義務	データの管理，対応責任，データの漏えい
⑦遵守事項	
⑧不可抗力免責	
⑨契約解除，期限の利益喪失	
⑩秘密保持義務	

(2) 個人情報，プライバシー情報が含まれる場合

個人情報が含まれている場合，データ取引推進契約 GL の①〜⑩に加え，主に以下の条項も確認しておく必要がある。

(a) 個人との関係

個人本人との関係で利用権限がどの当事者にあるか。同当事者と第三者との間で，第三者提供の同意が取得され，又は，共同利用が通知等されているか。

同意等がない場合には，そもそも原則として，データ流通ができない。この場合，オプトアウトによる第三者提供をする，匿名加工情報や統計情報に加工して提供するなどの対応が必要となる（第3章節6節第4項参照）。

(ア) 要配慮個人情報の取扱い

要配慮個人情報が含まれる場合，オプトアウトができないので（法23条2項），本人から適切に第三者提供の同意を取得することが重要である。

(イ) 外国人の情報の取扱い

継続的に情報を取得する場合，気付かないうちに外国からの越境移転に該当することにならないか，注意が必要である（第4章第5節参照）。

(b) トレーサビリティ

トレーサビリティに関する個人情報保護法25条（第三者提供に係る記録の作成等），26条（第三者提供を受ける際の確認等）を遵守する必要がある（第3章第6節第5項参照）。

(c) 安全管理措置

データの管理等につき，安全管理措置（法20条）を適切に実施する必要がある。

(3) 「新たなデータ流通取引に関する検討事例集（ver1.0)」

総務省，経済産業省及びIoT推進コンソーシアムは，BtoBでのデータ流通取引を検討している事業者を後押しすることを目的として，「データ流通促進ワーキンググループ」で平成28年1月から平成29年3月までの間に，事業者から相談を受けた20件の事例につき，委員からの助言内容等を整理した「新たなデータ流通取引に関する検討事例集（ver1.0)」を取りまとめて公表した。

具体的には，「データの利用目的（公共性の高い利活用，ビジネス性の高い利活用

第4章 情報の利活用・管理に関する具体的検討

など)」,「データの種類(個人情報やプライバシー情報を含むか否か等)」,「データの利用範囲(データの第三者提供の有無など)」等の観点から,IoTデータの流通サイクル(取得時,加工・蓄積時,提供・二次利用時)に沿って意見を整理している。

次の表記載のユースケースを整理しているので,必要に応じて個別の事案を参照されたい。

分 類	ユースケース
B to B (B to B to C 含む) モデルにおけるデータ利用	①気象データ,②商用車の走行履歴データ,③工場機器稼働データ,④駐車場稼働データ,⑤地域住民データ,⑥介護システムデータ,⑦位置情報サービスで取得する移動データ,⑧従業員の健康データ,⑨電子レシート化した購買データ,⑩宿泊予約データ,⑪オフィス内行動データ,⑫店舗内の公道データ(店舗内設置カメラから取得した画像)
データ市場モデルにおけるデータ活用	⑬観光客の属性データを活用した的確なレコメンデーションの提供,⑭公共空間から取得されるセンシングデータの活用,⑮情報流通交換市場を介したデータ流通の促進,⑯データカタログを通じた取引の仲介,分析サービスの提供,⑰カメラ映像流通プラットフォームによるデータ流通,⑱おもてなしプラットフォームの流通モデル構築,⑲センシングデータ流通市場の構築,⑳介護データの流通

第5節 国際的なデータ流通

【29】EU, アメリカの制度概要

Q EU, アメリカにおける個人情報・プライバシー保護に関する制度はどのような内容か？

A
■1 概　要

近年，インターネットに加えスマートフォンが普及し，Google Play や App Store などのプラットフォームからアプリケーションをインストールすると，日本の個人の位置情報などが，アメリカなど海外の事業者に取得されるようになっている。日本企業も，海外に拠点を置かなくともグローバルなサービスを展開し，海外から情報が集まる状況になっている。

EU も米国も，基本的に1980年に定められた OECD 8 原則に立脚し，国内法を整備してきていることは前述のとおりである。もっとも，個人情報保護，プライバシー保護に対する考え方は各国や各組織によって違い，データ流通が日本や海外で法令違反とならないよう，注意が必要である。

データ流通の概要として，EU, アメリカの個人情報・プライバシー情報保護法制の概要を説明する。なお，現在の状況にいたった経緯は，第2章第1節を参考にされたい。

■2　EU

EU では，欧州連合の機能に関する条約16条1項及び欧州連合基本権憲章

8条1項で「すべての者は，それぞれ自らに関する個人データの保護の権利を有する」との規定が置かれ，データ保護が個人の基本権であることが明示され，個人データ保護は人権として保護されている。EU では，1995年に EU データ保護指令が採択された後，2016年4月には EU 一般データ保護規則（GDPR）が採択され，2018年5月から運用される。

EU データ保護指令との違いを中心に，EU 一般データ保護規則の概要を説明する[*140]。なお，基礎となる原則は，第2章第3節第3項■3を参照。

(1) EU 一般データ保護規則の概要

(a) EU 域内における規制の単一化・簡素化

(ア) 全加盟国への直接適用

「指令」から「規則」となったことで，EU 一般データ保護規則は，これまでの EU データ保護指令と異なり，EU 加盟国[*141]に同一に直接効力をもっている。

(イ) 主管となる監督機関による対処

複数の加盟国にまたがる事業者や事案の場合，原則として1つの監督機関が主管として対処することとなった。すなわち，これまで，複数の加盟国にまたがる事業者や事案の場合，各国のデータ保護機関（Data Protection Authority：DPA）にそれぞれ相談する必要があったのに対し，原則として1つの監督機関に相談すればよくなった。

(b) 個人データ保護の強化[*142]

(ア) 個人情報の取扱い

[*140] EU 一般データ保護規則に関する実務上の取扱いは，杉本武重弁護士が日本貿易振興機構（ジェトロ）からの委託を受けて作成した，日本貿易振興機構（ジェトロ）ブリュッセル事務所海外調査部欧州ロシア CIS 課「『EU 一般データ保護規則（GDPR）』に関わる実務ハンドブック（入門編）」（2016年11月）（https://www.jetro.go.jp/ext_images/_Reports/01/dcfcebc8265a8943/20160084.pdf），「『EU 一般データ保護規則（GDPR）』に関わる実務ハンドブック（実践編）」（2017年8月）（https://www.jetro.go.jp/ext_images/_Reports/01/76b450c94650862a/20170058.pdf）に詳しく説明されている。

[*141] EU 一般データ保護規則は，EU 加盟国だけでなく，欧州経済領域（European Economic Area：EEA EU 加盟国に，ノルウェー，アイスランド，リヒテンシュタインを加えた国々）に適用される。

[*142] 保護対象となる personal data には，日本ではプライバシー情報と分類されている，位置データ，オンライン識別子が対象であることが明示されている（第2章第3節第3項■3）。

将来的に，日本での個人情報保護法に影響を及ぼす可能性がある（第3章第8節第4項■2参照）。

EU 一般データ保護規則6条は，取得時を含めて個人情報の取扱いが適法になるには，「正当な利益の為に取扱いが必要な場合」や「データ主体が同意を与えた場合」であることなどを必要としている。もっとも，同意の条件について定める7条では，データ主体はいつでも同意の撤回が可能であるとされるなど，「同意」が日本の個人情報保護法上の概念と別であることを意識する必要がある。

(イ) 「忘れられる権利」に関する規定の導入

EU 一般データ保護規則17条で，削除（消去）請求権（いわゆる「忘れられる権利」第3章第7節第5項参照）に関する規定が置かれている。同権利は，目的に照らして「必要がなくなった場合」(17条1項(a))やデータ主体に対して取扱いへの異議と申立て，取扱いのための優越する法的根拠がない場合（17条1項(c)，21条1項）などに広汎に認められる。

(ウ) 「データポータビリティーの権利」を導入

EU 一般データ保護規則20条で一定の条件を満たす場合に，データポータビリティーの権利（第3章第7節第4項参照）が導入された。

(エ) プロファイリング規制

EU 一般データ保護規則21条で，プロファイリング等による自己に関する個人データの取扱いにつき異議を述べる権利が，同22条では，プロファイリングなど自動処理された意思決定に服さない権利が，それぞれ個人に認められている（第3章第4節第4項参照）。

(オ) 「プライバシーデザインの原則」を導入

EU 一般データ保護規則25条で，プライバシー・バイ・デザインに基づく制度（データプロテクションバイデザイン）（第3章第2節第1項参照)，同35条でデータ保護影響評価の制度（第3章第2節第2項参照）が導入された。

(カ) 記録の整備

EU 一般データ保護規則30条で，個人データの管理者は取扱いの目的，本人及び個人情報の類型，提供先の類型等の記録を保持するように定められている。

(キ) データ漏えい時の通知義務

EU 一般データ保護規則33条で，データ漏えいが発生した場合，72時間以内にデータ監督当局に報告しなければならないと定められている（第3章第5

節第2項■1(5))。

(ク) データ保護オフィサー (DPO) の設置

EU一般データ保護規則37条で，一定の要件を満たす事業者に，独立性が保障されたデータ保護オフィサー (data protection officer：DPO) を設置することを義務付けている。

日本の事業者も，同要件を満たす場合にはデータ保護オフィサーを設置する必要があるため，注意が必要である。

(ケ) 制裁金の引き上げ

EU一般データ保護規則83条で，EU一般データ保護規則に違反した場合の制裁金を引き上げ，最大で前会計年度の全世界年間売上高の4％又は2000万ユーロのいずれか高い金額の制裁金が科されることとなった。

(c) グローバルな課題への対応

(ア) 域外事業者への適用

EU一般データ保護規則3条で，域外事業者への適用範囲が明示された。

(イ) 十分性認定見直し制の導入

EU一般データ保護規則45条3項で，既に十分性認定を取得している国にも，少なくとも4年に一度，認定を見直す制度を導入した。

(2) 通信技術に関するプライバシー

上記のほか，通信技術に関するプライバシーは，従前EU電子通信プライバシー指令（2002／58／ECプライバシー指令）で保護され，①Cookieの利用にあたって内容を明示し，オプトインによる同意を求める，②ロケーションデータを利用する際にはオプトインによる利用者同意を求めるなどの内容が定められていた。

EU一般データ保護規則の制定に合わせて，欧州委員会は，2017年1月，電気通信分野のプライバシー保護を目的とした「eプライバシー規則」案を提案した。同規則案は，①現行の「eプライバシー指令」を加盟国に直接適用される規則とすることによりEU域内の更なる制度的調和を図ること，②通信の秘密等の適用対象を従来の通信事業者から同等のサービスを提供するOTT事業者（WhatsApp，フェイスブック・メッセンジャー，スカイプ，Gmail等）にも拡大すること等が主な柱となっている。

(3) 執行状況

各国のデータ保護機関が自国内の執行を担当しており，加盟国により執行状況に違いがあることに注意が必要である。フランスの情報処理及び自由に関する国会委員会（Commission nationale de l'nformatique et des libertes：CNIL）やドイツの州データ保護観察官等が，特に積極的に執行をしている印象を受ける。

■3 アメリカ

(1) 分野ごとにおける立法

アメリカでは，個人情報，プライバシー保護に関する一般的な法律はなく，セクトラル方式と呼ばれる分野ごとの立法がなされてきた。

2017年現在，本書に関係するところでは，政府部門におけるプライバシー法（Privacy Act of 1974），健康情報等（医療保険の相互運用性及び説明責任に関する法律（HIPAA），第4章第1節【4】■5参照），信用情報分野（公正信用報告法（FCRA），第4章第2節【11】■2参照），通信分野（電子通信プライバシー法（ECPA）），児童のプライバシー（児童オンラインプライバシー保護法（COPPA），第4章第2節【13】■3参照）等がそれぞれ立法されている。

アメリカでもプライバシーに関し，分野にかかわらず一般的に適用される法律を制定する動きがある。すなわち，2012年2月にオバマ大統領が署名したアメリカ政府の報告書に掲げられた消費者プライバシー権利章典について，オバマ政権で立法を目指す動きがあったけれども，2017年11月現在，制定にはいたっていない。

(2) 執　行

アメリカの特徴として，後述のように，事後規制的に，個別具体事案に対する執行がされていることがあげられる。事前規制が主である日本とは考え方が異なる。

すなわち，アメリカには，個人情報・プライバシー全般を所管する統一的な第三者機関は存在していないけれども，連邦取引委員会（FTC：Federal Trade Commission）が，FTC法5条（不公正・欺瞞的行為又は慣行の禁止）で規定された，消費者保護に関する職務・権限を担う独立の機関として，消費者のプライバシー保護を図っている。

FTC法5条では，以下の行為を禁止している

①不公正な競争方法（unfair methods of competition）
②不公正・欺瞞的行為又は慣行（unfair or deceptive acts or practices）

上記②には，消費者のプライバシー侵害や不適切な広告表示も含まれる。

FTC は，違反行為に対する措置として法執行を行うことができる。さらに，消費者のプライバシー保護につき適切な措置を行っていない事業者に対し，主張を訴状として発行し，同意審決や審判手続を行うことができる。

(3) 越境移転に関する取組み

アメリカは，APEC 参加国・地域で，事業者の APEC プライバシーフレームワークへの適合性を認証する仕組みである，CBPR システム（第4章第5節【30】■2で詳述）を推進している。

■ 4 その他諸外国

EU 加盟諸国，アメリカ以外の国でも，個人情報・プライバシーに関する法律が制定されている国は多く，海外でビジネスをする場合，データの取扱いが当該国内法に違反しないか，注意が必要である。

最近は自国から他国への情報移転に条件を付したり，自国内にデータセンターを置くことを義務付けるなど，データローカライゼーション[143]が立法されることも多く，海外の現地法人から日本の本社に従業員情報や顧客情報を送ることが越境移転制限に違反しないか注意が必要である。

特に，ロシアや中国では，データローカライゼーションに関する強い規制がしかれており，注意が必要である。インドネシアなど，東南アジアの国々でも，今後データローカライゼーションが進む可能性がある。

---

[143] データローカライゼーションとは，①プライバシーの保護，②自国内の産業保護，③安全保障の確保，④法執行・犯罪捜査などを目的として，越境データ流通を規制する動きである。例えば，インターネット上のサービス等について，当該サービスを実行する物理的なサーバはサービスを提供する国内で運用しなければならない，すなわちサービス提供に必要なデータはすべて当該国内に存在しなければならないという考え方に基づくルールを課すことなどが該当する（平成29年版情報通信白書参照）。人権保障や安全保障などを目的としてデータローカライゼーションが導入された場合でも，他国の事業者が参入しづらくなる事態が生じ，結果として自国産業保護や自国へのインフラ投資促進となることもある。

【30】日本から海外へのデータ流通

 日本から海外にデータを流通させる場合に注意すべき事項は何か？（法24条）

 ■1 外国にある第三者への提供制限

(1) 概　要

改正個人情報保護法24条で，日本から外国の第三者への個人データ提供に関する規定が新設された。さらに，外国第三者提供GLで，外国の第三者へ個人データを提供するには，次の(i)～(iii)のいずれかを満たす必要があることが明確化された。

(i) 外国にある第三者へ提供することについて，本人の同意がある場合
(ii) 外国にある第三者が，個人情報保護委員会の規則で定める基準に適合する体制を整備している場合
(iii) 外国にある第三者が，個人情報保護委員会が認めた国に所在する場合

(2) 上記(i)：本人の同意について

委員会Q＆A9－2では，上記(i)の本人の同意に関し，以下の説明がある。
「外国にある第三者への提供を認める旨の本人の同意を取得する際には，事業の性質及び個人データの取扱状況に応じ，当該本人が当該同意に係る判断を行うために必要と考えられる適切かつ合理的な方法によらなければなりません。」

そして，上記Q＆Aでは，適切かつ合理的な方法には，以下のものが含まれ得るとされている。

①提供先の国又は地域名（例：米国，EU加盟国）を個別に示す方法
②実質的に本人からみて提供先の国名等を特定できる方法（例：本人がサービスを受ける際に実質的に本人自身が個人データの提供先が所在する国等を決めている場合）
③国名等を特定する代わりに外国にある第三者に提供する場面を具体的に特定する方法

(3) 上記(ii)：体制について

上記(ii)につき，外国第三者提供 GL で，外国にある第三者への提供は，以下の場合とされている。

① 外国の第三者において，個人情報保護法の趣旨に沿った措置を実施することが，委託契約・共通の内規・個人データを提供する者が APEC 越境プライバシールール（CBPR）システムの認定を受ける等によって担保されていること

② 外国の第三者が個人情報の取扱いに関する国際的な枠組み（例：APEC 越境プライバシールール（CBPR）システム）に基づく認定を受けていること

(4) 上記(iii)：「個人情報保護委員会が認めた国」について

個人情報保護委員会は，平成29年6月16日に開催された第39回個人情報保護委員会で，委員会規則に，次の①～⑤を外国指定にあたっての判断基準として盛り込む方向で検討するとした[144]。

① 個人情報保護法に定める個人情報取扱事業者の義務に関する規定に相当する規定又は規範があること，また，これらを遵守する態勢が認められること。

② 独立した個人情報保護機関が存在し，当該機関が必要な執行態勢を確保していること。

③ 我が国としてその外国を指定する必要性が認められること。

④ 相互の理解，連携及び協力が可能であること。

⑤ 個人情報の保護を図りつつ相互の円滑な移転を図る枠組みの構築が可能であること。

個別の国は，上記委員会規則に基づき告示において規定することを検討するとされており，今後の動向を注視したい。

2　APEC「CBPR システム」

アジア太平洋経済協力（APEC）の越境プライバシールール（CBPR）システムは，企業の APEC プライバシーフレームワークへの適合性を国際的に認

---

[144] 個人情報保護委員会「個人情報保護法第24条に係る委員会規則の方向性について」（https://www.ppc.go.jp/files/pdf/290616_siryou1.pdf）。

証する制度である。

　同システムの概要は，APEC から認定された認証団体（アカウンタビリティ・エージェント）が，企業が自らの越境個人情報保護に関するルール，体制等について自己審査を行った内容を審査し，認証するものである。認証を受ければ，企業は，APEC 域内で個人データ越境移転を行うことが可能となる。

　同システムは，企業の個人情報保護の水準を国際的に判断するための有効な仕組みであるとされる。既述のように，外国第三者提供 GL でも，改正個人情報保護法で，外国にある第三者への個人データの提供が認められる例として，提供元又は提供先の企業が CBPR の認証を得ていることをあげている。

　2016年1月には，日本情報経済社会推進協会（JIPDEC）が，我が国で初めて，APEC の CBPR システムの認証団体（アカウンタビリティ・エージェント）として認定された[145]。2017年12月時点で，日本のほかに，アメリカ，メキシコ，カナダ，韓国が参加している。今後も，シンガポールなどアジア諸国が参加を検討中であるとされている。

〈日本，EU，アメリカ情報移転相関図〉

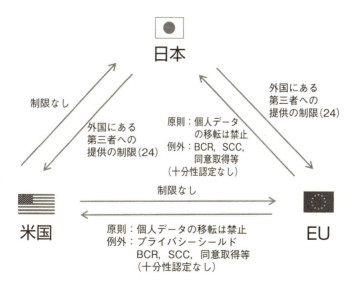

第4章　情報の利活用・管理に関する具体的検討

コラム○これからの国際的なデータ流通

世界におけるデータ流通に関する考えを単純化して大きく分けると，以下の3つに分類できる。

①アメリカ型：自由なデータ流通を促している。GAFA（Google, Apple, Facebook, Amazon）に代表される巨大プラットフォーマーが世界中の情報を取得する傾向にある。

②EU型：人権としてのデータ保護を重視。十分性認定を通じて，世界に広がる傾向にある。

③中国・ロシア型：安全保障などを重視。データローカライゼーションにより，情報を管理していく。

日本が①と②のバランスをどのようにとっていくのかが注目される。

なお，上記のように，異なる3つの考え方があるけれども，プラットフォームやデータ取扱いを各国ごと，地域ごとで変更することは煩瑣であり，コストが大きいため，GAFAに代表されるプラットフォーマーは，国際的サービスを提供している各国，各地域の制度に合わせ，最大公約数的にデータ保護を進めている（第4章第3節【25】■3(2)参照）。

【31】EU加盟国から日本へのデータ流通

 EU加盟国から日本にデータを移転させる場合に注意すべき事項は何か？

 ■1　EU加盟国から日本へのデータ移転

(1)　基本的な考え方

---
*145　個人情報保護委員会事務局の資料によると，CBPRに加入すると以下のメリットがある。
- 日本から外国への個人データの移転がスムーズになる。
- APEC域内から日本への個人データの移転がスムーズになる。
- 国内外の消費者へのアピールポイントになる。取引先としてのブランド力がアップする。

　個人情報保護委員会事務局「個人情報保護法の改正と政令等の整備及び国際的な取組」（https://privacymark.jp/news/event/2017/ou0ioa0000001q09-att/forum2017_part1.pdf）。

EU 加盟国[*146]から日本にデータを移転する場合，必要となる手続を順守し，同条項に基づき移転したデータについては，EU 一般データ保護規則に基づく取扱いをする必要がある。

上記に違反した場合には，最大で前会計年度の全世界年間売上高の 4 ％または2000万ユーロのいずれか高い金額の制裁金が科される可能性がある。

(2) データ移転に必要となる手続

EU 加盟国から第三国への個人データの移転について，2018年 5 月25日から運用される EU 一般データ保護規則では，原則として次のいずれかの手続が必要とされている。なお，基本的な仕組みについて，EU データ保護指令からの変更はない。

〈日本・EU間のデータ移転〉

一般データ保護規則  EU　　　日本	個人情報保護法  日本　　　EU
• **十分性認定** 欧州委員会が，十分な保護水準にある国や地域として評価し，認定した場合	• **国指定** 外国にある第三者が，個人情報保護委員会が認めた国に所在する場合
• **拘束的企業準則（BCR）** 企業グループ内で，EUの監督機関が承認するデータ移転のための内部行動規範を設けている場合	• **体制整備** 外国にある第三者が，個人情報保護委員会の規則で定める基準に適合する体制を整備している場合
• **標準契約条項（SCC）** データ移転の際に，欧州委員会が採択するひな型を用いて，データ移転契約を締結する場合	
• **本人同意** 本人が，十分性の決定等がないことによるリスクについての情報が提供された後，明示的に同意した場合	• **本人同意** 本人が，外国にある第三者へ提供することについて同意している場合

個人情報保護委員会資料を参考に加筆

[*146] 前掲注（＊141）のように，【31】のQ＆Aでは，EU 加盟国と記載しているが，EEA に含まれるノルウェー，アイスランド，リヒテンシュタインにも適用されるので，これらの国々からのデータ移転にも EU 一般データ保護規則を遵守する必要がある。

①十分性認定（EU 一般データ保護規則45条）

十分な保護措置を講じている国[147]として，認定を受ける。

②適切な安全管理措置（EU 一般データ保護規則46条）

（ⅰ）「多国籍企業内でのデータ流通を認める拘束的企業準則」（(BCR：Binding Corporate Rules) EU 一般データ保護規則47条）を申請し，監督機関の許可を得る。

（ⅱ）標準契約条項（(SCC：Standard Contractual Clauses) EU 一般データ保護規則46条）を締結する。

③例外措置（EU 一般データ保護規則49条）

本人の同意を得る。なお，本人の同意は要件が厳しい上に，撤回も可能であるなど，個人情報保護法上での本人同意より法的安定性は低く，本人同意を主とした運用をすることはお勧めできない。

■2　プライバシーシールドの概要

なお，EU から日本へのデータ移転とは異なるけれども，参考に，アメリカ・EU 間におけるプライバシーシールドの概要についても説明する。

アメリカは，EU から十分性認定を受けていないため，EU からアメリカに顧客情報等のデータを移転させる場合には，各企業が個別に，拘束的企業準則や標準契約条項等を締結しておく必要がある。

アメリカは従来，セーフハーバー協定（Safe Harbor Privacy Principles：アメリカ商務省と欧州委員会間で2000年7月に決定された，EU からアメリカに個人情報を移転さ

---

[147] これまでに認定を受けている国・地域
①国全体の十分性認定
　スイス（2000年7月），アルゼンチン（2003年6月），ガーンジー島（2003年11月），マン島（2004年4月），ジャージー島（2008年5月）（左記3つは英国王室属領），フェロー諸島（2010年3月）（デンマーク自治領），アンドラ（2010年10月），イスラエル（2011年1月）及びニュージーランド（2012年12月）。なお，イスラエル，ウルグアイ及びニュージーランドは申請から取得まで3年以上かかった模様。また，オーストラリアは法改正をしたが，十分性認定を受けられなかった。
②民間分野の十分性認定
　カナダ（民間部門のみ。2001年12月）。
③特定産業分野の十分性認定
　アメリカのプライバシーシールド，アメリカやオーストラリアの旅客記録（PNR：Passenger Name Record）。

せるための協定。アメリカ商務省が作成するプライバシー原則を産業界が遵守することを約束することで，EUデータ保護指令25条違反にならないとみなす制度）で対応していた。しかし，アメリカ家安全保障局（NSA）による個人情報の監視・収集問題の発覚などをきっかけとして，欧州司法裁判所は，2015年10月，セーフハーバー協定を無効とする判決を出した。

これを受け，欧州委員会とアメリカ間で新たに交渉がなされ，2016年2月に，データフローに関する新しい協定である，プライバシーシールド（Privacy Shield Framework）に合意したとの発表がされた。欧州委員会は，2016年7月にプライバシーシールドを採択し，同年8月からプライバシーシールドに基づく認証の受付が開始されている。

コラム○十分性認定をとるには

2017年7月4日に開催された，第41回個人情報保護委員会における配布資料で，個人情報保護委員会は，「今後，欧州委員会の日本に対する十分性認定に係る作業の進捗に併せて，来年前半を目標に個人情報保護法第24条に基づくEU加盟国の指定を行う可能性を視野に，本年6月16日に個人情報保護委員会において決定した『個人情報保護法第24条に係る委員会規則の方向性について』（筆者注，＊144参照）に基づき，今後委員会規則の改正手続を進めていくこととする」としている。また，同時に配布された資料でも，熊澤春陽個人情報保護委員会委員とベラ・ヨウロバー欧州委員会委員が，2018年の早い時期に，相互の円滑なデータ流通をより一層促進する目標を達成するための努力を強化することを決意した旨の要旨が記載されている。

上記資料を総合的に考えると，日本とEU間における十分性認定に関する議論を進展させる動きがあるようである。もっとも，仮に十分性認定を得られたとしても，EUから認定の見直し（第4章第5節【29】■2(1)(C)(イ)参照）を受けたり，セーフハーバー協定のように無効と判断される可能性もあり，EU加盟国から日本に情報移転をする必要がある企業は，SCCなど必要な対応を着々と進めておくべきである。

第 6 節 従業員情報の取扱い

　企業が労務管理のために従業員情報を取り扱う場合，個人情報・プライバシー保護に配慮する必要があるところ，採用，出向・転籍，退職などの場面や，健康情報を取り扱う際には，特に注意が必要である（第4章第6節【32】参照）。

　また，従前の労務管理に比べ，企業がより主体的に，通信機器やビデオなどを用いて，従業員から情報取得する場合も増えてきており，そのような場合にも個人情報・プライバシー保護に注意が必要となる（第4章第6節【33】参照）。

　なお，当然ながら，従業員情報の管理については，マイナンバーに関する規制も遵守する必要があり，第3章第5節第5項を参考にされたい。

【32】従業員情報

 従業員の情報を取り扱う際における注意点は何か？

 ■1　概　　要

　従業員の情報でも，個人情報の定義を満たせば，個人情報として保護する必要がある（委員会Q&A1-17）。では，従業員情報を取り扱う際，どのような注意が必要か。

■2　就業規則と個人情報保護法との関係

　前提として，企業内の就業規則に，従業員の個人情報の利用目的等を記載することが望ましい。第三者提供同意等，同意が必要な事項は，就業規則に記載するほか，覚書を提出してもらうなどして，本人同意を得ることが望ましい。

　すなわち，就業規則は，企業と従業員の関係を規律するものであり，合理的な内容で就業規則上に個人情報の取扱いに関する規定を置いていれば企業と従業員間の契約内容となる。このため，就業規則に取扱いを書くことで，利用目的の公表はなされたと扱ってよいと考えられる。

　もっとも，特に，健康情報に該当する情報に関する第三者提供の同意は，本人が同意していることを明らかにするため，就業規則上明記するほか，別途同意を取得しておくことが望ましい。

　また，就業規則に記載されている内容が，業務と一切関係がない個人情報を取得する等不合理な内容である場合，公表等や同意と扱うことができるかは疑問である[148]。さらに，従業員に与える不利益の程度が極端に強い規程を追加した場合，就業規則の不利益変更となる可能性もある。

■3　個人情報の取扱場面ごとの注意点

　個人情報の取扱場面ごとの注意点について，厚生労働省が，平成24年5月，採用，出向・転籍，退職時点における個人情報の適正な取扱いを確保するための留意点として公表した，「雇用管理分野における個人情報保護に関するガイドライン：事例集」[149]の要旨を基礎に，改正法の内容も加えて説明する。

---

[148] 最判昭61・3・13集民147号237頁〔帯広電報電話局事件〕
　「就業規則が労働者に対し，一定の事項につき使用者の業務命令に服従すべき旨を定めているときは，そのような就業規則の規定内容が合理的なものであるかぎりにおいて当該具体的労働契約の内容をなしている」。
　労働契約法7条でも，「労働者及び使用者が労働契約を締結する場合において，使用者が合理的な労働条件が定められている就業規則を労働者に周知させていた場合には，労働契約の内容は，その就業規則で定める労働条件によるものとする」とされている。

ア　利用目的	
特　　定	・雇用管理情報の利用目的をできる限り特定し，その利用目的は，あらかじめ公表するか，情報を取得する際に従業員本人に通知又は公表する。特定されている例：①人事労務管理に関わる諸手続を行う際に，当社人事課職員がその目的の限りにおいて使用します。②当適性検査の結果は，今後，社内における人員配置を検討する際の資料としてのみ利用します。
取得方法	雇用管理情報は適正な方法で取得する。特に，要配慮個人情報を取得する場合，原則として本人の同意を得る（法17条2項）。
イ　利用・管理	
利　　用	利用目的の範囲内で雇用管理情報を取り扱う。
管　　理	・個人データは，正確かつ最新の内容に保つ。 ・漏えい等を防ぐための安全管理措置をとる。個人データを取り扱う従業者や委託先を監督する。
第三者提供	個人データを第三者に提供する場合は，あらかじめ本人の同意を得る。
ウ　本人対応	
開示請求	保有個人データの開示を本人から求められたときには適切に対応する。例えば，人事評価や選考に関する個々人の情報は，基本的には「業務の適正な実施に著しい支障を及ぼすおそれがある場合」など非開示にできる場合にあたると考えられるが，その取扱いは労働組合などと協議して決定することが望まれる。
苦情処理	雇用管理情報の取扱いに関する苦情に対して適切，迅速な処理を行うとともに，受付窓口の設置などの体制整備に努める。

*149　同ガイドライン：事例集は，対象事業者の「雇用管理情報」（＝事業者が労働者等（事業者が現在使用している労働者だけでなく，採用応募者，退職者なども含む）の雇用管理のために収集，保管，利用等する個人情報）の取扱いを対象としている（http://www.mhlw.go.jp/seisakunitsuite/bunya/koyou_roudou/roudouzenpan/privacy/dl/120514_2.pdf）。平成29年5月30日に廃止されているが，内容は現在でも参考になる。

■4 雇用管理の場面ごとの説明

雇用管理に関する個人情報の取扱いにつき，法に規定する遵守事項のほかに事業者が特に留意することが望まれるポイントを，採用，出向・転籍，退職という，特に問題になりやすい場面ごとに取りまとめると，次のようになる。

(1) 採　　用
(a) 取得

採用事業者が採用応募者から得る個人情報は，その業務の目的の範囲内に限られる。しかし，適性検査の結果のような機微にふれる情報を含み得るため，当該情報が漏えいした場合には本人に大きな損害を与える可能性がある。また，採用者の個人情報などは，現に雇っている労働者の個人情報と比較して，その保護が不十分となるおそれがある。このため，以下の点に留意することが望まれる。

(ア) 利用目的の通知

利用目的を採用応募者本人に通知し，又は公表するにあたっては，合理的かつ適切な方法で行わなければならない。

例えば公表の場合，単に会社のホームページに掲載すれば足りるものではなく，採用応募に関する文書の中に明記する等，本人に内容が確実に伝わるような媒体を選ぶ等の配慮を行わなければならない。

(イ) 取得情報の制限

応募者に対する調査は企業の自由が認められるけれども，プライバシーなどとの関係でも，方法と事項について制約がある[150]。

応募者に対する調査は，社会通念上妥当な方法で行われることが必要であり，応募者の人格やプライバシーなどの侵害になる態様での調査はしてはならない。

また，調査事項も，応募者の職業上の能力・技能や従業員としての適格性に関連した事項に限られると解すべきである。特に，一般的な健康状態（病歴）を除く，要配慮個人情報に該当する情報を取得することには注意が必要

---

[150] 菅野和夫『労働法〔第11版補正版〕』(弘文堂，2017) 218頁。

である。

　(b)　**利用**

　採用応募者から得た個人情報の利用は，原則としてその収集目的の範囲内に限られ，収集目的以外の目的への利用は，当該目的を示して本人の同意を得た場合又は法令に定めのある場合に限られる。

　(c)　**管理**

　採用者の個人情報など，採用活動の上で必要とされなくなった情報は，写しも含め，その時点で返却，破棄又は削除を適切かつ確実に行うことが求められる。仮に利用目的達成後も保管する状態が続く場合には，目的外利用は許されておらず，また，その後も継続して安全管理措置を講じなければならない。

　採用応募者に関する個人データの取扱いを委託するにあたっては，受託者に対し，必要かつ適切な監督を行うことが求められる。

　(d)　**第三者提供**

　採用応募者から得る個人情報を第三者に提供する場合，あらかじめ本人から確実に同意を得るか，又はオプトアウトによる場合も，提供する項目など必要な事項（法23条2項）について採用応募に関する文書の中に明記しなければならない。グループ企業内で情報を共有する場面には，共同利用の要件を満たす必要がある（第3章第6節第3項■4参照）。いずれの場合も，本人が同意等に係る判断を適切に行えるよう，提供先を明記することが求められる。なお，要配慮個人情報は，オプトアウトによる提供ができず，注意が必要である。

(2)　**出向・転籍**

　採用後に出向や転籍を行うにあたり，グループ企業を含めた出向先・転籍先に対して個人情報を提供することは，一般的に第三者提供に該当する。その際，本人が同意等に係る判断を適切に行えるよう，出向先・転籍先の候補となり得る提供先の範囲を，ホームページ等において明記することが望まれる。

　また，出向・転籍における第三者提供の際の本人の事前同意は，第三者提供に係る本人の意向が的確に反映されるよう，可能な限りその都度，当該意思確認を行うことが望まれる。病歴など要配慮個人情報に該当する情報が含

まれる場合には，特に注意が必要である。

(3) 退　　職

退職者の個人情報は，賃金台帳等の一定期間の保存を定めた労働基準法109条等他の法令との関係に留意しつつも，利用目的を達成した部分についてはその時点で，写しも含め，返却，破棄又は削除を適切かつ確実に行うことが求められる。仮に利用目的達成後も保管する状態が続く場合，目的外利用は許されておらず，また，その後も継続して安全管理措置を講じなければならない。

退職者の転職先又は転職予定先に対して，当該退職者の個人情報を提供することは第三者提供に該当し，あらかじめ本人の同意を得る必要がある。

■ 5　従業員の健康情報の取扱い

企業が従業員の健康情報を取り扱う場合，どのような注意が必要か。

労働者の健康情報は，特に機微にわたるもので，厳格に保護する必要がある。このため，個人情報保護法改正前には，取扱いに関し，事業者が留意すべき事項が通知されていた[*151]。

平成27年個人情報保護法改正後は，個人情報保護委員会が公表している健康情報取扱留意事項で追加された要配慮個人情報との関係で取扱いに注意が必要となるため，検討する。なお，本項で，健康情報とは，企業が通常の業務で従業員から取得することがある，一般的な健康情報を意味する。

(1) 個人情報保護法上における，従業員の健康情報についての基本的な考え方

(a) 要配慮個人情報に該当

委員会Ｑ＆Ａ１-25では，以下の情報が要配慮個人情報に該当するとされ，従業員の健康情報も該当する（第2章第2節第3項■3参照）。

①病院，診療所，その他の医療を提供する施設における診療や調剤の過程

[*151] 厚生労働省が，個人情報保護法の制定に際して，事業者が雇用管理の観点から講ずべき措置に関する指針として策定していた「雇用管理に関する個人情報の適正な取扱いを確保するために事業者が講ずべき措置に関する指針」（厚生労働省告示259号，平成16年7月1日），「雇用管理に関する個人情報のうち健康情報を取り扱うに当たっての留意事項について」（平成16年10月29日付け基発第1029009号）。

において，患者の身体の状況，病状，治療状況等について，医師，歯科医師，薬剤師，看護師その他の医療従事者が知り得た情報全てを指し，診療記録や調剤録，薬剤服用歴，お薬手帳に記載された情報等。
②病院等を受診したという事実及び薬局等で調剤を受けたという事実。

要配慮個人情報は，本人の同意を取って取得することを原則義務化し，オプトアウト手続による第三者提供が禁止されており，企業における取扱いを注意する必要がある。

(b) 雇用管理において健康情報を取り扱うにあたっての留意事項

個人情報保護委員会が公表している，「雇用管理分野における個人情報のうち健康情報を取り扱うに当たっての留意事項」では，個人情報保護法の規制に関し，事業主の行うべき措置や留意すべき事項を具体的に列挙し，基本的な考え方が以下のようにまとめられている。

(i) 健康情報は労働者個人の心身の健康に関する情報であり，本人に対する不利益な取扱い又は差別等につながるおそれのある要配慮個人情報であり，事業者においては健康情報の取扱いに特に配慮を要する。

(ii) 健康情報は，労働者の健康確保に必要な範囲で利用されるべきものであり，事業者は，労働者の健康確保に必要な範囲を超えてこれらの健康情報を取り扱ってはならない。

(c) 個人情報保護法との関係

上記留意事項をベースに，取扱いの場面ごとに，特に気をつけるべきことを説明する[152]。

(ア) 取　　得	
①本人同意の取得	事業者は，法令に基づく場合等を除き，労働者の健康情報を取得する場合は，あらかじめ本人の同意を得なければならない。
②利用目的の明示	事業者は，自傷他害のおそれがあるなど，労働者の生命，身体又は財産の保護のために必要がある場合等を除き，本人に利用目的を明示しなければならない。

---

[152] ストレスチェックの実施については，労働安全衛生法の観点から，厚生労働省は，「労働安全衛生法に基づくストレスチェック制度実施マニュアル」（平成28年4月改訂）などを公表しており，実施にあたって参考にする必要がある（http://www.mhlw.go.jp/bunya/roudoukijun/anzeneisei12/pdf/150507-1.pdf）。

③ストレスチェック結果	事業者は,実施者又はその他のストレスチェックの実施の事務に従事した者に提供を強要する又は労働者に同意を強要する等の不正の手段により,労働者のストレスチェックの結果を取得してはならない。[*153]
④取得及び第三者提供の際に本人同意が不要な場合	以下の場合,健康情報の取得及び第三者提供に際して,本人の同意は不要である。 • 事業者が,法令に基づき,労働者の健康診断の結果を取得又は第三者に提供する場合 • 個人情報保護法23条5項1号から3号に掲げる,第三者に該当しない場合 　例：事業者が医療保険者と共同で健康診断を実施する場合に,健康情報が共同して利用する者に提供される場合
(イ)　管　理	
①医学情報の取扱い	事業者は,健康情報のうち診断名,検査値,具体的な愁訴の内容等の加工前の情報や詳細な医学的情報の取扱いについては,その利用にあたって医学的知識に基づく加工・判断等を要することがあり,産業医その他の労働者の健康管理に関する業務に従事する者(産業保健業務従事者)に行わせることが望ましい。
②提供時における適切な加工	事業者は,産業保健業務従事者からそれ以外の者に健康情報を提供させるときは,当該情報が労働者の健康確保に必要な範囲内で利用されるよう,必要に応じて,産業保健業務従事者に健康情報を適切に加工させる等の措置を講ずること。
③ストレスチェック結果を取り扱う実施者の指名及び周知	個人のストレスチェック結果を取り扱う実施者及び実施事務従事者は,あらかじめ衛生委員会等による調査審議を踏まえて事業者が指名し,すべての労働者に周知すること。

[*153] 労働安全衛生法66条の10第2項で,ストレスチェックを実施した医師,保健師その他の厚生労働省令で定める者は,労働者の同意を得ないでストレスチェック結果を事業者に提供してはならないこととされている。

④ストレスチェック結果の取扱い	・ストレスチェック結果は，詳細な医学的情報を含むものではなく，事業者は，その情報を産業保健業務従事者以外の者にも取り扱わせることができる。しかし，事業者への提供について労働者の同意を得ていない場合，ストレスチェックを受ける労働者について解雇，昇進又は異動（以下「人事」という）に関して直接の権限を持つ監督的地位にある者に取り扱わせてはならない。 ・事業者は，ストレスチェック結果を労働者の人事を担当する者（人事に関して直接の権限を持つ監督的地位にある者を除く）に取り扱わせるとき，労働者の健康確保に必要な範囲を超えて人事に利用されることのないようにするため，一定の事項を当該者に周知すること。
⑤委託先の監督	健康診断，ストレスチェック，面接指導又は健康保持増進措置の全部又は一部を医療機関，メンタルヘルスケアへの支援を行う機関等に委託する場合には，当該委託先において，情報管理が適切に行われる体制が整備されているかについて，あらかじめ確認しなければならない。

(ウ) 第三者提供

事業者が，労働者から提出された診断書の内容以外の情報について医療機関から健康情報を収集する必要がある場合，事業者から求められた情報を医療機関が提供することは，個人情報保護法23条の第三者提供に該当し，医療機関は労働者から同意を得る必要がある。この場合，事業者は，あらかじめこれらの情報を取得する目的を労働者に明らかにして承諾を得るとともに，必要に応じ，労働者本人から提出を受けることが望ましい。

(エ) その他配慮すべき事項

①事業場内の規程等の作成等	・事業者は，以下に掲げる事項を事業場内の規程等として定め，これを労働者に周知し，関係者に当該規程に従って取り扱わせることが望ましい。 　(a)　健康情報の利用目的及び利用方法に関すること 　(b)　健康情報に係る安全管理体制に関すること 　(c)　健康情報を取り扱う者及びその権限並びに取り扱う健康情報の範囲に関すること 　(d)　健康情報の開示，訂正，追加又は削除の方法（廃棄に関するものを含む）に関すること

	(e) 健康情報の取扱いに関する苦情の処理に関すること
	・事業者は，上記規程等を定めるときは，衛生委員会等において審議を行った上で，労働組合等に通知し，必要に応じて協議を行うことが望ましい。
② HIV感染症やB型肝炎等の情報の取得	HIV感染症やB型肝炎等の職場において感染したり，蔓延したりする可能性が低い感染症に関する情報や，色覚検査等の遺伝性疾病に関する情報は，職業上の特別な必要性がある場合を除き，事業者は，労働者等から取得すべきでない。ただし，労働者の求めに応じて，これらの疾病等の治療等のため就業上の配慮を行う必要がある場合，当該就業上の配慮に必要な情報に限り，事業者が労働者から取得することは考えられる。

(2) **健康情報に関する調査が不法行為に該当するとされた判例**

応募者や従業員の健康情報に関する調査は，不法行為となることがあるので，注意が必要である。

(a) 判例1

応募者本人の同意を得ないで行ったHIV抗体調査（東京地判平15・5・28判タ1136号114頁〔警察学校・警察病院HIV検査事件〕）。

「採用時におけるHIV抗体検査は，その目的ないし必要性という観点から，これを実施することに客観的かつ合理的な必要性が認められ，かつ検査を受ける者本人の承諾がある場合に限り，正当な行為として違法性が阻却される」として，不法行為の成立を肯定した。

(b) 判例2

応募者本人の同意を得ないで行ったB型肝炎ウイルス感染検査（東京地判平15・6・20労判854号5頁〔B型肝炎ウイルス感染検査事件〕）。

「企業は，採用選考の応募者に対し，特段の事情がない限り，B型肝炎ウイルス感染の有無について情報を取得するための調査を行ってはならず，調査の必要性が肯定できる場合でも，調査の目的や必要性を事前に説明し，同意を得ることが必要」であるとして，不法行為の成立を肯定した。

(c) 判例3

病院の医師及び職員が，同病院で看護師として働いている者について，

HIV検査陽性と梅毒に感染していることを病院内の関係者に知らせたことは，目的外利用等として不法行為となるか（福岡高判平27・1・29判時2251号57頁〔社会医療法人Ａ会事件〕）。

（一審の判断を維持）HIV感染症に罹患していることは他人に知られたくない個人情報であり，同情報を本人の同意を得ないまま，個人情報保護法16条1項及び23条1項に違反して取り扱った場合，特段の事情がない限り，プライバシー侵害の不法行為が成立するとして，不法行為の成立を肯定した。

【33】 職場での情報取得

Q ビデオカメラによる撮影など，職場で従業員から情報取得する場合，どのような注意が必要か？

1 概 要

業務上の必要性がある場合，職場で従業員から情報を取得することもある程度広く認められるところ，技術の発展により，通信機器や職場のビデオから，情報を取得することも可能となっている。では，①労務管理のために従業員から情報を取得する場合，②安全管理措置の一環として従業員から情報を取得する場合や③従業員情報を利活用して業務効率の改善に生かす場合には，個人情報・プライバシー保護の観点から，どのような配慮が必要か。それぞれの場合で，業務上の必要性などが異なってくるため，分けて検討する。

2 労務管理の一環としての措置

使用者が職場のパソコンなどの通信機器に関する私的使用の有無やその程度につき，監視・点検することはできるか。

基本的には，就業規則に合理的な内容で記載して，従業員に明らかにしておけば，職場における通信機器の利用権限が制限されていることが明らかになり，企業が監視・点検することは可能と考えられる。これに対し，記載がない場合は，業務との関係で監視する必要性があり，その手段・程度が相当

である場合に限り，合法となる。なお，就業規則の記載事項に比べて，実際の取得が広範にされている場合，従業員の想定範囲を超え，違法となる可能性もある。

■3　安全管理措置の一環としての措置

(1)　委員会Q＆A
委員会Q＆A4－6では，企業が，従業者に対する監督（第3章第5節第1項■4参照）の一環として，個人データを取り扱う従業者を対象とするビデオやオンライン等による監視（モニタリング）を実施する際の留意点として，次の記載がある。

> 個人データの取扱いに関する従業者の監督，その他安全管理措置の一環として従業者を対象とするビデオ及びオンラインによるモニタリングを実施する場合は，次のような点に留意することが考えられます。なお，モニタリングに関して，個人情報の取扱いに係る重要事項等を定めるときは，あらかじめ労働組合等に通知し必要に応じて協議を行うことが望ましく，また，その重要事項等を定めたときは，従業者に周知することが望ましいと考えられます。
> ○モニタリングの目的をあらかじめ特定した上で，社内規程等に定め，従業者に明示すること
> ○モニタリングの実施に関する責任者及びその権限を定めること
> ○あらかじめモニタリングの実施に関するルールを策定し，その内容を運用者に徹底すること
> ○モニタリングがあらかじめ定めたルールに従って適正に行われているか，確認を行うこと

(2)　「職場における個人データの取扱い」に関する運用ガイダンス（EU）
従業員のプライバシー保護に関しては，EUでの検討が進んでいる。

そこで，参考のための一例として，欧州委員会29条作業部会が，2017年6月に，「職場における個人データの取扱い」に関して発表した，個人情報保護指令（95／46／EC）及びGDPRの運用ガイダンス[154]の基本的な内容について説明する。

(a)　**法的枠組み**

EU個人情報保護指令では，7条（データ取扱いの正当性の基準），同10条，11条（透明性）及び同15条（自動処理による個人に関する決定）との関係が問題となる。一般データ保護規則では，同88条（職場における取扱い），データプロテクション・バイ・デザイン（第3章第2節第1項参照），データ影響評価（第3章第2節第2項参照），との関係も問題となる。

(b) 情報取得が許される場合

企業は，正当な利益のためにデータを収集することが可能である。もっとも，企業と従業員の間の力の不均衡を考えると，従業員が申し出に対して，自由に受諾又は拒否できる特別な状況においてのみ，従業員の同意が自由な意思に基づくものと捉えることができる。雇用主の正当な利益があると認められるには，①正当な目的のために処理が厳密に必要であり，処理が②比例性の原則及び③補助性の原則に準拠していることが必要である[*155]。

(c) 透明性

職場における従業員が，情報取得に関する方針とルールに明確かつ容易にアクセス可能としなければならない。方針とルールの作成・評価に，従業員代表を関与させることが推奨される（第2章第3節第3項■3）。

(d) データ最小化

雇用主が取得する情報は，最低限にしなければならない（第3章第3節第5項参照）。新しい技術を導入する際，雇用者はデータの最小化の原則を考慮しなければならない。取得する情報は，保管期間を指定して必要最低限の期間だけ保管し，情報が必要なくなった時点で削除・廃棄しなければならない。

(e) 検討事例

同ガイドラインでは，主に以下の例を検討。なお，個別の検討内容には，日本法の観点からはやや厳格な印象を受けるものもある。

①従業員のSNSチェック（採用時，退職後）

②従業員の送信メール内容，BYOD（Bring Your Own Device）デバイス利用

[*154] ARTICLE 29 DATA PROTECTION WORKING PARTY 17/EN WP 249 Opinion 2/2017 on data processing at work Adopted on 8 June 2017（https://communications.freshfields.com/files/uploads/documents/ludovica/Opinion22017ondataprocessingatwork-wp249.pdf）。本書の紹介では，わかりやすいように意訳しており，正確には原文を参照されたい。

[*155] 原文（"the processing is strictly necessary for a legitimate purpose and the processing complies with the principles of proportionality and subsidiarity"）。

等の監視
③入退室管理データの勤怠管理流用
④職場にビデオを設置しての作業監視
⑤GPSやドライブレコーダーを利用した自動車運転監視

■ 4　従業員情報の利活用

　最近は，事業所内で，センサーを用いたり，職場にカメラを設置することで，生体データや位置情報を取得し，従業員の行動を分析して業務改善や体調管理などに役立てる取組みが行われている。情報の利活用という点では有益であるけれども，情報をより積極的に取得しており，取扱いによっては，個人情報保護法に違反し，また，従業員のプライバシーを受忍限度以上に侵害する可能性もある。例えば，労働訴訟の中で，従業員から，会社による過度に積極的な情報取得が影響して，精神状態に悪影響を与えたという主張がなされるケースも考えられる。このため，どのようにすれば利活用できるかを検討する必要がある。

　まず，個人情報保護法との関係では，対象となる従業員の同意を得る必要がある。方法として，就業規則の変更や同意書の取得があるところ，従業員に内容を説明した上で，個別に同点を得ることが望ましい。また，従業員以外もカメラに映る可能性がある場合，撮影場所やホームページ上に利用目的を掲載する必要がある。

　次に，プライバシーとの関係では，個人情報保護と重なる部分もあるが，以下のような配慮が考えられる。

①制度設計段階：利用目的をできる限り特定するよう配慮する。導入にあたり，労働組合や従業員代表との協議を実施する。
②取得段階：取得する情報を利用目的に照らして，必要最小限にする。従業員に適切に説明する。情報を取得されたくない者は取得対象から外すこととし，その際不利益な取扱いはしない。
③利用段階：あらかじめ定めた利用目的に以上に利用しない。
④管理段階：管理の責任者を決定し，情報にアクセスできる者を必要最小限にする。
⑤本人対応段階：従業員からの相談窓口を設けることなどが考えられる。

事項索引

●あ行

ISMS ……………………………… 100
ISO/IEC29100：プライバシーフレームワーク ………………………… 61
IoT …………………………… 141, 293
ICカード式乗車券 ………………… 249
ID-POSデータ …………………… 266
アクセスポイント ………………… 227
App Store審査ガイドライン ……… 290
アプリケーション ………………… 283
アプリケーションソフトウェア … 283
アプリケーションプログラミングインターフェース ………………… 346
安全管理措置 ……………………… 133
安全保護の原則 ……………………… 55
eプライバシー規則 ……………… 362
EU一般データ保護規則（GDPR）
 ……………………… 15, 59, 177, 360
EUデータ保護指令 ………… 14, 360
EU電子通信プライバシー指令
 ………………………… 92, 316, 362
「個人情報の保護に関する法律についてのガイドライン」及び「個人データの漏えい等の事案が発生した場合等の対応について」に関するQ＆A（委員会Q＆A） …………………… 19
委託 ………………………………… 164
委託先に対する監督 ……………… 142
位置情報 …………………………… 214
位置情報プライバシーレポート … 221
位置登録情報 ……………………… 216
偽りその他不正な手段 …………… 113
医療・介護関係事業者 …………… 206

医療・介護関係事業者における個人情報の適切な取扱いのためのガイダンス ……………………………… 208
医療介護データプラットフォーム … 211
医療情報 …………………………… 210
医療分野の研究開発に資するための匿名加工医療情報に関する法律（次世代医療基盤法） …………… 17, 210
医療保険の相互運用性と責任に関する法律（HIPAA） ……… 212, 302, 363
インフォームド・コンセント …… 209
インフォメーションアイコン …… 323
ウェアラブルデバイス …………… 323
宇治市住民基本台帳データ漏えい事件
 ………………………………………… 187
「宴のあと」事件 ……………………… 39
営業秘密管理指針 ………………… 152
APECプライバシーフレームワーク … 364
AI …………………………… 293, 305
AI開発原則 ………………………… 306
SNS ………………………………… 312
欧州評議会（CoE）条約 …………… 14
OECD 8原則 ………… 14, 53, 149, 171
オプトアウト ……………… 110, 162
オプトイン ………………………… 110
おもてなしプラットフォーム …… 335
音声認証 …………………………… 275

●か行

開示等請求権 ……………………… 33
カウントデータ …………………… 234
顔認証技術 ………………………… 231
学術研究目的の共同研究 ………… 184

確認義務 …………………… 115, 168
カメラ画像 ………………………… 232
勧告 ………………………………… 182
官民データ活用推進基本法 ………… 17
機械学習 …………………………… 305
企業 …………………………………… 7
技術的安全管理措置 ……………… 138
基地局に係る位置情報 …………… 216
機微（センシティブ）情報 ……… 204
基本方針 …………………………… 136
行政機関の保有する個人情報の保護に
　関する法律（行政機関個人情報保護
　法） …………………………… 17, 19
共通ポイントシステム …………… 349
共同規制 …………………………… 86
共同利用 …………………………… 165
京都府学連事件 …………………… 44
記録作成義務 ……………………… 168
金融分野における個人情報保護に関す
　るガイドライン（金融GL）……… 204
グーグルグラス …………………… 324
グーグルスペイン社事件先行判決 … 179
苦情処理 …………………………… 173
Cookie ……………… 66, 92, 112, 314
Cookie Sync DMP ……………… 315
クラウドサービス ………………… 144
Green Button …………………… 178
グリーンボタン …………… 175, 264
クレジットカード番号 …… 269, 271
クレジットカード利用履歴 ……… 269
携帯電話番号 ……………………… 26
K-匿名化 ………………………… 128
「消しゴム」法 …………………… 280
研究倫理指針 ……………………… 207
健康情報 …………………………… 377
公開を欲しないことがらであること
　…………………………………… 36, 39
広告モジュール事業者 …………… 284

公正信用報告法 …………… 270, 363
拘束的企業準則（BCR）………… 370
公知性 ………………………………… 36
交通機関の乗降履歴 ……………… 247
行動ターゲティング広告 ………… 317
行動ターゲティング広告ガイドライン
　…………………………………… 323
公表 ………………………………… 103
個人 …………………………………… 7
個人識別符号 ……………………… 26
個人情報 …………………………… 24
個人情報データベース等不正提供罪 … 32
個人情報取扱事業者 ………… 7, 20
個人情報の保護に関する基本方針 ‥ 19, 93
個人情報の漏えい等 ……………… 145
個人情報保護委員会 ……………… 32
個人情報保護管理者 ……………… 200
個人情報保護指針 ………… 20, 97
個人情報保護条例 ………………… 19
個人情報保護方針 ………………… 94
個人データ ………………………… 27
　──の消去 …………………… 150
個人番号 …………………… 79, 155
子どもの情報 ……………………… 277
コネクテッドカー ………………… 252
コミュニケーションロボット …… 329
雇用管理分野における個人情報保護に
　関するガイドライン：事例集 …… 373

●さ行

Third Party Cookie ……………… 315
債権管理回収業分野における個人情報
　保護に関するガイドライン（債権管
　理回収GL）……………………… 204
最小限原則 ………………………… 116
GPS位置情報 …………………… 216
GPS捜査事件 …………………… 43

CBPR システム	364, 366
事業承継	164
自己情報コントロール権（自己に関する情報をコントロールする権利）	12
私事性	35, 39
JISQ15001：2006	101
事前告知	238
事前告知の実施	95
視聴履歴	201
指導	182
児童オンラインプライバシー保護法（COPPA）	279, 363
自動車プローブデータ	253
JIPDEC（日本情報経済社会推進協会）	100, 126, 367
車車間通信システム	253
住基ネット事件	42
就業規則	373
従業者に対する監督	142
十分性認定	190, 371
十分な匿名化	221
準天頂衛星	215
小規模取扱い事業者	33
肖像権	44, 242
消費者プライバシー権利章典	16, 57, 111, 116, 151, 363
情報	7
情報銀行	341
条例	19
助言	182
人工知能	305
人工知能学会倫理指針	309
人的安全管理措置	137
信用分野における個人情報保護に関するガイドライン（信用GL）	204
Suica 利用データ提供事案	248
ストレスチェック	378
スマートスピーカー	273
スマートディスクロージャー	175, 264
スマートフォン・プライバシー・イニシアティブ（SPI）	77, 285
スマートホーム	259
受領者の確認義務	168
制裁金	362
生体情報	273
生体認証情報	274
声紋	277
セーフハーバー協定	370
セキュリティ	140
セキュリティ・バイ・デザイン	74, 299
窃用	197
センシティブ情報	204
属性データ	236
組織的安全管理措置	137

●た行

第三者	21, 159
第4次産業革命	3
宅配サービス	226
立入検査	182
端末識別符号	66
知得	197
中小規模事業者	141
直接規制	86
通信の秘密	79, 194, 312
通知と選択	300
TBC 個人情報漏えい事件	56, 188
ディープラーニング	305
提供先基準説	162
提供者の記録作成義務	168
提供元基準説	162
データカタログ	346
データ最小化	61, 116
データ主体	60
データ取引市場	344

データ内容の正確性の確保 …………… 149
データの最小化の原則 ………… 59, 384
データの利用権 ……………………… 353
データブローカー …………………… 302
データポータビリティ ………… 176, 361
データ保護オフィサー ……………… 362
データ保護機関 ……………………… 360
データ流通契約 ………………… 353, 355
データローカライゼーション ……… 364
データ漏えい ………………………… 361
電気通信事業における個人情報保護に
　関するガイドライン ……………… 194
電気通信事業者 ……………………… 193
電気通信事業法 ……………………… 194
電子レシートデータ ………………… 266
同意と選択 ……………………………… 61
同意の取得 …………………………… 106
統計情報 ……………………………… 127
動線データ …………………………… 236
Do Not Track ………………………… 112
Do Not Track ツール ………………… 302
独占禁止法 ……………………………… 8
特徴量 ………………………………… 234
特徴量データ ………………………… 234
特定個人情報 ………………………… 155
特定個人情報保護評価 ………………… 79
特定事業分野ガイドライン …………… 20
匿名化 ………………………………… 208
匿名加工医療情報 …………………… 210
匿名加工情報 ………………………… 120
匿名加工情報レポート
　……………… 122, 251, 257, 264, 267, 271
独立行政法人個人情報保護法 ………… 19
トレーサビリティ ……………………… 32
ドローン ……………………………… 326

●な行

長良川リンチ殺人報道事件 …………… 41
2000個問題 …………………………… 206
認定個人情報保護指針 ……………… 124
認定個人情報保護団体 ………………… 96
認定匿名加工医療情報作成事業者 …… 210
ノンフィクション「逆転」事件 ……… 40

●は行

パーソナルデータ ……………………… 35
personal data …………………………… 60
パーソナルデータエコシステム ‥ 174, 338
パーソナルデータストア（PDS）
　………………………………… 175, 339
番号法（行政手続における特定の個人
　を識別するための番号の利用等に関
　する法律） …………………………… 79
PII ……………………………………… 61
BYOD ………………………………… 384
非公知性（営業秘密）……… 39, 151, 305
非識別加工情報 ……………………… 281
ビッグデータ …………………… 293, 301
ビデオカメラ ………………………… 231
非特定視聴履歴 ……………………… 203
ひとりにしておいてもらう権利 ……… 11
人を対象とする医学系研究に関する倫
　理指針 ……………………………… 209
秘密管理性 …………………………… 151
秘密情報の保護ハンドブック ……… 153
標準契約条項（SCC）……………… 370
不正競争防止法 ………… 136, 151, 154
物理的安全管理措置 ………………… 137
プライバシー …………………………… 35
プライバシー・バイ・デザイン … 73, 361
プライバシー影響評価（PIA）…… 75, 78
プライバシー権 ………………………… 34

プライバシーシールド ……………… 370
プライバシー情報 ……………… 7, 35
プライバシーデザイン ……………… 361
プライバシーナッジ ……………… 112, 277
プライバシー保護技術 ……………… 298
プライバシー保護評価技術 ……… 75, 76
プライバシーポリシー …… 92, 199, 290
プライバシーポリシーマネージャー
　（PPM）……………………………… 298
プライバシーマーク制度 …………… 99
プラットフォーム事業者 …………… 284
ブルーボタン ……………… 175, 213
プローブデータ ……………………… 253
プロファイリング
　………………… 66, 129, 202, 311, 361
ベネッセ大規模漏えい事件 … 134, 168
HEMS ………………………………… 259
報告の徴収 …………………………… 182
放送受信者等の個人情報保護に関する
　ガイドライン（放送GL）………… 201
防犯カメラ …………………………… 25
POSデータ …………………………… 266
保有個人データ ……………………… 27
本人 ……………………………… 7, 21
本人に通知 …………………………… 103
本人の承諾 …………………………… 52
本人の同意 …………………………… 106

● ま行

midata ……………………… 176, 178
マイデータ・イニシアティブ ……… 176
マイナンバー ………………………… 155
MACアドレス ……………………… 227
マルチステークホルダープロセス
　（MSP）………………………… 81, 297
見守りサービス ……………………… 225
明示 …………………………………… 104

名簿販売事業者 ……………………… 115
命令 …………………………………… 182
メールアドレス ……………………… 25
メガネ型端末 ………………………… 324
滅失 …………………………………… 133
黙示の同意 …………………………… 110
目的外利用 …………………………… 119
モニタリング ………………………… 383

● や行

Yahoo! BB顧客情報漏えい事件 …… 187
有用性 ………………………………… 152
容易照合性 …………………………… 26
要配慮個人情報 ……… 29, 114, 210, 377

● ら行

リアルタイムビッディング（RTB）
　………………………………… 284, 291
リストバンド型端末 ………………… 324
利用目的の通知，公表 ……………… 102
　──の特定 ………………………… 89
　──の変更 ………………………… 91
レピュテーションリスク ……………… 4
連邦取引委員会（FTC）……………… 363
漏えい ………………………………… 197
路車間通信システム ………………… 253
ロボット ……………………………… 329

● わ行

Wi-Fi位置情報 ……………………… 216
Wi-Fiプローブ情報 ………………… 226
和歌山毒カレー法廷写真事件 ……… 45
忘れられる権利 ……………… 178, 361
早稲田大学名簿提出事件 … 41, 56, 187

――― [著者紹介] ―――

渡邊　涼介（わたなべ　りょうすけ）

弁護士（光和総合法律事務所）

　平成18年慶應義塾大学法務研究科（法科大学院）卒業，新司法試験合格。平成19年弁護士登録（第一東京弁護士会）。

　総務省総合通信基盤局電気通信事業部消費者行政課専門職（平成26年9月～平成28年6月），総務省総合通信基盤局電気通信事業部消費者行政第一課，消費者行政第二課専門職（併任）（平成28年7月～平成29年3月）を経て，現在に至る。

　総務省では，総合通信基盤局における個人情報・プライバシー保護の担当者として，平成27年個人情報保護法改正，電気通信GL改正に関わるほか，位置情報，スマートフォン，IoT，ドローンなどの情報通信技術に関わる施策，電気通信事業者による情報漏えいの対応等を担当する。また，総務省の諸会議やIoT推進コンソーシアムデータ流通促進WGに事務局として参加し，カメラ画像等の施策に関わる。

【著者】

渡邊　涼介

企業における個人情報・プライバシー情報の利活用と管理
──IoT，AI，位置情報，カメラ画像から従業員情報の管理まで

2018年4月21日　初版第1刷印刷
2018年5月2日　初版第1刷発行

廃検 止印	©著者	渡邊　涼介
	発行者	逸見　慎一

発行所　東京都文京区　株式　青林書院
　　　　本郷6丁目4の7　会社
振替口座　00110-9-16920／電話03(3815)5897～8／郵便番号113-0033
　　　　　　http://www.seirin.co.jp

印刷・三松堂株式会社　落丁・乱丁本はお取替え致します。
Printed in Japan　ISBN978-4-417-01735-6

JCOPY 〈(社)出版者著作権管理機構 委託出版物〉
本書の無断複写は著作権法上での例外を除き禁じられています。複写される場合は，そのつど事前に，(社)出版者著作権管理機構（電話 03-3513-6969，FAX 03-3513-6979，e-mail: info@jcopy.or.jp）の許諾を得てください。